应急管理行政处罚裁量权基准

应急管理部安全生产执法和工贸安全监督管理局　组织编写

应急管理出版社

·北京·

图书在版编目（CIP）数据

应急管理行政处罚裁量权基准 / 应急管理部安全生产执法和工贸安全监督管理局组织编写． -- 北京：应急管理出版社，2024． -- ISBN 978-7-5237-0770-8

Ⅰ．D922.1

中国国家版本馆 CIP 数据核字第 2024TN1161 号

应急管理行政处罚裁量权基准

组织编写	应急管理部安全生产执法和工贸安全监督管理局
责任编辑	尹忠昌　唐小磊　徐　静　孔　晶　孟　楠　郑素梅
	田　苑　李雨恬　史欣平
编　　辑	梁晓平
责任校对	赵　盼
封面设计	罗针盘

出版发行	应急管理出版社（北京市朝阳区芍药居 35 号　100029）
电　　话	010-84657898（总编室）　010-84657880（读者服务部）
网　　址	www.cciph.com.cn
印　　刷	天津嘉恒印务有限公司
经　　销	全国新华书店
开　　本	710mm×1000mm $^1/_{16}$　印张 $28^1/_2$　字数 374 千字
版　　次	2024 年 11 月第 1 版　2024 年 11 月第 1 次印刷
社内编号	20241135　　　　定价 58.00 元

版权所有　违者必究

本书如有缺页、倒页、脱页等质量问题，本社负责调换，电话:010-84657880

（请认准封底防伪标识,敬请查询）

应急管理部关于印发
《应急管理行政处罚裁量权基准》的通知

各省、自治区、直辖市应急管理厅（局），新疆生产建设兵团应急管理局：

　　为指导各级应急管理部门规范行使应急管理行政处罚裁量权，扎实推进严格规范公正文明执法，经应急管理部部务会议审议通过，现将《应急管理行政处罚裁量权基准》印发给你们，请结合实际遵照执行。原国家安全生产监督管理总局制定的《安全生产行政处罚自由裁量标准》同时废止。

应急管理部
2024 年 11 月 1 日

目　　录

第一部分　适用说明 …………………………………………… 1

第二部分　裁量细则 …………………………………………… 5

1. 生产经营单位的主要负责人未履行法定的安全生产管理职责的 ………………………………………………… 6
2. 生产经营单位的其他负责人和安全生产管理人员未履行安全生产管理职责的 …………………………………… 8
3. 生产经营单位及其主要负责人或者其他人员违反操作规程或者安全管理规定作业的 ………………………… 10
4. 生产经营单位及其主要负责人或者其他人员违章指挥从业人员或者强令从业人员违章、冒险作业的 ………… 10
5. 生产经营单位及其主要负责人或者其他人员发现从业人员违章作业不加制止的 ……………………………… 12
6. 生产经营单位及其主要负责人或者其他人员超过核定的生产能力、强度或者定员进行生产的 ……………… 14
7. 生产经营单位及其主要负责人或者其他人员对被查封或者扣押的设施、设备、器材、危险物品和作业场所，擅自启封或者使用的 ………………………… 14
8. 生产经营单位及其主要负责人或者其他人员故意提供虚假情况或者隐瞒存在的事故隐患以及其他安全问题的 ……………………………………………………… 16
9. 生产经营单位及其主要负责人或者其他人员拒不执行依法下达的安全监管监察指令的 …………………… 16

1

10. 未按规定保证安全生产所必需的资金投入致使生产经营单位不具备安全生产条件，导致发生生产安全事故的 ·················· 18

11. 生产经营单位未将安全培训工作纳入本单位工作计划并保证安全培训工作所需资金的 ·················· 20

12. 生产经营单位未按规定设置安全生产管理机构或者配备安全生产管理人员的 ·················· 22

13. 生产经营单位未按规定配备注册安全工程师的 ·········· 26

14. 生产经营单位未建立专门安全管理制度、未采取可靠的安全措施的 ·················· 26

15. 生产经营单位主要负责人和安全生产管理人员未按照规定经考核合格的 ·················· 30

16. 生产经营单位未按规定对从业人员、被派遣劳动者、实习学生进行安全生产教育和培训，或者未按照规定如实告知有关的安全生产事项的 ·················· 30

17. 生产经营单位未如实记录安全生产教育和培训情况的 ·················· 36

18. 生产经营单位未支付从业人员安全培训期间工资及安全培训费用的 ·················· 38

19. 生产经营单位从业人员安全培训的时间不符合规定的 ·················· 40

20. 危险物品生产经营单位新招的危险工艺操作岗位人员，未经实习期满独立上岗作业的 ·················· 42

21. 生产经营单位出现法定情形，相关人员未按照规定重新参加安全培训的 ·················· 42

22. 安全培训机构不具备安全培训条件的 ·················· 44

23. 安全培训机构未按照统一的培训大纲组织教学培训的 ·················· 44

24. 安全培训机构未建立培训档案或者培训档案管理不

  规范的 …………………………………………… 46

25. 安全培训机构采取不正当竞争手段，故意贬低、诋毁其他安全培训机构的 ………………………… 46

26. 生产经营单位特种作业人员未按规定经专门的安全作业培训并取得相应资格，上岗作业的 ………… 48

27. 生产经营单位非法印制、伪造、倒卖特种作业操作证，或者使用非法印制、伪造、倒卖的特种作业操作证的 ……………………………………………… 50

28. 生产经营单位未按照规定对金属冶炼建设项目或者用于生产、储存、装卸危险物品的建设项目进行安全评价的 ………………………………………… 50

29. 金属冶炼建设项目或者用于生产、储存、装卸危险物品的建设项目没有安全设施设计或者安全设施设计未按照规定报经有关部门审查同意的 ……… 54

30. 金属冶炼建设项目或者用于生产、储存、装卸危险物品的建设项目的施工单位未按照批准的安全设施设计施工的 ………………………………… 56

31. 金属冶炼建设项目或者用于生产、储存、装卸危险物品的建设项目竣工投入生产或者使用前，安全设施未经验收合格的 ……………………………… 58

32. 使用危险化学品从事生产并且使用量达到规定数量的化工建设项目以及法律、行政法规和国务院规定其他建设项目，没有安全设施设计的 ……………… 60

33. 使用危险化学品从事生产并且使用量达到规定数量的化工建设项目以及法律、行政法规和国务院规定其他建设项目，安全设施设计未组织审查，并形成书面审查报告的 ………………………………… 62

34. 使用危险化学品从事生产并且使用量达到规定数量的化工建设项目以及法律、行政法规和国务院规定

其他建设项目，施工单位未按照安全设施设计施工的 ………………………………………………………………… 62

35. 使用危险化学品从事生产并且使用量达到规定数量的化工建设项目以及法律、行政法规和国务院规定其他建设项目，投入生产或者使用前，安全设施未经竣工验收合格，并形成书面报告的 ……… 62

36. 已经批准的建设项目安全设施设计发生重大变更，生产经营单位未报原批准部门审查同意擅自开工建设的 ……………………………………………………………… 64

37. 生产经营单位未在有较大危险因素的生产经营场所和有关设施、设备上设置明显的安全警示标志的 ……… 66

38. 生产经营单位安全设备的安装、使用、检测、改造和报废不符合国家标准或者行业标准的 …………… 72

39. 生产经营单位未对安全设备进行经常性维护、保养和定期检测的 ……………………………………… 76

40. 生产经营单位关闭、破坏直接关系生产安全的监控、报警、防护、救生设备、设施，或者篡改、隐瞒、销毁其相关数据、信息的 ……………………… 80

41. 危险物品的容器、运输工具，以及涉及人身安全、危险性较大的海洋石油开采特种设备和矿山井下特种设备未经具有专业资质的机构检测、检验合格，取得安全使用证或者安全标志，投入使用的 ……… 82

42. 生产经营单位使用应当淘汰的危及生产安全的工艺、设备的 ……………………………………………… 84

43. 生产经营单位对重大危险源未登记建档，未进行定期检测、评估、监控，未制定应急预案，或者未告知应急措施的 ……………………………………… 86

44. 生产经营单位未建立安全风险分级管控制度或者未按照安全风险分级采取相应管控措施的 ………… 88

45. 生产经营单位未建立事故隐患排查治理制度，或者重大事故隐患排查治理情况未按照规定报告的 …… 90
46. 生产经营单位未采取措施消除事故隐患的 …… 94
47. 生产经营单位未将事故隐患排查治理情况如实记录或者未向从业人员通报的 …… 94
48. 生产经营单位未按规定上报事故隐患排查治理统计分析表的 …… 98
49. 生产经营单位未制定重大事故隐患治理方案的 …… 98
50. 生产经营单位未对事故隐患进行排查治理擅自生产经营的 …… 100
51. 生产经营单位整改不合格或者未经审查同意擅自恢复生产经营的 …… 100
52. 生产经营单位的生产、经营、储存、使用危险物品的车间、商店、仓库与员工宿舍在同一座建筑内，或者与员工宿舍的距离不符合安全要求的 …… 102
53. 生产经营单位的生产经营场所和员工宿舍未设有符合紧急疏散需要、标志明显、保持畅通的出口、疏散通道，或者占用、锁闭、封堵生产经营场所或者员工宿舍出口、疏散通道的 …… 104
54. 生产经营单位进行爆破、吊装、动火、临时用电以及国务院应急管理部门会同国务院有关部门规定的其他危险作业，未安排专门人员进行现场安全管理的 …… 104
55. 生产经营单位未为从业人员提供符合国家标准或者行业标准的劳动防护用品的 …… 106
56. 两个以上生产经营单位在同一作业区域内进行可能危及对方安全生产的生产经营活动，未签订安全生产管理协议或者未指定专职安全生产管理人员进行安全检查与协调的 …… 110

57. 生产经营单位将生产经营项目、场所、设备发包或者出租给不具备安全生产条件或者相应资质的单位或者个人的 ·· 112

58. 生产经营单位未与承包单位、承租单位签订专门的安全生产管理协议或者未在承包合同、租赁合同中明确各自的安全生产管理职责，或者未对承包单位、承租单位的安全生产统一协调、管理的 ········· 114

59. 高危行业、领域的生产经营单位未按照国家规定投保安全生产责任保险的 ································· 116

60. 生产经营单位与从业人员订立协议，免除或者减轻其对从业人员因生产安全事故伤亡依法应承担的责任的 ·· 116

61. 未经注册擅自以注册安全工程师名义执业的 ············ 118

62. 注册安全工程师以欺骗、贿赂等不正当手段取得执业证的 ·· 120

63. 注册安全工程师以个人名义承接业务、收取费用的 ····· 120

64. 注册安全工程师出租、出借、涂改、变造执业证和执业印章的 ·· 122

65. 注册安全工程师泄漏执业过程中应当保守的秘密并造成严重后果的 ·· 122

66. 注册安全工程师利用执业之便，贪污、索贿、受贿或者谋取不正当利益的 ·· 124

67. 注册安全工程师提供虚假执业活动成果的 ············ 126

68. 注册安全工程师超出执业范围或者聘用单位业务范围从事执业活动的 ·· 126

69. 生产经营单位未按照规定制定生产安全事故应急救援预案的 ·· 128

70. 生产经营单位未定期组织应急预案演练的 ············ 132

71. 生产经营单位未将生产安全事故应急救援预案报送

备案的 …………………………………………………… 138

72. 生产经营单位在应急预案编制前未按照规定开展风险辨识、评估和应急资源调查的 …………… 144

73. 矿山、金属冶炼企业和易燃易爆物品、危险化学品的生产、经营（带储存设施的）、储存、运输企业，以及使用危险化学品达到国家规定数量的化工企业、烟花爆竹生产、批发经营企业和中型规模以上的其他生产经营单位，未按照规定开展应急预案评审的 ……………………………………………………… 144

74. 事故风险可能影响周边单位、人员的，生产经营单位未将事故风险的性质、影响范围和应急防范措施告知周边单位和人员的 ……………………………… 146

75. 生产经营单位未按照规定开展应急预案评估的 ……… 148

76. 生产经营单位未按照规定进行应急预案修订的 ……… 150

77. 生产经营单位未落实应急预案规定的应急物资及装备的 …………………………………………………… 152

78. 危险物品的生产、经营、储存单位以及金属冶炼单位未建立应急救援组织或者生产经营规模较小、未指定兼职应急救援人员的 ……………………… 154

79. 危险物品的生产、经营、储存单位以及金属冶炼单位未配备必要的应急救援器材、设备和物资，并进行经常性维护、保养，保证正常运转的 ………… 154

80. 危险化学品、烟花爆竹生产企业和石油天然气企业未取得安全生产许可证擅自进行生产的 …………… 156

81. 危险化学品、烟花爆竹生产企业和石油天然气企业未按规定办理安全生产许可证延期的 ……………… 158

82. 危险化学品、烟花爆竹生产企业和石油天然气企业转让安全生产许可证的 …………………………… 164

83. 危险化学品、烟花爆竹生产企业和石油天然气企

接受转让的安全生产许可证的 …………………………… 168

84. 危险化学品、烟花爆竹生产企业和石油天然气企业冒用或者使用伪造的安全生产许可证的 …………… 170

85. 知道或者应当知道生产经营单位未取得安全生产许可证或者其他批准文件擅自从事生产经营活动，仍为其提供生产经营场所、运输、保管、仓储等条件的 ……………………………………………………………… 172

86. 生产经营单位及其有关人员弄虚作假，骗取或者勾结、串通行政审批工作人员取得安全生产许可证书及其他批准文件的 …………………………………… 174

87. 生产经营单位拒绝、阻碍监督检查的 ……………… 174

88. 生产经营单位的主要负责人不立即组织抢救或者在事故调查处理期间擅离职守或者逃匿的 …………… 176

89. 生产经营单位的主要负责人对生产安全事故隐瞒不报、谎报或者迟报的 ……………………………… 180

90. 事故发生单位主要负责人漏报事故的 ……………… 186

91. 事故发生单位主要负责人伪造、故意破坏事故现场，或者转移、隐匿资金、财产、销毁有关证据、资料，或者拒绝接受调查，或者拒绝提供有关情况和资料，或者在事故调查中作伪证，或者指使他人作伪证的 ……………………………………………… 188

92. 事故发生单位直接负责的主管人员和其他直接责任人员有《生产安全事故报告和调查处理条例》第三十六条规定的行为之一的 …………………………… 190

93. 事故发生单位有《生产安全事故报告和调查处理条例》第三十六条第一项至第五项规定的行为之一的 …… 194

94. 生产经营单位的主要负责人未履行《中华人民共和国安全生产法》规定的安全生产管理职责，导致发生生产安全事故的 ……………………………………… 198

95. 生产经营单位对一般生产安全事故发生负有责任的 …… 200
96. 生产经营单位对较大生产安全事故发生负有责任的 …… 202
97. 生产经营单位对重大生产安全事故发生负有责任的 …… 206
98. 生产经营单位对特别重大生产安全事故发生负有责任的 …… 208
99. 生产经营单位迟报、漏报、谎报或者瞒报较大涉险事故的 …… 210
100. 危险化学品生产企业未按规定时限提出安全生产许可证变更申请的 …… 212
101. 危险化学品生产企业未按规定时限提出安全生产许可证变更申请并且擅自投入运行的 …… 214
102. 未取得危险化学品经营许可证从事危险化学品经营的 …… 216
103. 危险化学品经营企业在经营许可证有效期届满后仍然从事危险化学品经营的 …… 218
104. 危险化学品经营企业未按规定办理经营许可证变更的 …… 220
105. 伪造、变造或者出租、出借、转让经营许可证，或者使用伪造、变造的经营许可证的 …… 222
106. 化工企业未取得危险化学品安全使用许可证使用危险化学品从事生产，且达到危险化学品使用量的数量标准规定的 …… 222
107. 化工企业在安全使用许可证有效期届满后未办理延期手续，仍然使用危险化学品从事生产，且达到危险化学品使用量的数量标准规定的 …… 224
108. 企业伪造、变造或者出租、出借、转让安全使用许可证，或者使用伪造、变造的安全使用许可证的 …… 226
109. 企业在安全使用许可证有效期内主要负责人、企

9

业名称、注册地址、隶属关系发生变更，未按法定时限提出安全使用许可证变更申请或者将隶属关系变更证明材料报发证机关的 ·················· 228

110. 企业在安全使用许可证有效期内有增加使用的危险化学品品种，且达到危险化学品使用量的数量标准规定等情形，未按规定提出变更申请，继续从事生产的 ································ 230

111. 未经安全条件审查或者安全条件审查未通过，新建、改建、扩建生产、储存危险化学品的建设项目的 ··· 232

112. 危险化学品单位未按照《危险化学品重大危险源监督管理暂行规定》要求对重大危险源进行安全评估或者安全评价的 ························· 234

113. 危险化学品单位未在构成重大危险源的场所设置明显的安全警示标志的 ························· 236

114. 危险化学品单位未对重大危险源中的设备、设施等进行定期检测、检验的 ······················ 240

115. 危险化学品单位未按照标准对重大危险源进行辨识的 ··· 242

116. 危险化学品单位未按规定明确重大危险源中关键装置、重点部位的责任人或者责任机构的 ·········· 242

117. 危险化学品单位未按规定进行重大危险源备案或者核销的 ··· 244

118. 危险化学品单位未按规定建立应急救援组织或者配备应急救援人员，以及配备必要的防护装备及器材、设备、物资，并保障其完好的 ······· 248

119. 危险化学品单位未将重大危险源可能引发的事故后果、应急措施等信息告知可能受影响的单位、区域及人员的 ···································· 250

120. 生产、储存、使用危险化学品的单位，危险化学品的储存方式、方法或者储存数量不符合规定的 …… 250

121. 危险化学品生产企业未提供化学品安全技术说明书，或者未在包装（包括外包装件）上粘贴、拴挂化学品安全标签的 …………………………… 254

122. 危险化学品生产企业提供的化学品安全技术说明书与其生产的危险化学品不相符，或者在包装（包括外包装件）粘贴、拴挂的化学品安全标签与包装内危险化学品不相符，或者化学品安全技术说明书、化学品安全标签所载明的内容不符合国家标准要求的 …………………………… 254

123. 危险化学品生产企业发现其生产的危险化学品有新的危险特性不立即公告，或者不及时修订其化学品安全技术说明书和化学品安全标签的 ………… 258

124. 危险化学品经营企业经营没有化学品安全技术说明书和化学品安全标签的危险化学品的 ………… 258

125. 危险化学品包装物、容器的材质以及包装的型式、规格、方法和单件质量（重量）与所包装的危险化学品的性质和用途不相适应的 …………………… 260

126. 危险化学品专用仓库未设专人负责管理，或者对储存的剧毒化学品以及储存数量构成重大危险源的其他危险化学品未实行双人收发、双人保管制度的 …………………………………………… 262

127. 储存危险化学品的单位未建立危险化学品出入库核查、登记制度的 …………………………… 264

128. 危险化学品专用仓库未设置明显标志的 ………… 264

129. 生产、储存危险化学品的单位未在作业场所设置通信、报警装置的 …………………………… 266

130. 生产、储存危险化学品的单位未按规定对危险化

11

学品管道定期检查、检测的 …………………… 266

131. 进行可能危及危险化学品管道安全的施工作业，施工单位存在未按照规定书面通知管道单位等行为的 …………………………………………………… 268

132. 转产、停产、停止使用的危险化学品管道，管道单位未采取有效措施及时、妥善处置的 ………… 270

133. 转产、停产、停止使用的危险化学品管道，管道单位未按规定将处置方案报备的 ……………… 272

134. 危险化学品建设项目安全设施竣工后未进行检验、检测的 …………………………………………… 274

135. 危险化学品建设单位在申请建设项目安全审查时提供虚假文件、资料的 …………………………… 274

136. 危险化学品建设单位未组织有关单位和专家研究提出试生产（使用）可能出现的安全问题及对策，或者未制定周密的试生产（使用）方案，进行试生产（使用）的 …………………………………………… 276

137. 危险化学品建设单位未组织有关专家对试生产（使用）方案进行审查、对试生产（使用）条件进行检查确认的 ………………………………………… 278

138. 化学品单位未按规定对化学品进行物理危险性鉴定或者分类的 …………………………………… 278

139. 化学品单位未按规定建立化学品物理危险性鉴定与分类管理档案的 ……………………………… 280

140. 化学品单位在办理化学品物理危险性的鉴定过程中，隐瞒化学品的危险性成分、含量等相关信息或者提供虚假材料的 ………………………………… 280

141. 鉴定机构在物理危险性鉴定过程中伪造、篡改数据或者有其他弄虚作假行为的 ………………… 282

142. 鉴定机构在物理危险性鉴定过程中未通过监督检

查，仍从事鉴定工作的 …………………………………… 282

143. 鉴定机构在物理危险性鉴定过程中泄露化学品单位商业秘密的 …………………………………………… 282

144. 生产、经营、使用国家禁止生产、经营、使用的危险化学品的 ……………………………………………… 284

145. 生产、储存危险化学品的企业或者使用危险化学品从事生产的企业未按照规定将安全评价报告以及整改方案的落实情况备案的 …………………… 284

146. 储存危险化学品的单位未将其剧毒化学品以及储存数量构成重大危险源的其他危险化学品的储存数量、储存地点以及管理人员的情况备案的 ………… 286

147. 生产、储存、使用危险化学品的单位转产、停产、停业或者解散，未采取有效措施处置危险化学品生产装置、储存设施以及库存的危险化学品，或者丢弃危险化学品的 …………………………… 288

148. 生产、储存、使用危险化学品的单位对重复使用的危险化学品包装物、容器，在重复使用前不进行检查的 …………………………………………… 288

149. 生产、储存、使用危险化学品的单位未根据其生产、储存的危险化学品的种类和危险特性，在作业场所设置相关安全设施、设备的 ………………… 292

150. 生产、储存、使用危险化学品的单位未按规定对其安全生产条件定期进行安全评价的 ……………… 294

151. 生产、储存、使用危险化学品的单位未将危险化学品储存在专用仓库内，或者未将剧毒化学品以及储存数量构成重大危险源的其他危险化学品在专用仓库内单独存放的 ………………………… 296

152. 生产、储存、使用危险化学品的单位危险化学品专用仓库不符合国家标准、行业标准的要求的 ……… 300

153. 生产、储存、使用危险化学品的单位未对危险化学品专用仓库的安全设施定期进行检测、检验的 …… 302

154. 危险化学品生产企业、经营企业向不具有相关许可证件或者证明文件的单位销售剧毒化学品、易制爆危险化学品的 …… 304

155. 危险化学品生产企业、经营企业不按照剧毒化学品购买许可证载明的品种、数量销售剧毒化学品的 …… 306

156. 危险化学品生产企业、经营企业向个人销售剧毒化学品（属于剧毒化学品的农药除外）、易制爆危险化学品的 …… 308

157. 危险化学品生产企业、进口企业不办理危险化学品登记，或者发现其生产、进口的危险化学品有新的危险特性不办理危险化学品登记内容变更手续的 …… 308

158. 危险化学品生产企业、进口企业在危险化学品登记证有效期内企业名称、注册地址、应急咨询服务电话发生变化，未按规定按时办理危险化学品登记变更手续的 …… 312

159. 危险化学品生产企业、进口企业在危险化学品登记证有效期满后，未按规定申请复核换证，继续进行生产或者进口的 …… 314

160. 危险化学品生产企业、进口企业转让、冒用或者使用伪造的危险化学品登记证，或者不如实填报登记内容、提交有关材料的 …… 316

161. 危险化学品生产企业、进口企业拒绝、阻挠登记机构对本企业危险化学品登记情况进行现场核查的 …… 318

162. 危险化学品生产企业、进口企业未按规定向用户

提供应急咨询服务或者应急咨询服务不符合规定
的 ··· 318

163. 非药品类易制毒化学品生产、经营单位未按规定
建立管理制度和安全管理制度的 ······················· 320

164. 将非药品类易制毒化学品生产、经营许可证或者
备案证明转借他人使用的 ································ 324

165. 超出许可的品种、数量，生产、经营易制毒化学
品的 ··· 326

166. 非药品易制毒化学品的产品包装和使用说明书不
符合规定的 ·· 328

167. 生产、经营非药品类易制毒化学品的单位未按规
定报告年度生产、经营等情况的 ······················· 330

168. 生产、经营非药品类易制毒化学品单位或者个人
拒不接受监督检查的 ·· 332

169. 烟花爆竹生产企业变更企业主要负责人或者名称，
未办理安全生产许可证变更手续的 ··················· 336

170. 烟花爆竹生产企业改建、扩建烟花爆竹生产（含
储存）设施未办理安全生产许可证变更手续的 ······· 336

171. 烟花爆竹生产企业变更产品类别或者级别范围未
办理安全生产许可证变更手续的 ······················· 338

172. 企业多股东各自独立进行烟花爆竹生产活动的 ········ 338

173. 从事礼花弹生产的企业将礼花弹销售给未经公安
机关批准的燃放活动的 ···································· 338

174. 烟花爆竹生产企业未按照安全生产许可证核定的
产品种类进行生产的 ·· 340

175. 烟花爆竹生产企业生产工序或者生产作业不符合
有关国家标准、行业标准的 ······························ 340

176. 烟花爆竹生产企业雇佣未经考核合格的人员从事
危险工序作业的 ··· 342

177. 烟花爆竹生产企业使用的原料不符合国家标准规定的，或者使用的原料超过国家标准规定的用量限制的 ………………………………………………… 342

178. 烟花爆竹生产企业使用按照国家标准规定禁止使用或者禁忌配伍的物质生产烟花爆竹的 ………… 344

179. 烟花爆竹生产企业未按照国家标准的规定在烟花爆竹产品上标注燃放说明，或者未在烟花爆竹的包装物上印制易燃易爆危险物品警示标志的 ………… 346

180. 对烟花爆竹生产经营企业工（库）房等进行检维修等作业前，未制定安全作业方案，或者未切断被检修、维修的电气线路和机械设备电源的 ………… 346

181. 烟花爆竹生产企业、批发企业防范静电危害的措施不符合相关国家标准或者行业标准规定的 ………… 348

182. 烟花爆竹生产企业、批发企业使用新安全设备，未进行安全性论证的 ………………………………… 350

183. 烟花爆竹生产企业、批发企业在生产区、工（库）房等有药区域对安全设备进行检测、改造作业时，未将工（库）房内的药物、有药半成品、成品搬走并清理作业现场的 ………………………… 352

184. 烟花爆竹生产企业、批发企业未建立从业人员、外来人员、车辆出入厂（库）区登记制度的 ………… 354

185. 烟花爆竹生产企业、批发企业未建立烟花爆竹买卖合同管理制度的 …………………………………… 356

186. 烟花爆竹生产企业、批发企业未按规定建立烟花爆竹流向管理制度的 ………………………………… 358

187. 烟花爆竹生产企业从其他企业购买烟花爆竹半成品加工后销售，或者购买其他企业烟花爆竹成品加贴本企业标签后销售，或者向其他企业销售烟花爆竹半成品的 ……………………………………… 360

188. 烟花爆竹生产企业、批发企业工（库）房没有设置准确、清晰、醒目的定员、定量、定级标识的 …… 362

189. 未经许可经营、超许可范围经营、许可证过期继续经营烟花爆竹的 …… 362

190. 向未取得烟花爆竹安全生产许可的单位或者个人销售黑火药、烟火药、引火线的 …… 364

191. 烟花爆竹零售经营者变更零售点名称、主要负责人或者经营场所，未重新办理零售许可证的 …… 366

192. 烟花爆竹零售经营者存放的烟花爆竹数量超过零售许可证载明范围的 …… 366

193. 烟花爆竹经营单位出租、出借、转让、买卖烟花爆竹经营许可证的 …… 368

194. 烟花爆竹经营单位冒用或者使用伪造的安全生产许可证的 …… 368

195. 烟花爆竹批发企业向烟花爆竹零售经营者供应非法生产、经营的烟花爆竹，或者供应按照国家标准规定应由专业燃放人员燃放的烟花爆竹的 …… 370

196. 烟花爆竹批发企业在城市建成区内设立烟花爆竹储存仓库，或者在批发（展示）场所摆放有药样品的 …… 372

197. 烟花爆竹批发企业采购和销售质量不符合国家标准或者行业标准规定的烟花爆竹的 …… 372

198. 烟花爆竹批发企业在仓库内违反国家标准或者行业标准规定储存烟花爆竹的 …… 374

199. 烟花爆竹批发企业在烟花爆竹经营许可证载明的仓库以外储存烟花爆竹的 …… 374

200. 烟花爆竹批发企业对假冒伪劣、过期、含有超量、违禁药物以及其他存在严重质量问题的烟花爆竹未及时销毁的 …… 376

201. 烟花爆竹批发企业未执行合同管理、流向登记制度或者未按照规定应用烟花爆竹流向管理信息系统的 ……………………………………………………… 376
202. 烟花爆竹批发企业未将黑火药、引火线的采购、销售记录备案的 ………………………………………… 378
203. 烟花爆竹批发企业仓储设施新建、改建、扩建后，未重新申请办理许可手续的 ……………………………… 378
204. 烟花爆竹批发企业变更企业名称、主要负责人、注册地址，未申请办理许可证变更手续的 …………… 380
205. 烟花爆竹批发企业向未取得零售许可证的单位或者个人销售烟花爆竹的 …………………………………… 380
206. 批发企业向未取得烟花爆竹安全生产许可证的单位或者个人销售烟火药、黑火药、引火线的 ………… 382
207. 生产企业、批发企业未向零售经营者或者零售经营场所提供烟花爆竹配送服务的 ……………………… 382
208. 存在粉尘涉爆危险的工贸企业新建、改建、扩建工程项目安全设施没有进行粉尘防爆安全设计，或者未按照设计进行施工的 …………………… 384
209. 存在粉尘涉爆危险的工贸企业未按照规定建立粉尘防爆安全管理制度或者内容不符合企业实际的 …… 384
210. 存在粉尘涉爆危险的工贸企业未按照规定辨识评估管控粉尘爆炸安全风险，未建立安全风险清单或者未及时维护相关信息档案的 …………………… 386
211. 存在粉尘涉爆危险的工贸企业的粉尘防爆安全设备未正常运行的 ………………………………………… 386
212. 工贸企业开展有限空间作业未配备监护人员，或者监护人员未按规定履行岗位职责的 ……………… 388
213. 工贸企业未对有限空间进行辨识，或者未建立有限空间管理台账的 ……………………………………… 388

214. 工贸企业未落实有限空间作业审批，或者作业未执行"先通风、再检测、后作业"要求的 …………… 390

215. 工贸企业有限空间作业时未按要求进行通风和气体检测的 …………………………………………… 392

216. 石油天然气企业在安全生产许可证有效期内出现采矿许可证有效期届满和采矿许可证被暂扣、撤销、吊销、注销的情况，未按规定向安全生产许可证颁发管理机关报告并交回安全生产许可证的 …… 392

217. 石油天然气开采发包单位未按规定对承包单位实施安全生产监督检查或者考核的 ……………… 394

218. 石油天然气开采发包单位未向承包单位进行外包工程技术交底，或者未按照合同约定向承包单位提供有关资料的 …………………………………… 394

219. 石油天然气开采承包单位将发包单位投入的安全资金挪作他用的 …………………………………… 396

220. 石油天然气开采承包单位未按规定排查治理事故隐患的 …………………………………………… 398

221. 承担安全评价、认证、检测、检验职责的机构出具失实报告的 …………………………………… 398

222. 承担安全评价、认证、检测、检验职责的机构租借资质、挂靠、出具虚假报告的 ……………… 400

223. 安全评价检测检验机构名称等事项发生变化，未按规定向原资质认可机关提出变更申请的 …… 404

224. 安全评价检测检验机构未依法与委托方签订技术服务合同的 …………………………………… 406

225. 安全评价检测检验机构违反法规标准规定更改或者简化安全评价、检测检验程序和相关内容的 ……… 408

226. 安全评价检测检验机构未在开展现场技术服务前七个工作日内，书面告知项目实施地资质认可机

关的 ……………………………………………………………… 410

227. 安全评价检测检验机构未按照有关法规标准的强制性规定从事安全评价、检测检验活动的 …………… 412

228. 安全评价项目组组长及负责勘验人员不到现场实际地点开展勘验等有关工作的 ……………………… 414

229. 安全生产检测检验机构出具的安全生产检测检验报告存在法规标准引用错误、关键项目漏检、结论不明确等重大疏漏，但尚未造成重大损失的 ……… 416

230. 未按照规定采取预防措施，导致发生较大以上突发事件的 ………………………………………………… 418

231. 未及时消除已发现的可能引发突发事件的隐患，导致发生较大以上突发事件的 ………………………… 418

232. 未做好应急物资储备和应急设备、设施日常维护、检测工作，导致发生较大以上突发事件或者突发事件危害扩大的 ……………………………………… 420

233. 突发事件发生后，不及时组织开展应急救援工作，造成严重后果的 ……………………………………… 422

第三部分 应急管理轻微违法行为可以不予行政处罚事项清单（试行） ……………………………………… 426

第一部分 适 用 说 明

一、为进一步指导应急管理部门规范行使行政处罚裁量权,提高行政执法水平,根据《中华人民共和国行政处罚法》《中华人民共和国安全生产法》等法律法规以及国务院有关规定,制定《应急管理行政处罚裁量权基准》(以下简称《基准》)。

二、《基准》适用于对应急管理违法行为的行政处罚裁量(不含消防、矿山、地震)。根据《国务院办公厅关于进一步规范行政裁量权基准制定和管理工作的意见》《应急管理行政裁量权基准暂行规定》,制定相关行政处罚裁量基准细则,包括违法行为、法律规定、处罚依据、裁量阶次、适用条件和具体标准等内容。

三、《基准》涉及的应急管理行政处罚裁量权,是指各级应急管理部门在对违法行为实施"罚款"时,确定"罚款"数额的细化条款(法条已明确固定金额的除外),"警告""责令停产停业"等"罚款"以外的行政处罚不在《基准》规范范围。

四、《基准》根据立法目的和行政处罚原则,综合考虑了违法的事实、性质、手段、后果、情节和改正措施等因素,在法律、行政法规、部门规章规定的处罚幅度内,对具体条文采取分级原则进行裁量,对罚款数额进行细化。根据社会危害性、情节严重性等,将各类违法行为划定为A、B、C或A、B、C、D等不同基础裁量阶次。在不同裁量阶次内,实施行政处罚时,应当综合考虑违法行为的对象、后果、数额、次数、行为人主观过错等因素,判断情节轻微、情节较轻、情节较重、情节严重等具体情形,以及从重、从轻、减轻等法定裁量情节,作出具体的行政处罚决定。

五、除法律、行政法规另有规定的外,《基准》适用条件中"以上"包含本数、"以下""以内"不包含本数,具体标准中"以上"

"以下""以内"均包含本数。针对各类违法行为设定的基础裁量阶次，其对应的裁量幅度为依法从轻处罚的下限至从重处罚的上限。从轻、从重处罚可以在法定处罚幅度内进行裁量。

六、当事人有下列情形之一的，应当依法从轻或者减轻行政处罚：（一）已满十四周岁不满十八周岁的未成年人有违法行为的；（二）主动消除或者减轻违法行为危害后果的；（三）受他人胁迫或者诱骗实施违法行为的；（四）配合应急管理部门查处违法行为，有立功表现的；（五）主动供述应急管理部门尚未掌握的违法行为的；（六）法律、法规、规章规定其他从轻或者减轻行政处罚的。

尚未完全丧失辨认或者控制自己行为能力的精神病人、智力残疾人有违法行为的，可以从轻或者减轻行政处罚。

当事人存在从轻处罚情节的，应当在法定处罚种类和处罚幅度内，适用较轻、较少的处罚种类或者较低的处罚幅度。当事人存在减轻处罚情节的，应当适用法定行政处罚最低限度以下的处罚种类或者处罚幅度，包括应当并处时不并处、在法定最低罚款限值以下确定罚款数额等情形。对当事人作出减轻处罚决定的，应当经应急管理部门负责人集体讨论。

七、当事人有下列情形之一的，应当依法从重处罚：（一）因同一违法行为受过刑事处罚，或者一年内因同一种违法行为受过行政处罚的；（二）拒绝、阻碍或者以暴力方式威胁行政执法人员执行职务的；（三）伪造、隐匿、毁灭证据的；（四）对举报人、证人和行政执法人员打击报复的；（五）法律、法规、规章规定其他应当从重处罚的。

发生自然灾害、事故灾难等突发事件，为了控制、减轻和消除突发事件引起的社会危害，对违反突发事件应对措施的行为，应当依法快速、从重处罚。

当事人存在从重处罚情节的，应当在依法可以选择的处罚种类和处罚幅度内，适用较重、较多的处罚种类或者较高的处罚幅度。

八、当事人有下列情形之一的，不予行政处罚：（一）不满十四周岁的未成年人有违法行为的；（二）精神病人、智力残疾人在不能辨认或者不能控制自己行为时实施违法行为的；（三）违法行为轻微并及时改正，没有造成危害后果的；（四）当事人有证据足以证明没有主观过错的；（五）违法行为终了且在法定期限内未被发现的；（六）法律、法规、规章规定其他不予行政处罚的。

初次违法且危害后果轻微并及时改正的，可以不予行政处罚。《基准》明确了《应急管理轻微违法行为可以不予行政处罚事项清单（试行）》，各地可结合实际依法研究制定本地区轻微违法行为依法不予（可以不予）行政处罚事项清单。清单中未列明的违法行为，符合《中华人民共和国行政处罚法》等法律法规规定的不予行政处罚、可以不予行政处罚条件的，依法作出不予行政处罚决定。依法不予行政处罚的，应急管理部门应当通过批评教育、约谈警示、指导服务、普法宣传等措施，教育、督促生产经营单位及其相关人员依法依规开展生产经营活动。

九、对同一类违法主体实施的性质相同、情节相同或者相近、危害后果基本相当的违法行为，在行使行政处罚裁量权时，适用的法律依据、处罚种类应当基本一致，处罚幅度应当基本相当，处理结果应当基本一致。同一个违法行为违反不同法律、行政法规、部门规章规定或者违反同一效力层级的法律、行政法规、部门规章规定的，按照上位法优于下位法、特别法优于普通法、新法优于旧法等原则适用。同一违法行为违反多个法律规定应当给予罚款处罚的，按照罚款数额高的规定处罚。有两个以上应当给予行政处罚违法行为的，应当分别裁量，合并处罚。对同一个违法行为，不得给予两次以上罚款的行政处罚。

十、当《基准》规定的不同阶次所对应的情节并存时，应当在从重情节所对应的处罚阶次内处罚。当从重处罚因素与从轻处罚因素并存时，原则上应当首先考虑从重因素，然后在从重基础上酌情从轻。

十一、《基准》对于法律、行政法规、部门规章所规定的罚款金额在 1 万元以下以及罚款金额幅度在 1 万元以内的违法行为，以及难以划分裁量阶次的违法行为，不予设定裁量权基准，由应急管理部门在执法过程中根据案件的具体情况研究确定。应急管理部门应当在行政执法文书中对行政裁量权基准的适用情况予以明确。

十二、《基准》施行前，已经制定并实施本地区应急管理行政处罚裁量权基准的省份，可结合实际继续使用原基准，并要确保本省份各级应急管理部门使用基准的一致性。

十三、《基准》中引用法律、行政法规和部门规章更新至 2024 年 9 月 30 日。《基准》施行后，"法律规定""处罚依据"中涉及的法律、行政法规、部门规章内容发生修改或变化的，以现行有效的法律、行政法规、部门规章内容为准。

十四、《基准》由应急管理部负责解释，自印发之日起施行。

第二部分　裁　量　细　则

序号	违法行为	法律规定	处罚依据
1	生产经营单位的主要负责人未履行法定的安全生产管理职责的	【法律】《中华人民共和国安全生产法》第五条：生产经营单位的主要负责人是本单位安全生产第一责任人，对本单位的安全生产工作全面负责。其他负责人对职责范围内的安全生产工作负责。 第二十一条：生产经营单位的主要负责人对本单位安全生产工作负有下列职责：（一）建立健全并落实本单位全员安全生产责任制，加强安全生产标准化建设；（二）组织制定并实施本单位安全生产规章制度和操作规程；（三）组织制定并实施本单位安全生产教育和培训计划；（四）保证本单位安全生产投入的有效实施；（五）组织建立并落实安全风险分级管控和隐患排查治理双重预防工作机制，督促、检查本单位的安全生产工作，及时消除生产安全事故隐患；（六）组织制定并实施本单位的生产安全事故应急救援预案；（七）及时、如实报告生产安全事故。	【法律】《中华人民共和国安全生产法》第九十四条第一款：生产经营单位的主要负责人未履行本法规定的安全生产管理职责的，责令限期改正，处二万元以上五万元以下的罚款；逾期未改正的，处五万元以上十万元以下的罚款，责令生产经营单位停产停业整顿。

裁量阶次	适用条件	具体标准	备注
A	生产经营单位的主要负责人未履行《中华人民共和国安全生产法》规定的安全生产管理职责有1项的	责令限期改正，处2万元以上3万元以下的罚款；逾期未改正的，处5万元以上7万元以下的罚款，责令生产经营单位停产停业整顿	1（对应《应急管理综合行政执法事项指导目录（2023年版）》事项序号，下同）
B	生产经营单位的主要负责人未履行《中华人民共和国安全生产法》规定的安全生产管理职责有2项的	责令限期改正，处3万元以上4万元以下的罚款；逾期未改正的，处7万元以上9万元以下的罚款，责令生产经营单位停产停业整顿	
C	生产经营单位的主要负责人未履行《中华人民共和国安全生产法》规定的安全生产管理职责有3项以上的	责令限期改正，处4万元以上5万元以下的罚款；逾期未改正的，处9万元以上10万元以下的罚款，责令生产经营单位停产停业整顿	

序号	违法行为	法律规定	处罚依据
2	生产经营单位的其他负责人和安全生产管理人员未履行安全生产管理职责的	【法律】《中华人民共和国安全生产法》第五条：生产经营单位的主要负责人是本单位安全生产第一责任人，对本单位的安全生产工作全面负责。其他负责人对职责范围内的安全生产工作负责。第二十五条：生产经营单位的安全生产管理机构以及安全生产管理人员履行下列职责：（一）组织或者参与拟订本单位安全生产规章制度、操作规程和生产安全事故应急救援预案；（二）组织或者参与本单位安全生产教育和培训，如实记录安全生产教育和培训情况；（三）组织开展危险源辨识和评估，督促落实本单位重大危险源的安全管理措施；（四）组织或者参与本单位应急救援演练；（五）检查本单位的安全生产状况，及时排查生产安全事故隐患，提出改进安全生产管理的建议；（六）制止和纠正违章指挥、强令冒险作业、违反操作规程的行为；（七）督促落实本单位安全生产整改措施。	1.【法律】《中华人民共和国安全生产法》第九十六条：生产经营单位的其他负责人和安全生产管理人员未履行本法规定的安全生产管理职责的，责令限期改正，处一万元以上三万元以下的罚款；导致发生生产安全事故的，暂停或者吊销其与安全生产有关的资格，并处上一年年收入百分之二十以上百分之五十以下的罚款；构成犯罪的，依照刑法有关规定追究刑事责任。2.【部门规章】《生产安全事故罚款处罚规定》第二十条：事故发生单位其他负责人和安全生产管理人员未依法履行安全生产管理职责，导致事故发生的，依照下列规定处以罚款：（一）发生一般事故的，处上一年年收入20%至30%的罚款；（二）发生较大事故的，处上一年年收入30%至40%的罚款；（三）发生重大事故的，处上一年年收入40%至50%的罚款；（四）发生特别重大事故的，处上一年年收入50%的罚款。

续表

裁量阶次	适用条件	具体标准	备注
A	生产经营单位的其他负责人和安全生产管理人员未履行《中华人民共和国安全生产法》规定的安全生产管理职责有1项的	责令限期改正，处1万元以上1.5万元以下的罚款；导致发生生产安全事故的，暂停或者吊销其与安全生产有关的资格，并按照《生产安全事故罚款处罚规定》第二十条处以罚款	2
B	生产经营单位的其他负责人和安全生产管理人员未履行《中华人民共和国安全生产法》规定的安全生产管理职责有2项的	责令限期改正，处1.5万元以上2万元以下的罚款；导致发生生产安全事故的，暂停或者吊销其与安全生产有关的资格，并按照《生产安全事故罚款处罚规定》第二十条处以罚款	
C	生产经营单位的其他负责人和安全生产管理人员未履行《中华人民共和国安全生产法》规定的安全生产管理职责有3项以上的	责令限期改正，处2万元以上3万元以下的罚款；导致发生生产安全事故的，暂停或者吊销其与安全生产有关的资格，并按照《生产安全事故罚款处罚规定》第二十条处以罚款	

序号	违法行为	法律规定	处罚依据
2		生产经营单位可以设置专职安全生产分管负责人，协助本单位主要负责人履行安全生产管理职责。	
3	生产经营单位及其主要负责人或者其他人员违反操作规程或者安全管理规定作业的		【部门规章】《安全生产违法行为行政处罚办法》第四十五条第一项：生产经营单位及其主要负责人或者其他人员有下列行为之一的，给予警告，并可以对生产经营单位处1万元以上3万元以下罚款，对其主要负责人、其他有关人员处1千元以上1万元以下的罚款：（一）违反操作规程或者安全管理规定作业的；
4	生产经营单位及其主要负责人或者其他人员违章指挥从业人员或者强令从业人员违章、冒险作业的		【部门规章】《安全生产违法行为行政处罚办法》第四十五条第二项：生产经营单位及其主要负责人或者其他人员有下列行为之一的，给予警告，并可以对生产经营单位处1万元以上3万元以下罚款，

续表

裁量阶次	适用条件	具体标准	备注
A	有1人次违反操作规程或者违反安全管理规定作业的	给予警告,并可以对生产经营单位处1万元以上1.5万元以下罚款,对其主要负责人、其他有关人员处1千元以上1万元以下的罚款	
B	有2人次违反操作规程或者违反安全管理规定作业的	给予警告,并可以对生产经营单位处1.5万元以上2万元以下罚款,对其主要负责人、其他有关人员处1千元以上1万元以下的罚款	3
C	有3人次以上违反操作规程或者违反安全管理规定作业的	给予警告,并可以对生产经营单位处2万元以上3万元以下罚款,对其主要负责人、其他有关人员处1千元以上1万元以下的罚款	
A	违章指挥从业人员或者强令从业人员违章、冒险作业,涉及1人次的	给予警告,可以对生产经营单位处1万元以上1.5万元以下罚款,对其主要负责人、其他有关人员处1千元以上1万元以下的罚款	3

序号	违法行为	法律规定	处罚依据
4			对其主要负责人、其他有关人员处1千元以上1万元以下的罚款：（二）违章指挥从业人员或者强令从业人员违章、冒险作业的；
5	生产经营单位及其主要负责人或者其他人员发现从业人员违章作业不加制止的		【部门规章】《安全生产违法行为行政处罚办法》第四十五条第三项：生产经营单位及其主要负责人或者其他人员有下列行为之一的，给予警告，并可以对生产经营单位处1万元以上3万元以下罚款，对其主要负责人、其他有关人员处1千元以上1万元以下的罚款：（三）发现从业人员违章作业不加制止的；

续表

裁量阶次	适用条件	具体标准	备注
B	违章指挥从业人员或者强令从业人员违章、冒险作业，涉及2人次的	给予警告，可以对生产经营单位处1.5万元以上2万元以下罚款，对其主要负责人、其他有关人员处1千元以上1万元以下的罚款	
C	违章指挥从业人员或者强令从业人员违章、冒险作业，涉及3人次以上的	给予警告，可以对生产经营单位处2万元以上3万元以下罚款，对其主要负责人、其他有关人员处1千元以上1万元以下的罚款	
A	有1人次从业人员违章作业不加制止的	给予警告，可以对生产经营单位处1万元以上1.5万元以下罚款，对其主要负责人、其他有关人员处1千元以上1万元以下的罚款	
B	有2人次从业人员违章作业不加制止的	给予警告，可以对生产经营单位处1.5万元以上2万元以下罚款，对其主要负责人、其他有关人员处1千元以上1万元以下的罚款	3
C	有3人次以上从业人员违章作业不加制止的	给予警告，可以对生产经营单位处2万元以上3万元以下罚款，对其主要负责人、其他有关人员处1千元以上1万元以下的罚款	

序号	违法行为	法律规定	处罚依据
6	生产经营单位及其主要负责人或者其他人员超过核定的生产能力、强度或者定员进行生产的		【部门规章】《安全生产违法行为行政处罚办法》第四十五条第四项：生产经营单位及其主要负责人或者其他人员有下列行为之一的，给予警告，并可以对生产经营单位处1万元以上3万元以下罚款，对其主要负责人、其他有关人员处1千元以上1万元以下的罚款：（四）超过核定的生产能力、强度或者定员进行生产的；
7	生产经营单位及其主要负责人或者其他人员对被查封或者扣押的设施、设备、器材、危险物品和作业场所，擅自启封或者使用的		【部门规章】《安全生产违法行为行政处罚办法》第四十五条第五项：生产经营单位及其主要负责人或者其他人员有下列行为之一的，给予警告，并可以对生产经营单位处1万元以上3万元以下罚款，对其主要负责人、其他有关人员处1千元以上1万元以下的罚款：（五）对

续表

裁量阶次	适用条件	具体标准	备注
A	超过核定生产能力、强度或者定员10%以下进行生产的	给予警告，可以对生产经营单位处1万元以上1.5万元以下罚款，对其主要负责人、其他有关人员处1千元以上1万元以下的罚款	
B	超过核定生产能力、强度或者定员10%以上30%以下进行生产的	给予警告，可以对生产经营单位处1.5万元以上2万元以下罚款，对其主要负责人、其他有关人员处1千元以上1万元以下的罚款	3
C	超过核定生产能力、强度或者定员30%以上进行生产的	给予警告，可以对生产经营单位处2万元以上3万元以下罚款，对其主要负责人、其他有关人员处1千元以上1万元以下的罚款	
A	对被查封或者扣押的设施、设备、器材、危险物品和作业场所，擅自启封或者使用涉及1台（套、处）的	给予警告，可以对生产经营单位处1万元以上1.5万元以下罚款，对其主要负责人、其他有关人员处1千元以上1万元以下的罚款	3
B	对被查封或者扣押的设施、设备、器材、危险物品和作业场所，擅自启封或者使用涉及2台（套、处）的	给予警告，可以对生产经营单位处1.5万元以上2万元以下罚款，对其主要负责人、其他有关人员处1千元以上1万元以下的罚款	

序号	违法行为	法律规定	处罚依据
7			被查封或者扣押的设施、设备、器材、危险物品和作业场所，擅自启封或者使用的；
8	生产经营单位及其主要负责人或者其他人员故意提供虚假情况或者隐瞒存在的事故隐患以及其他安全问题的		【部门规章】《安全生产违法行为行政处罚办法》第四十五条第六项：生产经营单位及其主要负责人或者其他人员有下列行为之一的，给予警告，并可以对生产经营单位处1万元以上3万元以下罚款，对其主要负责人、其他有关人员处1千元以上1万元以下的罚款：（六）故意提供虚假情况或者隐瞒存在的事故隐患以及其他安全问题的；
9	生产经营单位及其主要负责人或者其他人员拒不执行依法下达的安全监管监察指令的		【部门规章】《安全生产违法行为行政处罚办法》第四十五条第七项：生产经营单位及其主要负责人或者其他人员有下列行为之一的，给予警告，并可以对生产经营单位处1万

续表

裁量阶次	适用条件	具体标准	备注
C	对被查封或者扣押的设施、设备、器材、危险物品和作业场所，擅自启封或者使用涉及3台（套、处）以上的	给予警告，可以对生产经营单位处2万元以上3万元以下罚款，对其主要负责人、其他有关人员处1千元以上1万元以下的罚款	
A	故意提供虚假情况或者隐瞒存在的事故隐患以及其他安全问题，涉及3处以下的	给予警告，可以对生产经营单位处1万元以上1.5万元以下罚款，对其主要负责人、其他有关人员处1千元以上1万元以下的罚款	
B	故意提供虚假情况或者隐瞒存在的事故隐患以及其他安全问题，涉及3处以上7处以下的	给予警告，可以对生产经营单位处1.5万元以上2万元以下罚款，对其主要负责人、其他有关人员处1千元以上1万元以下的罚款	3
C	故意提供虚假情况或者隐瞒存在的事故隐患以及其他安全问题，涉及7处以上的	给予警告，可以对生产经营单位处2万元以上3万元以下罚款，对其主要负责人、其他有关人员处1千元以上1万元以下的罚款	
A	拒不执行安全监管监察部门依法下达的安全监管监察指令1项的	给予警告，可以对生产经营单位处1万元以上1.5万元以下罚款，对其主要负责人、其他有关人员处1千元以上1万元以下的罚款	3
B	拒不执行安全监管监察部门依法下达的安全	给予警告，可以对生产经营单位处1.5万元以上2万元以下罚	

序号	违法行为	法律规定	处罚依据
9			元以上3万元以下罚款,对其主要负责人、其他有关人员处1千元以上1万元以下的罚款:(七)拒不执行安全监管监察部门依法下达的安全监管监察指令的。
10	未按规定保证安全生产所必需的资金投入致使生产经营单位不具备安全生产条件,导致发生生产安全事故的	【法律】《中华人民共和国安全生产法》第二十三条第一款:生产经营单位应当具备的安全生产条件所必需的资金投入,由生产经营单位的决策机构、主要负责人或者个人经营的投资人予以保证,并对由于安全生产所必需的资金投入不足导致的后果承担责任。	1.【法律】《中华人民共和国安全生产法》第九十三条:生产经营单位的决策机构、主要负责人或者个人经营的投资人不依照本法规定保证安全生产所必需的资金投入,致使生产经营单位不具备安全生产条件的,责令限期改正,提供必需的资金;逾期未改正的,责令生产经营单位停产停业整顿。 有前款违法行为,导致发生生产安全事故的,对生产经营单位的主要负责人给予撤职处分,对个人经营的投资人处二万元以上二十万元以下的罚款;构成犯罪的,依照刑法有关规定追究刑事责任。

续表

裁量阶次	适用条件	具体标准	备注
	监管监察指令2项的	款，对其主要负责人、其他有关人员处1千元以上1万元以下的罚款	
C	拒不执行安全监管监察部门依法下达的安全监管监察指令3项以上的	给予警告，可以对生产经营单位处2万元以上3万元以下罚款，对其主要负责人、其他有关人员处1千元以上1万元以下的罚款	
A	导致发生一般事故的	对个人经营的投资人处2万元以上5万元以下的罚款	
B	导致发生较大事故的	对个人经营的投资人处5万元以上10万元以下的罚款	4
C	导致发生重大事故的	对个人经营的投资人处10万元以上15万元以下的罚款	
D	导致发生特别重大事故的	对个人经营的投资人处15万元以上20万元以下的罚款	

序号	违法行为	法律规定	处罚依据
10			2.【部门规章】《生产安全事故罚款处罚规定》第二十一条：个人经营的投资人未依照《中华人民共和国安全生产法》的规定保证安全生产所必需的资金投入，致使生产经营单位不具备安全生产条件，导致发生生产安全事故的，依照下列规定对个人经营的投资人处以罚款：（一）发生一般事故的，处2万元以上5万元以下的罚款；（二）发生较大事故的，处5万元以上10万元以下的罚款；（三）发生重大事故的，处10万元以上15万元以下的罚款；（四）发生特别重大事故的，处15万元以上20万元以下的罚款。
11	生产经营单位未将安全培训工作纳入本单位工作计划并保证安全培训工作所需资金的	【部门规章】《生产经营单位安全培训规定》第二十一条：生产经营单位应当将安全培训工作纳入本单位年度工作计划。保证本单位安全培训工作所需资金。 生产经营单位的主要负责人负责组织制定并实施本单位安全培训计划。	【部门规章】《生产经营单位安全培训规定》第二十九条第一项：生产经营单位有下列行为之一的，由安全生产监管监察部门责令其限期改正，可以处1万元以上3万元以下的罚款：（一）未将安全培训工作纳入本单位工作计划并保证安全培训工作所需资金的；

续表

裁量阶次	适用条件	具体标准	备注
A	从业人员在30人以下的矿山、金属冶炼和危险物品的生产、经营、储存、装卸单位，或从业人员在100人以下的其他生产经营单位，未将安全培训工作纳入本单位工作计划并保证安全培训工作所需资金的	责令限期改正，可以处1万元以上1.5万元以下的罚款	4

21

序号	违法行为	法律规定	处罚依据
11			
12	生产经营单位未按规定设置安全生产管理机构或者配备安全生产管理人员的	【法律】《中华人民共和国安全生产法》第二十四条：矿山、金属冶炼、建筑施工、运输单位和危险物品的生产、经营、储存、装卸单位，应当设置安全生产管理机构或者配备专职安全生产管理人员。 前款规定以外的其他生	【法律】《中华人民共和国安全生产法》第九十七条第一项：生产经营单位有下列行为之一的，责令限期改正，处十万元以下的罚款；逾期未改正的，责令停产停业整顿，并处十万元以上二十万元以下的罚款，对其直接负责的

续表

裁量阶次	适用条件	具体标准	备注
B	从业人员在30人以上100人以下的矿山、金属冶炼和危险物品的生产、经营、储存、装卸单位，或从业人员在100人以上300人以下的其他生产经营单位，未将安全培训工作纳入本单位工作计划并保证安全培训工作所需资金的	责令限期改正，可以处1.5万元以上2万元以下的罚款	
C	从业人员在100人以上的矿山、金属冶炼和危险物品的生产、经营、储存、装卸单位，或从业人员在300人以上的其他生产经营单位，未将安全培训工作纳入本单位工作计划并保证安全培训工作所需资金的	责令限期改正，可以处2万元以上3万元以下的罚款	
A	从业人员在30人以下的矿山、金属冶炼和危险物品的生产、经营、储存、装卸单位，未按照规定设置安全生产管理机构或者配备专职安全生产管理人员；从业人员在100人以下的其	责令限期改正，处3万元以下的罚款；逾期未改正的，责令停产停业整顿，并处10万元以上13万元以下的罚款，对其直接负责的主管人员和其他直接责任人员处2万元以上3万元以下的罚款	5

23

序号	违法行为	法律规定	处罚依据
12		产经营单位，从业人员超过一百人的，应当设置安全生产管理机构或者配备专职安全生产管理人员；从业人员在一百人以下的，应当配备专职或者兼职的安全生产管理人员。	主管人员和其他直接责任人员处二万元以上五万元以下的罚款：（一）未按照规定设置安全生产管理机构或者配备安全生产管理人员、注册安全工程师的；

续表

裁量阶次	适用条件	具体标准	备注
	他生产经营单位，未按照规定配备专职或者兼职的安全生产管理人员的		
B	从业人员在30人以上100人以下的矿山、金属冶炼和危险物品的生产、经营、储存、装卸单位，或从业人员在100人以上300人以下的其他生产经营单位，未按照规定设置安全生产管理机构或者配备专职安全生产管理人员的	责令限期改正，处3万元以上7万元以下的罚款；逾期未改正的，责令停产停业整顿，并处13万元以上17万元以下的罚款，对其直接负责的主管人员和其他直接责任人员处3万元以上4万元以下的罚款	
C	从业人员在100人以上的矿山、金属冶炼和危险物品的生产、经营、储存、装卸单位，或从业人员在300人以上的其他生产经营单位，未按照规定设置安全生产管理机构或者配备专职安全生产管理人员的	责令限期改正，处7万元以上10万元以下的罚款；逾期未改正的，责令停产停业整顿，并处17万元以上20万元以下的罚款，对其直接负责的主管人员和其他直接责任人员处4万元以上5万元以下的罚款	

序号	违法行为	法律规定	处罚依据
13	生产经营单位未按规定配备注册安全工程师的	【法律】《中华人民共和国安全生产法》第二十七条第三款：危险物品的生产、储存、装卸单位以及矿山、金属冶炼单位应当有注册安全工程师从事安全生产管理工作。鼓励其他生产经营单位聘用注册安全工程师从事安全生产管理工作。注册安全工程师按专业分类管理，具体办法由国务院人力资源和社会保障部门、国务院应急管理部门会同国务院有关部门制定。	【法律】《中华人民共和国安全生产法》第九十七条第一项：生产经营单位有下列行为之一的，责令限期改正，处十万元以下的罚款；逾期未改正的，责令停产停业整顿，并处十万元以上二十万元以下的罚款，对其直接负责的主管人员和其他直接责任人员处二万元以上五万元以下的罚款：（一）未按照规定设置安全生产管理机构或者配备安全生产管理人员、注册安全工程师的；
14	生产经营单位未建立专门安全管理制度、未采取可靠的安全措施的	1.【法律】《中华人民共和国安全生产法》第三十九条第二款：生产经营单位生产、经营、运输、储存、使用危险物品或者处	1.【法律】《中华人民共和国安全生产法》第一百零一条第一项：生产经营单位有下列行为之一的，责令限期改正，处十万元

续表

裁量阶次	适用条件	具体标准	备注
A	从业人员在30人以下的危险物品的生产、储存、装卸单位以及矿山、金属冶炼单位，未按照规定配备注册安全工程师从事安全生产管理工作的	责令限期改正，处3万元以下的罚款；逾期未改正的，责令停产停业整顿，并处10万元以上13万元以下的罚款，对其直接负责的主管人员和其他直接责任人员处2万元以上3万元以下的罚款	5
B	从业人员在30人以上100人以下的危险物品的生产、储存、装卸单位以及矿山、金属冶炼单位，未按照规定配备注册安全工程师从事安全生产管理工作的	责令限期改正，处3万元以上7万元以下的罚款；逾期未改正的，责令停产停业整顿，并处13万元以上17万元以下的罚款，对其直接负责的主管人员和其他直接责任人员处3万元以上4万元以下的罚款	
C	从业人员在100人以上的危险物品的生产、储存、装卸单位以及矿山、金属冶炼单位，未按照规定配备注册安全工程师从事安全生产管理工作的	责令限期改正，处7万元以上10万元以下的罚款；逾期未改正的，责令停产停业整顿，并处17万元以上20万元以下的罚款，对其直接负责的主管人员和其他直接责任人员处4万元以上5万元以下的罚款	
A	生产经营单位生产、经营、运输、储存、使用危险物品或者处置废弃危险物品时，未建立专门的安全管理制度，但	责令限期改正，处3万元以下的罚款；逾期未改正的，责令停产停业整顿，并处10万元以上13万元以下的罚款，对其直接负责的主管人员和其他直接责任	6

序号	违法行为	法律规定	处罚依据
14		置废弃危险物品，必须执行有关法律、法规和国家标准或者行业标准，建立专门的安全管理制度，采取可靠的安全措施，接受有关主管部门依法实施的监督管理。 2.【部门规章】《烟花爆竹生产经营安全规定》第十八条：生产企业和经营黑火药、引火线的批发企业应当要求供货单位提供并查验购进的黑火药、引火线及化工原材料的质检报告或者产品合格证，确保其安全性能符合国家标准或者行业标准的规定；对总仓库和中转库的黑火药、引火线、烟火药及裸药效果件，应当建立并实施由专人管理、登记、分发的安全管理制度。	以下的罚款；逾期未改正的，责令停产停业整顿，并处十万元以上二十万元以下的罚款，对其直接负责的主管人员和其他直接责任人员处二万元以上五万元以下的罚款；构成犯罪的，依照刑法有关规定追究刑事责任：（一）生产、经营、运输、储存、使用危险物品或者处置废弃危险物品，未建立专门安全管理制度、未采取可靠的安全措施的； 2.【部门规章】《烟花爆竹生产经营安全规定》第三十五条第二项：生产企业、批发企业有下列行为之一的，责令限期改正，可以处十万元以下的罚款；逾期未改正的，责令停产停业整顿，并处十万元以上二十万元以下的罚款，对其直接负责的主管人员和其他直接责任人员处二万元以上五万元以下的罚款：（二）未制定专人管理、登记、分发黑火药、引火线、烟火药及库存和中转效果件的安全管理制度的；

续表

裁量阶次	适用条件	具体标准	备注
	采取了可靠的安全措施的	人员处2万元以上3万元以下的罚款	
B	生产经营单位生产、经营、运输、储存、使用危险物品或者处置废弃危险物品时，建立了专门的安全管理制度，但未采取可靠的安全措施的	责令限期改正，处3万元以上7万元以下的罚款；逾期未改正的，责令停产停业整顿，并处13万元以上17万元以下的罚款，对其直接负责的主管人员和其他直接责任人员处3万元以上4万元以下的罚款	
C	生产经营单位生产、经营、运输、储存、使用危险物品或者处置废弃危险物品时，未建立专门的安全管理制度，且未采取可靠的安全措施的	责令限期改正，处7万元以上10万元以下的罚款；逾期未改正的，责令停产停业整顿，并处17万元以上20万元以下的罚款，对其直接负责的主管人员和其他直接责任人员处4万元以上5万元以下的罚款	

序号	违法行为	法律规定	处罚依据
15	生产经营单位主要负责人和安全生产管理人员未按照规定经考核合格的	【法律】《中华人民共和国安全生产法》第二十七条第二款：危险物品的生产、经营、储存、装卸单位以及矿山、金属冶炼、建筑施工、运输单位的主要负责人和安全生产管理人员，应当由主管的负有安全生产监督管理职责的部门对其安全生产知识和管理能力考核合格。考核不得收费。	【法律】《中华人民共和国安全生产法》第九十七条第二项：生产经营单位有下列行为之一的，责令限期改正，处十万元以下的罚款；逾期未改正的，责令停产停业整顿，并处十万元以上二十万元以下的罚款，对其直接负责的主管人员和其他直接责任人员处二万元以上五万元以下的罚款：（二）危险物品的生产、经营、储存、装卸单位以及矿山、金属冶炼、建筑施工、运输单位的主要负责人和安全生产管理人员未按照规定经考核合格的；
16	生产经营单位未按规定对从业人员、被派遣劳动者、实习学生进行	1.【法律】《中华人民共和国安全生产法》第二十八条第一款至第三款：生产经营单位应当对从业人员进行安全生产教育和培	1.【法律】《中华人民共和国安全生产法》第九十七条第三项：生产经营单位有下列行为之一的，责令限期改正，处十万元以

续表

裁量阶次	适用条件	具体标准	备注
A	危险物品的生产、经营、储存、装卸单位以及矿山、金属冶炼、建筑施工、运输单位，安全生产管理人员未按照规定经考核合格的	责令限期改正，处3万元以下的罚款；逾期未改正的，责令停产停业整顿，并处10万元以上13万元以下的罚款，对其直接负责的主管人员和其他直接责任人员处2万元以上3万元以下的罚款	
B	危险物品的生产、经营、储存、装卸单位以及矿山、金属冶炼、建筑施工、运输单位，主要负责人未按照规定经考核合格的	责令限期改正，处3万元以上7万元以下的罚款；逾期未改正的，责令停产停业整顿，并处13万元以上17万元以下的罚款，对其直接负责的主管人员和其他直接责任人员处3万元以上4万元以下的罚款	8
C	危险物品的生产、经营、储存、装卸单位以及矿山、金属冶炼、建筑施工、运输单位，主要负责人和安全生产管理人员均未按照规定经考核合格的	责令限期改正，处7万元以上10万元以下的罚款；逾期未改正的，责令停产停业整顿，并处17万元以上20万元以下的罚款，对其直接负责的主管人员和其他直接责任人员处4万元以上5万元以下的罚款	
A	未按规定对从业人员、被派遣劳动者、实习学生进行安全生产教育和培训，或者未按照规定如实告知有关的安全生	责令限期改正，处3万元以下的罚款；逾期未改正的，责令停产停业整顿，并处10万元以上13万元以下的罚款，对其直接负责的主管人员和其他直接责任	9

序号	违法行为	法律规定	处罚依据
16	安全生产教育和培训，或者未按照规定如实告知有关的安全生产事项的	训，保证从业人员具备必要的安全生产知识，熟悉有关的安全生产规章制度和安全操作规程，掌握本岗位的安全操作技能，了解事故应急处理措施，知悉自身在安全生产方面的权利和义务。未经安全生产教育和培训合格的从业人员，不得上岗作业。 生产经营单位使用被派遣劳动者的，应当将被派遣劳动者纳入本单位从业人员统一管理，对被派遣劳动者进行岗位安全操作规程和安全操作技能的教育和培训。劳务派遣单位应当对被派遣劳动者进行必要的安全生产教育和培训。 生产经营单位接收中等职业学校、高等学校学生实习的，应当对实习学生进行相应的安全生产教育和培训，提供必要的劳动防护用品。学校应当协助生产经营单位对实习学生进行安全生产教育和培训。 第四十四条第一款：生产经营单位应当教育和督促从业人员严格执行本单	下的罚款；逾期未改正的，责令停产停业整顿，并处十万元以上二十万元以下的罚款，对其直接负责的主管人员和其他直接责任人员处二万元以上五万元以下的罚款：（三）未按照规定对从业人员、被派遣劳动者、实习学生进行安全生产教育和培训，或者未按照规定如实告知有关的安全生产事项的； 2.【部门规章】《工贸企业粉尘防爆安全规定》第二十八条第一项：粉尘涉爆企业有下列行为之一的，由负责粉尘涉爆企业安全监管的部门依照《中华人民共和国安全生产法》有关规定，责令限期改正，处10万元以下的罚款；逾期未改正的，责令停产停业整顿，并处10万元以上20万元以下的罚款，对其直接负责的主管人员和其他直接责任人员处2万元以上5万元以下的罚款：（一）未按照规定对有关负责人和粉尘作业岗位相关从业人员进行粉尘防爆专项安全生产教育和培训，

续表

裁量阶次	适用条件	具体标准	备注
	产事项，涉及人数3人以下的	人员处2万元以上3万元以下的罚款	
B	未按规定对从业人员、被派遣劳动者、实习学生进行安全生产教育和培训，或者未按照规定如实告知有关的安全生产事项，涉及人数3人以上10人以下的	责令限期改正，处3万元以上7万元以下的罚款；逾期未改正的，责令停产停业整顿，并处13万元以上17万元以下的罚款，对其直接负责的主管人员和其他直接责任人员处3万元以上4万元以下的罚款	
C	未按规定对从业人员、被派遣劳动者、实习学生进行安全生产教育和培训，或者未按照规定如实告知有关的安全生产事项，涉及人数10人以上的	责令限期改正，处7万元以上10万元以下的罚款；逾期未改正的，责令停产停业整顿，并处17万元以上20万元以下的罚款，对其直接负责的主管人员和其他直接责任人员处4万元以上5万元以下的罚款	

序号	违法行为	法律规定	处罚依据
16		位的安全生产规章制度和安全操作规程；并向从业人员如实告知作业场所和工作岗位存在的危险因素、防范措施以及事故应急措施。 2.【部门规章】《工贸企业粉尘防爆安全规定》第八条：粉尘涉爆企业应当组织对涉及粉尘防爆的生产、设备、安全管理等有关负责人和粉尘作业岗位等相关从业人员进行粉尘防爆专项安全生产教育和培训，使其了解作业场所和工作岗位存在的爆炸风险，掌握粉尘爆炸事故防范和应急措施；未经教育培训合格的，不得上岗作业。 粉尘涉爆企业应当如实记录粉尘防爆专项安全生产教育和培训的时间、内容及考核等情况，纳入员工教育和培训档案。 3.【部门规章】《工贸企业有限空间作业安全规定》第九条：工贸企业应当每年至少组织一次有限空间作业专题安全培训，对作业审批人、监护人员、作业人员和应急救援人员培训有限空间作业安全知识和技能，并如实记录。 未经培训合格不得参与有限空间作业。	或者未如实记录专项安全生产教育和培训情况的； 3.【部门规章】《工贸企业有限空间作业安全规定》第二十条第一项：工贸企业有下列行为之一的，责令限期改正，处10万元以下的罚款；逾期未改正的，责令停产停业整顿，并处10万元以上20万元以下的罚款，对其直接负责的主管人员和其他直接责任人员处2万元以上5万元以下的罚款：（一）未按照规定开展有限空间作业专题安全培训或者未如实记录安全培训情况的；

续表

裁量阶次	适用条件	具体标准	备注

序号	违法行为	法律规定	处罚依据
17	生产经营单位未如实记录安全生产教育和培训情况的	1.【法律】《中华人民共和国安全生产法》第二十八条第四款：生产经营单位应当建立安全生产教育和培训档案，如实记录安全生产教育和培训的时间、内容、参加人员以及考核结果等情况。 2.【部门规章】《工贸企业粉尘防爆安全规定》第八条：粉尘涉爆企业应当组织对涉及粉尘防爆的生产、设备、安全管理等有关负责人和粉尘作业岗位等相关从业人员进行粉尘防爆专项安全生产教育和培训，使其了解作业场所和工作岗位存在的爆炸风险，掌握粉尘爆炸事故防范和应急措施；未经教育培训合格的，不得上岗作业。 粉尘涉爆企业应当如实记录粉尘防爆专项安全生产教育和培训的时间、内容及考核等情况，纳入员工教育和培训档案。 3.【部门规章】《工贸企业有限空间作业安全规定》第九条：工贸企业应当每年至少组织一次有限	1.【法律】《中华人民共和国安全生产法》第九十七条第四项：生产经营单位有下列行为之一的，责令限期改正，处十万元以下的罚款；逾期未改正的，责令停产停业整顿，并处十万元以上二十万元以下的罚款，对其直接负责的主管人员和其他直接责任人员处二万元以上五万元以下的罚款：（四）未如实记录安全生产教育和培训情况的； 2.【部门规章】《工贸企业粉尘防爆安全规定》第二十八条第一项：粉尘涉爆企业有下列行为之一的，由负责粉尘涉爆企业安全监管的部门依照《中华人民共和国安全生产法》有关规定，责令限期改正，处10万元以下的罚款；逾期未改正的，责令停产停业整顿，并处10万元以上20万元以下的罚款，对其直接负责的主管人员和其他直接责任人员处2万元以上5万元以下的罚款：（一）未按照规定对有关负责人和粉尘作业岗位相

续表

裁量阶次	适用条件	具体标准	备注
A	未如实记录安全生产教育和培训情况，涉及3人次以下的	责令限期改正，处3万元以下的罚款；逾期未改正的，责令停产停业整顿，并处10万元以上13万元以下的罚款，对其直接负责的主管人员和其他直接责任人员处2万元以上3万元以下的罚款	
B	未如实记录安全生产教育和培训情况，涉及3人次以上10人次以下的	责令限期改正，处3万元以上7万元以下的罚款；逾期未改正的，责令停产停业整顿，并处13万元以上17万元以下的罚款，对其直接负责的主管人员和其他直接责任人员处3万元以上4万元以下的罚款	10
C	未如实记录安全生产教育和培训情况，涉及10人次以上的	责令限期改正，处7万元以上10万元以下的罚款；逾期未改正的，责令停产停业整顿，并处17万元以上20万元以下的罚款，对其直接负责的主管人员和其他直接责任人员处4万元以上5万元以下的罚款	

序号	违法行为	法律规定	处罚依据
17		空间作业专题安全培训，对作业审批人、监护人员、作业人员和应急救援人员培训有限空间作业安全知识和技能，并如实记录。 未经培训合格不得参与有限空间作业。	关从业人员进行粉尘防爆专项安全生产教育和培训，或者未如实记录专项安全生产教育和培训情况的； 3.【部门规章】《工贸企业有限空间作业安全规定》第二十条第一项：工贸企业有下列行为之一的，责令限期改正，处10万元以下的罚款；逾期未改正的，责令停产停业整顿，并处10万元以上20万元以下的罚款，对其直接负责的主管人员和其他直接责任人员处2万元以上5万元以下的罚款：（一）未按照规定开展有限空间作业专题安全培训或者未如实记录安全培训情况的；
18	生产经营单位未支付从业人员安全培训期间工资及安全培训费用的	【部门规章】《生产经营单位安全培训规定》第二十三条：生产经营单位安排从业人员进行安全培训期间，应当支付工资和必要的费用。	【部门规章】《生产经营单位安全培训规定》第二十九条第二项：生产经营单位有下列行为之一的，由安全生产监管监察部门责令其限期改正，可以处1万元以上3万元以下的

续表

裁量阶次	适用条件	具体标准	备注
A	未支付从业人员安全培训期间工资及安全培训费用，涉及3人次以下的	责令限期改正，可以处1万元以上1.5万元以下的罚款	11
B	未支付从业人员安全培训期间工资及安全培	责令限期改正，可以处1.5万元以上2万元以下的罚款	

序号	违法行为	法律规定	处罚依据
18			罚款：（二）从业人员进行安全培训期间未支付工资并承担安全培训费用的。
19	生产经营单位从业人员安全培训的时间不符合规定的	1.【部门规章】《生产经营单位安全培训规定》第九条：生产经营单位主要负责人和安全生产管理人员初次安全培训时间不得少于32学时。每年再培训时间不得少于12学时。 煤矿、非煤矿山、危险化学品、烟花爆竹、金属冶炼等生产经营单位主要负责人和安全生产管理人员初次安全培训时间不得少于48学时，每年再培训时间不得少于16学时。 第十三条：生产经营单位新上岗的从业人员，岗前安全培训时间不得少于24学时。 煤矿、非煤矿山、危险化学品、烟花爆竹、金属冶炼等生产经营单位新上岗的从业人员安全培训时间不得少于72学时，每年再培训的时间不得少于20学时。	【部门规章】《安全生产培训管理办法》第三十六条第一项：生产经营单位有下列情形之一的，责令改正，处3万元以下的罚款：（一）从业人员安全培训的时间少于《生产经营单位安全培训规定》或者有关标准规定的；

续表

裁量阶次	适用条件	具体标准	备注
	训费用，涉及3人次以上10人次以下的		
C	未支付从业人员安全培训期间工资及安全培训费用，涉及10人次以上的	责令限期改正，可以处2万元以上3万元以下的罚款	
A	从业人员安全培训的时间少于《生产经营单位安全培训规定》或者有关标准规定，涉及3人次以下的	责令改正，处1万元以下的罚款	
B	从业人员安全培训的时间少于《生产经营单位安全培训规定》或者有关标准规定，涉及3人次以上10人次以下的	责令改正，处1万元以上2万元以下的罚款	12
C	从业人员安全培训的时间少于《生产经营单位安全培训规定》或者有关标准规定，涉及10人次以上的	责令改正，处2万元以上3万元以下的罚款	

序号	违法行为	法律规定	处罚依据
19		2.【部门规章】《安全生产培训管理办法》第十一条：生产经营单位从业人员的培训内容和培训时间，应当符合《生产经营单位安全培训规定》和有关标准的规定。	
20	危险物品生产经营单位新招的危险工艺操作岗位人员，未经实习期满独立上岗作业的	【部门规章】《安全生产培训管理办法》第十三条：国家鼓励生产经营单位实行师傅带徒弟制度。矿山新招的井下作业人员和危险物品生产经营单位新招的危险工艺操作岗位人员，除按照规定进行安全培训外，还应当在有经验的职工带领下实习满2个月后，方可独立上岗作业。	【部门规章】《安全生产培训管理办法》第三十六条第二项：生产经营单位有下列情形之一的，责令改正，处3万元以下的罚款：（二）矿山新招的井下作业人员和危险物品生产经营单位新招的危险工艺操作岗位人员，未经实习期满独立上岗作业的；
21	生产经营单位出现法定情形，相关人员未按照规定	【部门规章】《安全生产培训管理办法》第十二条：中央企业的分公司、子公司及其所属单位和其他	【部门规章】《安全生产培训管理办法》第三十六条第三项：生产经营单位有下列情形之一的，责令改

续表

裁量阶次	适用条件	具体标准	备注
A	危险物品生产经营单位新招的危险工艺操作岗位人员，未经实习期满独立上岗作业，涉及3人次以下的	责令改正，处1万元以下的罚款	
B	危险物品生产经营单位新招的危险工艺操作岗位人员，未经实习期满独立上岗作业，涉及3人次以上10人次以下的	责令改正，处1万元以上2万元以下的罚款	13
C	危险物品生产经营单位新招的危险工艺操作岗位人员，未经实习期满独立上岗作业，涉及10人次以上的	责令改正，处2万元以上3万元以下的罚款	
A	相关人员未按照《安全生产培训管理办法》第十二条规定重新参加安全培训，涉及3人次以下的	责令改正，处1万元以下的罚款	14

序号	违法行为	法律规定	处罚依据
21	重新参加安全培训的	生产经营单位，发生造成人员死亡的生产安全事故的，其主要负责人和安全生产管理人员应当重新参加安全培训。特种作业人员对造成人员死亡的生产安全事故负有直接责任的，应当按照《特种作业人员安全技术培训考核管理规定》重新参加安全培训。	正，处3万元以下的罚款：（三）相关人员未按照本办法第十二条规定重新参加安全培训的。
22	安全培训机构不具备安全培训条件的	【部门规章】《安全生产培训管理办法》第五条第一款：安全培训的机构应当具备从事安全培训工作所需要的条件。从事危险物品的生产、经营、储存单位以及矿山、金属冶炼单位的主要负责人和安全生产管理人员，特种作业人员以及注册安全工程师等相关人员培训的安全培训机构，应当将教师、教学和实习实训设施等情况书面报告所在地安全生产监督管理部门、煤矿安全培训监管机构。	【部门规章】《安全生产培训管理办法》第三十四条第一款第一项：安全培训机构有下列情形之一的，责令限期改正，处1万元以下的罚款；逾期未改正的，给予警告，处1万元以上3万元以下的罚款：（一）不具备安全培训条件的；
23	安全培训机构未按照统一的培训大纲组织教学培训的	【部门规章】《安全生产培训管理办法》第六条第一款：安全培训应当按照规定的安全培训大纲进行。	【部门规章】《安全生产培训管理办法》第三十四条第一款第二项：安全培训机构有下列情形之一的，

续表

裁量阶次	适用条件	具体标准	备注
B	相关人员未按照《安全生产培训管理办法》第十二条规定重新参加安全培训，涉及3人次以上10人次以下的	责令改正，处1万元以上2万元以下的罚款	
C	相关人员未按照《安全生产培训管理办法》第十二条规定重新参加安全培训，涉及10人次以上的	责令改正，处2万元以上3万元以下的罚款	
A	不具备安全培训条件，涉及1处的	责令限期改正，处1万元以下的罚款；逾期未改正的，给予警告，处1万元以上1.5万元以下的罚款	
B	不具备安全培训条件，涉及2处的	责令限期改正，处1万元以下的罚款；逾期未改正的，给予警告，处1.5万元以上2万元以下的罚款	15
C	不具备安全培训条件，涉及3处以上的	责令限期改正，处1万元以下的罚款；逾期未改正的，给予警告，处2万元以上3万元以下的罚款	
A	有1门课程未按照培训大纲组织教学培训的	责令限期改正，处1万元以下的罚款；逾期未改正的，给予警告，处1万元以上1.5万元以下的罚款	15

45

序号	违法行为	法律规定	处罚依据
23			责令限期改正，处1万元以下的罚款；逾期未改正的，给予警告，处1万元以上3万元以下的罚款：（二）未按照统一的培训大纲组织教学培训的；
24	安全培训机构未建立培训档案或者培训档案管理不规范的	【部门规章】《安全生产培训管理办法》第十五条：安全培训机构应当建立安全培训工作制度和人员培训档案。安全培训相关情况，应当如实记录并建档备查。	【部门规章】《安全生产培训管理办法》第三十四条第一款第三项：安全培训机构有下列情形之一的，责令限期改正，处1万元以下的罚款；逾期未改正的，给予警告，处1万元以上3万元以下的罚款：（三）未建立培训档案或者培训档案管理不规范的；
25	安全培训机构采取不正当竞争手段，故意贬低、诋毁其他安全培训机构的		【部门规章】《安全生产培训管理办法》第三十四条：安全培训机构有下列情形之一的，责令限期改正，处1万元以下的罚款；逾期未改正的，给予警告，处1万元以上3万元以下的罚款：（一）不具备安

续表

裁量阶次	适用条件	具体标准	备注
B	有2门课程未按照培训大纲组织教学培训的	责令限期改正,处1万元以下的罚款;逾期未改正的,给予警告,处1.5万元以上2万元以下的罚款	
C	有3门以上课程未按照培训大纲组织教学培训的	责令限期改正,处1万元以下的罚款;逾期未改正的,给予警告,处2万元以上3万元以下的罚款	
A	培训档案管理不规范,涉及1处的	责令限期改正,处1万元以下的罚款;逾期未改正的,给予警告,处1万元以上1.5万元以下的罚款	
B	培训档案管理不规范,涉及2处以上的	责令限期改正,处1万元以下的罚款;逾期未改正的,给予警告,处1.5万元以上2万元以下的罚款	15
C	未建立培训档案的	责令限期改正,处1万元以下的罚款;逾期未改正的,给予警告,处2万元以上3万元以下的罚款	
A	采取不正当竞争手段,故意贬低、诋毁其他安全培训机构,有1家(次)的	责令限期改正,处1万元以下的罚款;逾期未改正的,给予警告,处1万元以上1.5万元以下的罚款	15
B	采取不正当竞争手段,故意贬低、诋毁其他安全培训机构,有2家(次)的	责令限期改正,处1万元以下的罚款;逾期未改正的,给予警告,处1.5万元以上2万元以下的罚款	

序号	违法行为	法律规定	处罚依据
25			全培训条件的；（二）未按照统一的培训大纲组织教学培训的；（三）未建立培训档案或者培训档案管理不规范的； 安全培训机构采取不正当竞争手段，故意贬低、诋毁其他安全培训机构的，依照前款规定处罚。
26	生产经营单位特种作业人员未按规定经专门的安全作业培训并取得相应资格，上岗作业的	【法律】《中华人民共和国安全生产法》第三十条第一款：生产经营单位的特种作业人员必须按照国家有关规定经专门的安全作业培训，取得相应资格，方可上岗作业。	【法律】《中华人民共和国安全生产法》第九十七条第七项：生产经营单位有下列行为之一的，责令限期改正，处十万元以下的罚款；逾期未改正的，责令停产停业整顿，并处十万元以上二十万元以下的罚款，对其直接负责的主管人员和其他直接责任人员处二万元以上五万元以下的罚款：（七）特种作业人员未按照规定经专门的安全作业培训并取得相应资格，上岗作业的。

续表

裁量阶次	适用条件	具体标准	备注
C	采取不正当竞争手段，故意贬低、诋毁其他安全培训机构，有3家（次）以上的	责令限期改正，处1万元以下的罚款；逾期未改正的，给予警告，处2万元以上3万元以下的罚款	
A	特种作业人员未按照规定经专门的安全作业培训并取得相应资格上岗作业，有1人次的	责令限期改正，处3万元以下的罚款；逾期未改正的，责令停产停业整顿，并处10万元以上13万元以下的罚款，对其直接负责的主管人员和其他直接责任人员处2万元以上3万元以下的罚款	
B	特种作业人员未按照规定经专门的安全作业培训并取得相应资格上岗作业，有2人次的	责令限期改正，处3万元以上7万元以下的罚款；逾期未改正的，责令停产停业整顿，并处13万元以上17万元以下的罚款，对其直接负责的主管人员和其他直接责任人员处3万元以上4万元以下的罚款	16
C	特种作业人员未按照规定经专门的安全作业培训并取得相应资格上岗作业，有3人次以上的	责令限期改正，处7万元以上10万元以下的罚款；逾期未改正的，责令停产停业整顿，并处17万元以上20万元以下的罚款，对其直接负责的主管人员和其他直接责任人员处4万元以上5万元以下的罚款	

序号	违法行为	法律规定	处罚依据
27	生产经营单位非法印制、伪造、倒卖特种作业操作证，或者使用非法印制、伪造、倒卖的特种作业操作证的	【部门规章】《特种作业人员安全技术培训考核管理规定》第三十六条第一款：生产经营单位不得印制、伪造、倒卖特种作业操作证，或者使用非法印制、伪造、倒卖的特种作业操作证。	【部门规章】《特种作业人员安全技术培训考核管理规定》第四十条：生产经营单位非法印制、伪造、倒卖特种作业操作证，或者使用非法印制、伪造、倒卖的特种作业操作证的，给予警告，并处 1 万元以上 3 万元以下的罚款；构成犯罪的，依法追究刑事责任。
28	生产经营单位未按照规定对金属冶炼建设项目或者用于生产、储存、装卸危险物品的建设项	【法律】《中华人民共和国安全生产法》第三十二条：矿山、金属冶炼建设项目和用于生产、储存、装卸危险物品的建设项目，应当按照国家有关规定进行安全评价。	【法律】《中华人民共和国安全生产法》第九十八条第一项：生产经营单位有下列行为之一的，责令停止建设或者停产停业整顿，限期改正，并处十万元以上五十万元以下的罚

续表

裁量阶次	适用条件	具体标准	备注
A	生产经营单位非法印制、伪造、倒卖特种作业操作证，或者使用非法印制、伪造、倒卖的特种作业操作证，有上述1种情形或者涉及1次的	给予警告，并处1万元以上1.5万元以下的罚款	
B	生产经营单位非法印制、伪造、倒卖特种作业操作证，或者使用非法印制、伪造、倒卖的特种作业操作证，有上述2种情形或者涉及2次的	给予警告，并处1.5万元以上2万元以下的罚款	18
C	生产经营单位非法印制、伪造、倒卖特种作业操作证，或者使用非法印制、伪造、倒卖的特种作业操作证，有上述3种以上情形或者涉及3次以上的	给予警告，并处2万元以上3万元以下的罚款	
A	建设项目投资额1000万元以下的	责令停止建设或者停产停业整顿，限期改正，并处10万元以上30万元以下的罚款，对其直接负责的主管人员和其他直接责任人员处2万元以上3万元以下的罚款；逾期未改正的，处50万元以上70万元以下的罚款，	20

序号	违法行为	法律规定	处罚依据
28	目进行安全评价的		款，对其直接负责的主管人员和其他直接责任人员处二万元以上五万元以下的罚款；逾期未改正的，处五十万元以上一百万元以下的罚款，对其直接负责的主管人员和其他直接责任人员处五万元以上十万元以下的罚款；构成犯罪的，依照刑法有关规定追究刑事责任：（一）未按照规定对矿山、金属冶炼建设项目或者用于生产、储存、装卸危险物品的建设项目进行安全评价的；

续表

裁量阶次	适用条件	具体标准	备注
		对其直接负责的主管人员和其他直接责任人员处5万元以上7万元以下的罚款	
B	建设项目投资额1000万元以上3000万元以下的	责令停止建设或者停产停业整顿，限期改正，并处30万元以上40万元以下的罚款，对其直接负责的主管人员和其他直接责任人员处3万元以上4万元以下的罚款；逾期未改正的，处70万元以上90万元以下的罚款，对其直接负责的主管人员和其他直接责任人员处7万元以上9万元以下的罚款	
C	建设项目投资额3000万元以上的	责令停止建设或者停产停业整顿，限期改正，并处40万元以上50万元以下的罚款，对其直接负责的主管人员和其他直接责任人员处4万元以上5万元以下的罚款；逾期未改正的，处90万元以上100万元以下的罚款，对其直接负责的主管人员和其他直接责任人员处9万元以上10万元以下的罚款	

序号	违法行为	法律规定	处罚依据
29	金属冶炼建设项目或者用于生产、储存、装卸危险物品的建设项目没有安全设施设计或者安全设施设计未按照规定报经有关部门审查同意的	【法律】《中华人民共和国安全生产法》第三十三条第二款：矿山、金属冶炼建设项目和用于生产、储存、装卸危险物品的建设项目的安全设施设计应当按照国家有关规定报经有关部门审查，审查部门及其负责审查的人员对审查结果负责。	【法律】《中华人民共和国安全生产法》第九十八条第二项：生产经营单位有下列行为之一的，责令停止建设或者停产停业整顿，限期改正，并处十万元以上五十万元以下的罚款，对其直接负责的主管人员和其他直接责任人员处二万元以上五万元以下的罚款；逾期未改正的，处五十万元以上一百万元以下的罚款，对其直接负责的主管人员和其他直接责任人员处五万元以上十万元以下的罚款；构成犯罪的，依照刑法有关规定追究刑事责任：（二）矿山、金属冶炼建设项目或者用于生产、储存、装卸危险物品的建设项目没有安全设施设计或者安全设施设计未按照规定报经有关部门审查同意的；

续表

裁量阶次	适用条件	具体标准	备注
A	建设项目投资额 1000 万元以下的	责令停止建设或者停产停业整顿，限期改正，并处 10 万元以上 30 万元以下的罚款，对其直接负责的主管人员和其他直接责任人员处 2 万元以上 3 万元以下的罚款；逾期未改正的，处 50 万元以上 70 万元以下的罚款，对其直接负责的主管人员和其他直接责任人员处 5 万元以上 7 万元以下的罚款	
B	建设项目投资额 1000 万元以上 3000 万元以下的	责令停止建设或者停产停业整顿，限期改正，并处 30 万元以上 40 万元以下的罚款，对其直接负责的主管人员和其他直接责任人员处 3 万元以上 4 万元以下的罚款；逾期未改正的，处 70 万元以上 90 万元以下的罚款，对其直接负责的主管人员和其他直接责任人员处 7 万元以上 9 万元以下的罚款	21
C	建设项目投资额 3000 万元以上的	责令停止建设或者停产停业整顿，限期改正，并处 40 万元以上 50 万元以下的罚款，对其直接负责的主管人员和其他直接责任人员处 4 万元以上 5 万元以下	

序号	违法行为	法律规定	处罚依据
29			
30	金属冶炼建设项目或者用于生产、储存、装卸危险物品的建设项目的施工单位未按照批准的安全设施设计施工的	【法律】《中华人民共和国安全生产法》第三十四条第一款：矿山、金属冶炼建设项目和用于生产、储存、装卸危险物品的建设项目的施工单位必须按照批准的安全设施设计施工，并对安全设施的工程质量负责。	【法律】《中华人民共和国安全生产法》第九十八条第三项：生产经营单位有下列行为之一的，责令停止建设或者停产停业整顿，限期改正，并处十万元以上五十万元以下的罚款，对其直接负责的主管人员和其他直接责任人员处二万元以上五万元以下的罚款；逾期未改正的，处五十万元以上一百万元以下的罚款，对其直接负责的主管人员和其他直接责任人员处五万元以上十万元以下的罚款；构成犯罪的，依照刑法有关规定追究刑事责任：（三）矿山、金属冶炼建设项目或者用于生产、储存、装卸危险物品的建设项目的施工单位未按照批准的安全设施设计施工的；

续表

裁量阶次	适用条件	具体标准	备注
		的罚款；逾期未改正的，处 90 万元以上 100 万元以下的罚款，对其直接负责的主管人员和其他直接责任人员处 9 万元以上 10 万元以下的罚款	
A	建设项目投资额 1000 万元以下的	责令停止建设或者停产停业整顿，限期改正，并处 10 万元以上 30 万元以下的罚款，对其直接负责的主管人员和其他直接责任人员处 2 万元以上 3 万元以下的罚款；逾期未改正的，处 50 万元以上 70 万元以下的罚款，对其直接负责的主管人员和其他直接责任人员处 5 万元以上 7 万元以下的罚款	22
B	建设项目投资额 1000 万元以上 3000 万元以下的	责令停止建设或者停产停业整顿，限期改正，并处 30 万元以上 40 万元以下的罚款，对其直接负责的主管人员和其他直接责任人员处 3 万元以上 4 万元以下的罚款；逾期未改正的，处 70 万元以上 90 万元以下的罚款，对其直接负责的主管人员和其他直接责任人员处 7 万元以上 9 万元以下的罚款	

序号	违法行为	法律规定	处罚依据
30			
31	金属冶炼建设项目或者用于生产、储存、装卸危险物品的建设项目竣工投入生产或者使用前，安全设施未经验收合格的	【法律】《中华人民共和国安全生产法》第三十四条第二款：矿山、金属冶炼建设项目和用于生产、储存、装卸危险物品的建设项目竣工投入生产或者使用前，应当由建设单位负责组织对安全设施进行验收；验收合格后，方可投入生产和使用。负有安全生产监督管理职责的部门应当加强对建设单位验收活动和验收结果的监督核查。	【法律】《中华人民共和国安全生产法》第九十八条第四项：生产经营单位有下列行为之一的，责令停止建设或者停产停业整顿，限期改正，并处十万元以上五十万元以下的罚款，对其直接负责的主管人员和其他直接责任人员处二万元以上五万元以下的罚款；逾期未改正的，处五十万元以上一百万元以下的罚款，对其直接负责的主管人员和其他直接责任人员处五万元以上十万元以下的罚款；构成犯罪的，依照刑法有关规定追究刑事责任：（四）矿

续表

裁量阶次	适用条件	具体标准	备注
C	建设项目投资额3000万元以上的	责令停止建设或者停产停业整顿，限期改正，并处40万元以上50万元以下的罚款，对其直接负责的主管人员和其他直接责任人员处4万元以上5万元以下的罚款；逾期未改正的，处90万元以上100万元以下的罚款，对其直接负责的主管人员和其他直接责任人员处9万元以上10万元以下的罚款	
A	建设项目投资额1000万元以下的	责令停止建设或者停产停业整顿，限期改正，并处10万元以上30万元以下的罚款，对其直接负责的主管人员和其他直接责任人员处2万元以上3万元以下的罚款；逾期未改正的，处50万元以上70万元以下的罚款，对其直接负责的主管人员和其他直接责任人员处5万元以上7万元以下的罚款	23
B	建设项目投资额1000万元以上3000万元以下的	责令停止建设或者停产停业整顿，限期改正，并处30万元以上40万元以下的罚款，对其直接负责的主管人员和其他直接责任人员处3万元以上4万元以下的罚款；逾期未改正的，处70万元以上90万元以下的罚款，	

59

序号	违法行为	法律规定	处罚依据
31			山、金属冶炼建设项目或者用于生产、储存、装卸危险物品的建设项目竣工投入生产或者使用前，安全设施未经验收合格的。
32	使用危险化学品从事生产并且使用量达到规定数量的化工建设项目以及法律、行政法规和国务院规定其他建设项目，没有安全设施设计的	【部门规章】《建设项目安全设施"三同时"监督管理办法》第十条第一款：生产经营单位在建设项目初步设计时，应当委托有相应资质的设计单位对建设项目安全设施同时进行设计，编制安全设施设计。	【部门规章】《建设项目安全设施"三同时"监督管理办法》第三十条第一项：本办法第七条第（一）项、第（二）项、第（三）项和第（四）项规定以外的建设项目有下列情形之一的，对有关生产经营单位责令限期改正，可以并处5000元以上3万元以下的罚款：（一）没有安全设施设计的；

续表

裁量阶次	适用条件	具体标准	备注
		对其直接负责的主管人员和其他直接责任人员处7万元以上9万元以下的罚款	
C	建设项目投资额3000万元以上的	责令停止建设或者停产停业整顿，限期改正，并处40万元以上50万元以下的罚款，对其直接负责的主管人员和其他直接责任人员处4万元以上5万元以下的罚款；逾期未改正的，处90万元以上100万元以下的罚款，对其直接负责的主管人员和其他直接责任人员处9万元以上10万元以下的罚款	
A	建设项目投资额1000万元以下的	责令限期改正，可以并处5000元以上1万元以下的罚款	
B	建设项目投资额1000万元以上3000万元以下的	责令限期改正，可以并处1万元以上2万元以下的罚款	24
C	建设项目投资额3000万元以上的	责令限期改正，可以并处2万元以上3万元以下的罚款	

序号	违法行为	法律规定	处罚依据
33	使用危险化学品从事生产并且使用量达到规定数量的化工建设项目以及法律、行政法规和国务院规定其他建设项目，安全设施设计未组织审查，并形成书面审查报告的	【部门规章】《建设项目安全设施"三同时"监督管理办法》第十六条：本办法第七条第（一）项、第（二）项、第（三）项和第（四）项规定以外的建设项目安全设施设计，由生产经营单位组织审查，形成书面报告备查。	【部门规章】《建设项目安全设施"三同时"监督管理办法》第三十条第二项：本办法第七条第（一）项、第（二）项、第（三）项和第（四）项规定以外的建设项目有下列情形之一的，对有关生产经营单位责令限期改正，可以并处5000元以上3万元以下的罚款：（二）安全设施设计未组织审查，并形成书面审查报告的；
34	使用危险化学品从事生产并且使用量达到规定数量的化工建设项目以及法律、行政法规和国务院规定其他建设项目，施工单位未按照安全设施设计施工的	【部门规章】《建设项目安全设施"三同时"监督管理办法》第十七条第三款：施工单位应当严格按照安全设施设计和相关施工技术标准、规范施工，并对安全设施的工程质量负责。	【部门规章】《建设项目安全设施"三同时"监督管理办法》第三十条第三项：本办法第七条第（一）项、第（二）项、第（三）项和第（四）项规定以外的建设项目有下列情形之一的，对有关生产经营单位责令限期改正，可以并处5000元以上3万元以下的罚款：（三）施工单位未按照安全设施设计施工的；
35	使用危险化学品从事生产并且使用量达	【部门规章】《建设项目安全设施"三同时"监督管理办法》第二十三条第	【部门规章】《建设项目安全设施"三同时"监督管理办法》第三十条第四

续表

裁量阶次	适用条件	具体标准	备注
A	建设项目投资额1000万元以下的	责令限期改正，可以并处5000元以上1万元以下的罚款	24
B	建设项目投资额1000万元以上3000万元以下的	责令限期改正，可以并处1万元以上2万元以下的罚款	
C	建设项目投资额3000万元以上的	责令限期改正，可以并处2万元以上3万元以下的罚款	
A	建设项目投资额1000万元以下的	责令限期改正，可以并处5000元以上1万元以下的罚款	24
B	建设项目投资额1000万元以上3000万元以下的	责令限期改正，可以并处1万元以上2万元以下的罚款	
C	建设项目投资额3000万元以上的	责令限期改正，可以并处2万元以上3万元以下的罚款	
A	建设项目投资额1000万元以下的	责令限期改正，可以并处5000元以上1万元以下的罚款	24

序号	违法行为	法律规定	处罚依据
35	到规定数量的化工建设项目以及法律、行政法规和国务院规定其他建设项目，投入生产或者使用前，安全设施未经竣工验收合格，并形成书面报告的	一款：建设项目竣工投入生产或者使用前，生产经营单位应当组织对安全设施进行竣工验收，并形成书面报告备查。安全设施竣工验收合格后，方可投入生产和使用。	项：本办法第七条第（一）项、第（二）项、第（三）项和第（四）项规定以外的建设项目有下列情形之一的，对有关生产经营单位责令限期改正，可以并处5000元以上3万元以下的罚款：（四）投入生产或者使用前，安全设施未经竣工验收合格，并形成书面报告的。
36	已经批准的建设项目安全设施设计发生重大变更，生产经营单位未报原批准部门审查同意擅自开工建设的	【部门规章】《建设项目安全设施"三同时"监督管理办法》第十五条：已经批准的建设项目及其安全设施设计有下列情形之一的，生产经营单位应当报原批准部门审查同意；未经审查同意的，不得开工建设：（一）建设项目的规模、生产工艺、原料、设备发生重大变更的；（二）改变安全设施设计且可能降低安全性能的；（三）在施工期间重新设计的。	【部门规章】《建设项目安全设施"三同时"监督管理办法》第二十九条：已经批准的建设项目安全设施设计发生重大变更，生产经营单位未报原批准部门审查同意擅自开工建设的，责令限期改正，可以并处1万元以上3万元以下的罚款。

续表

裁量阶次	适用条件	具体标准	备注
B	建设项目投资额1000万元以上3000万元以下的	责令限期改正,可以并处1万元以上2万元以下的罚款	
C	建设项目投资额3000万元以上的	责令限期改正,可以并处2万元以上3万元以下的罚款	
A	建设项目投资额1000万元以下的	责令限期改正,可以并处1万元以上1.5万元以下的罚款	
B	建设项目投资额1000万元以上3000万元以下的	责令限期改正,可以并处1.5万元以上2万元以下的罚款	25
C	建设项目投资额3000万元以上的	责令限期改正,可以并处2万元以上3万元以下的罚款	

序号	违法行为	法律规定	处罚依据
37	生产经营单位未在有较大危险因素的生产经营场所和有关设施、设备上设置明显的安全警示标志的	1.【法律】《中华人民共和国安全生产法》第三十五条：生产经营单位应当在有较大危险因素的生产经营场所和有关设施、设备上，设置明显的安全警示标志。 2.【行政法规】《危险化学品安全管理条例》第二十条第二款：生产、储存危险化学品的单位，应当在其作业场所和安全设施、设备上设置明显的安全警示标志。 3.【部门规章】《危险化学品输送管道安全管理规定》第十五条：危险化学品管道应当设置明显标志。发现标志毁损的，管道单位应当及时予以修复或者更新。 4.【部门规章】《工贸企业粉尘防爆安全规定》第十一条第二款：粉尘涉爆企业应当在粉尘爆炸较大危险因素的工艺、场所、设施设备和岗位，设置安全警示标志。 5.【部门规章】《工贸企业有限空间作业安全规定》第十一条：工贸企业	1.【法律】《中华人民共和国安全生产法》第九十九条第一项：生产经营单位有下列行为之一的，责令限期改正，处五万元以下的罚款；逾期未改正的，处五万元以上二十万元以下的罚款，对其直接负责的主管人员和其他直接责任人员处一万元以上二万元以下的罚款；情节严重的，责令停产停业整顿；构成犯罪的，依照刑法有关规定追究刑事责任：（一）未在有较大危险因素的生产经营场所和有关设施、设备上设置明显的安全警示标志的； 2.【行政法规】《危险化学品安全管理条例》第七十八条第一款第八项：有下列情形之一的，由安全生产监督管理部门责令改正，可以处5万元以下的罚款；拒不改正的，处5万元以上10万元以下的罚款；情节严重的，责令停产停业整顿：（八）生产、储存危险化学品的单位未在作业场所和安全设施、设备上设置明显的安全警

续表

裁量阶次	适用条件	具体标准	备注
A	未在有较大危险因素的生产经营场所和有关设施、设备上设置明显的安全警示标志，涉及3处以下的	责令限期改正，处2万元以下的罚款；逾期未改正的，处5万元以上10万元以下的罚款，对其直接负责的主管人员和其他直接责任人员处1万元以上2万元以下的罚款；情节严重的，责令停产停业整顿	
B	未在有较大危险因素的生产经营场所和有关设施、设备上设置明显的安全警示标志，涉及3处以上7处以下的	责令限期改正，处2万元以上4万元以下的罚款；逾期未改正的，处10万元以上15万元以下的罚款，对其直接负责的主管人员和其他直接责任人员处1万元以上2万元以下的罚款；情节严重的，责令停产停业整顿	26
C	未在有较大危险因素的生产经营场所和有关设施、设备上设置明显的安全警示标志，涉及7处以上的	责令限期改正，处4万元以上5万元以下的罚款；逾期未改正的，处15万元以上20万元以下的罚款，对其直接负责的主管人员和其他直接责任人员处1万元以上2万元以下的罚款；情节严重的，责令停产停业整顿	

序号	违法行为	法律规定	处罚依据
37		应当在有限空间出入口等醒目位置设置明显的安全警示标志，并在具备条件的场所设置安全风险告知牌。	示标志，或者未在作业场所设置通信、报警装置的； 3.【部门规章】《危险化学品输送管道安全管理规定》第三十四条：管道单位未对危险化学品管道设置明显的安全警示标志的，由安全生产监督管理部门责令限期改正，可以处5万元以下的罚款；逾期未改正的，处5万元以上20万元以下的罚款，对其直接负责的主管人员和其他直接责任人员处1万元以上2万元以下的罚款；情节严重的，责令停产停业整顿；构成犯罪的，依照刑法有关规定追究刑事责任。 4.【部门规章】《工贸企业粉尘防爆安全规定》第二十七条第一项：粉尘涉爆企业有下列行为之一的，由负责粉尘涉爆企业安全监管的部门依照《中华人民共和国安全生产法》有关规定，责令限期改正，处5万元以下的罚款；逾期未改正的，处5万元以上20万元以下的罚款，对

续表

裁量阶次	适用条件	具体标准	备注

序号	违法行为	法律规定	处罚依据
37			其直接负责的主管人员和其他直接责任人员处1万元以上2万元以下的罚款；情节严重的，责令停产停业整顿；构成犯罪的，依照刑法有关规定追究刑事责任：（一）未在产生、输送、收集、贮存可燃性粉尘，并且有较大危险因素的场所、设施和设备上设置明显的安全警示标志的； 5.【部门规章】《工贸企业有限空间作业安全规定》第十九条第一项：工贸企业有下列行为之一的，责令限期改正，处5万元以下的罚款；逾期未改正的，处5万元以上20万元以下的罚款，对其直接负责的主管人员和其他直接责任人员处1万元以上2万元以下的罚款；情节严重的，责令停产停业整顿；构成犯罪的，依照刑法有关规定追究刑事责任：（一）未按照规定设置明显的有限空间安全警示标志的；

续表

裁量阶次	适用条件	具体标准	备注

序号	违法行为	法律规定	处罚依据
38	生产经营单位安全设备的安装、使用、检测、改造和报废不符合国家标准或者行业标准的	1.【法律】《中华人民共和国安全生产法》第三十六条第一款：安全设备的设计、制造、安装、使用、检测、维修、改造和报废，应当符合国家标准或者行业标准。 2.【部门规章】《工贸企业粉尘防爆安全规定》第十七条第一款：粉尘防爆相关的泄爆、隔爆、抑爆、惰化、锁气卸灰、除杂、监测、报警、火花探测消除等安全设备的设计、制造、安装、使用、检测、维修、改造和报废，应当符合《粉尘防爆安全规程》等有关国家标准或者行业标准，相关设计、制造、安装单位应当提供相关设备安全性能和使用说明等资料，对安全设备的安全性能负责。 3.【部门规章】《工贸企业有限空间作业安全规定》第十三条：工贸企业应当根据有限空间危险因素的特点，配备符合国家标准或者行业标准的气体检测报警仪器、机械通风设备、呼吸防护用品、全	1.【法律】《中华人民共和国安全生产法》第九十九条第二项：生产经营单位有下列行为之一的，责令限期改正，处五万元以下的罚款；逾期未改正的，处五万元以上二十万元以下的罚款，对其直接负责的主管人员和其他直接责任人员处一万元以上二万元以下的罚款；情节严重的，责令停产停业整顿；构成犯罪的，依照刑法有关规定追究刑事责任：（二）安全设备的安装、使用、检测、改造和报废不符合国家标准或者行业标准的； 2.【部门规章】《工贸企业粉尘防爆安全规定》第二十七条第二项：粉尘涉爆企业有下列行为之一的，由负责粉尘涉爆企业安全监管的部门依照《中华人民共和国安全生产法》有关规定，责令限期改正，处5万元以下的罚款；逾期未改正的，处5万元以上20万元以下的罚款，对其直接负责的主管人员和其他直接责任人员处1万

续表

裁量阶次	适用条件	具体标准	备注
A	有1台（套）安全设备的安装、使用、检测、改造、报废不符合国家标准或者行业标准的	责令限期改正，处2万元以下的罚款；逾期未改正的，处5万元以上10万元以下的罚款，对其直接负责的主管人员和其他直接责任人员处1万元以上2万元以下的罚款；情节严重的，责令停产停业整顿	
B	有2台（套）安全设备的安装、使用、检测、改造、报废不符合国家标准或者行业标准的	责令限期改正，处2万元以上4万元以下的罚款；逾期未改正的，处10万元以上15万元以下的罚款，对其直接负责的主管人员和其他直接责任人员处1万元以上2万元以下的罚款；情节严重的，责令停产停业整顿	27
C	有3台（套）以上安全设备的安装、使用、检测、改造、报废不符合国家标准或者行业标准的	责令限期改正，处4万元以上5万元以下的罚款；逾期未改正的，处15万元以上20万元以下的罚款，对其直接负责的主管人员和其他直接责任人员处1万元以上2万元以下的罚款；情节严重的，责令停产停业整顿	

序号	违法行为	法律规定	处罚依据
38		身式安全带等防护用品和应急救援装备，并对相关用品、装备进行经常性维护、保养和定期检测，确保能够正常使用。	元以上2万元以下的罚款；情节严重的，责令停产停业整顿；构成犯罪的，依照刑法有关规定追究刑事责任：（二）粉尘防爆安全设备的安装、使用、检测、改造和报废不符合国家标准或者行业标准的； 3.【部门规章】《工贸企业有限空间作业安全规定》第十九条第二项：工贸企业有下列行为之一的，责令限期改正，处5万元以下的罚款；逾期未改正的，处5万元以上20万元以下的罚款，对其直接负责的主管人员和其他直接责任人员处1万元以上2万元以下的罚款；情节严重的，责令停产停业整顿；构成犯罪的，依照刑法有关规定追究刑事责任：（二）未按照规定配备、使用符合国家标准或者行业标准的有限空间作业安全仪器、设备、装备和器材的，或者未对其进行经常性维护、保养和定期检测的。

续表

裁量阶次	适用条件	具体标准	备注

序号	违法行为	法律规定	处罚依据
39	生产经营单位未对安全设备进行经常性维护、保养和定期检测的	1.【法律】《中华人民共和国安全生产法》第三十六条第二款：生产经营单位必须对安全设备进行经常性维护、保养，并定期检测，保证正常运转。维护、保养、检测应当作好记录，并由有关人员签字。 2.【部门规章】《工贸企业粉尘防爆安全规定》第十七条第二款：粉尘涉爆企业应当对粉尘防爆安全设备进行经常性维护、保养，并按照《粉尘防爆安全规程》等有关国家标准或者行业标准定期检测或者检查，保证正常运行，做好相关记录，不得关闭、破坏直接关系粉尘防爆安全的监控、报警、防控等设备、设施，或者篡改、隐瞒、销毁其相关数据、信息。粉尘涉爆企业应当规范选用与爆炸危险区域相适应的防爆型电气设备。 3.【部门规章】《工贸企业有限空间作业安全规定》第十三条：工贸企业应当根据有限空间危险因素的特点，配备符合国家	1.【法律】《中华人民共和国安全生产法》第九十九条第三项：生产经营单位有下列行为之一的，责令限期改正，处五万元以下的罚款；逾期未改正的，处五万元以上二十万元以下的罚款，对其直接负责的主管人员和其他直接责任人员处一万元以上二万元以下的罚款；情节严重的，责令停产停业整顿；构成犯罪的，依照刑法有关规定追究刑事责任：（三）未对安全设备进行经常性维护、保养和定期检测的； 2.【部门规章】《工贸企业粉尘防爆安全规定》第二十七条第三项：粉尘涉爆企业有下列行为之一的，由负责粉尘涉爆企业安全监管的部门依照《中华人民共和国安全生产法》有关规定，责令限期改正，处5万元以下的罚款；逾期未改正的，处5万元以上20万元以下的罚款，对其直接负责的主管人员和其他直接责任人员处1万

续表

裁量阶次	适用条件	具体标准	备注
A	有1台（套）安全设备未进行经常性维护、保养和定期检测的	责令限期改正，处2万元以下的罚款；逾期未改正的，处5万元以上10万元以下的罚款，对其直接负责的主管人员和其他直接责任人员处1万元以上2万元以下的罚款；情节严重的，责令停产停业整顿	
B	有2台（套）安全设备未进行经常性维护、保养和定期检测的	责令限期改正，处2万元以上4万元以下的罚款；逾期未改正的，处10万元以上15万元以下的罚款，对其直接负责的主管人员和其他直接责任人员处1万元以上2万元以下的罚款；情节严重的，责令停产停业整顿	28
C	有3台（套）以上安全设备未进行经常性维护、保养和定期检测的	责令限期改正，处4万元以上5万元以下的罚款；逾期未改正的，处15万元以上20万元以下的罚款，对其直接负责的主管人员和其他直接责任人员处1万元以上2万元以下的罚款；情节严重的，责令停产停业整顿	

序号	违法行为	法律规定	处罚依据
39		标准或者行业标准的气体检测报警仪器、机械通风设备、呼吸防护用品、全身式安全带等防护用品和应急救援装备，并对相关用品、装备进行经常性维护、保养和定期检测，确保能够正常使用。	元以上2万元以下的罚款；情节严重的，责令停产停业整顿；构成犯罪的，依照刑法有关规定追究刑事责任：（三）未对粉尘防爆安全设备进行经常性维护、保养和定期检测或者检查的； 3.【部门规章】《工贸企业有限空间作业安全规定》第十九条第二项：工贸企业有下列行为之一的，责令限期改正，处5万元以下的罚款；逾期未改正的，处5万元以上20万元以下的罚款，对其直接负责的主管人员和其他直接责任人员处1万元以上2万元以下的罚款；情节严重的，责令停产停业整顿；构成犯罪的，依照刑法有关规定追究刑事责任：（二）未按照规定配备、使用符合国家标准或者行业标准的有限空间作业安全仪器、设备、装备和器材的，或者未对其进行经常性维护、保养和定期检测的。

续表

裁量阶次	适用条件	具体标准	备注

序号	违法行为	法律规定	处罚依据
40	生产经营单位关闭、破坏直接关系生产安全的监控、报警、防护、救生设备、设施，或者篡改、隐瞒、销毁其相关数据、信息的	1.【法律】《中华人民共和国安全生产法》第三十六条第三款：生产经营单位不得关闭、破坏直接关系生产安全的监控、报警、防护、救生设备、设施，或者篡改、隐瞒、销毁其相关数据、信息。2.【部门规章】《工贸企业粉尘防爆安全规定》第十七条第二款：粉尘涉爆企业应当对粉尘防爆安全设备进行经常性维护、保养，并按照《粉尘防爆安全规程》等有关国家标准或者行业标准定期检测或者检查，保证正常运行，做好相关记录，不得关闭、破坏直接关系粉尘防爆安全的监控、报警、防控等设备、设施，或者篡改、隐瞒、销毁其相关数据、信息。粉尘涉爆企业应当规范选用与爆炸危险区域相适应的防爆型电气设备。	1.【法律】《中华人民共和国安全生产法》第九十九条第四项：生产经营单位有下列行为之一的，责令限期改正，处五万元以下的罚款；逾期未改正的，处五万元以上二十万元以下的罚款，对其直接负责的主管人员和其他直接责任人员处一万元以上二万元以下的罚款；情节严重的，责令停产停业整顿；构成犯罪的，依照刑法有关规定追究刑事责任：（四）关闭、破坏直接关系生产安全的监控、报警、防护、救生设备、设施，或者篡改、隐瞒、销毁其相关数据、信息的；2.【部门规章】《工贸企业粉尘防爆安全规定》第二十七条第五项：粉尘涉爆企业有下列行为之一的，由负责粉尘涉爆企业安全监管的部门依照《中华人民共和国安全生产法》有关规定，责令限期改正，处5万元以下的罚款；逾期未改正的，处5万元以上20万元以下的罚款，对其直接负责的主管人员和

续表

裁量阶次	适用条件	具体标准	备注
A	生产经营单位关闭、破坏直接关系生产安全的监控、报警、防护、救生设备、设施1台（套），或篡改、隐瞒、销毁直接关系生产安全相关数据、信息涉及1处的	责令限期改正，处2万元以下的罚款；逾期未改正的，处5万元以上10万元以下的罚款，对其直接负责的主管人员和其他直接责任人员处1万元以上2万元以下的罚款；情节严重的，责令停产停业整顿	29
B	生产经营单位关闭、破坏直接关系生产安全的监控、报警、防护、救生设备、设施2台（套），或篡改、隐瞒、销毁直接关系生产安全相关数据、信息涉及2处的	责令限期改正，处2万元以上4万元以下的罚款；逾期未改正的，处10万元以上15万元以下的罚款，对其直接负责的主管人员和其他直接责任人员处1万元以上2万元以下的罚款；情节严重的，责令停产停业整顿	
C	生产经营单位关闭、破坏直接关系生产安全的监控、报警、防护、救生设备、设施3台（套）以上，或篡改、隐瞒、销毁直接关系生产安全相关数据、信息涉及3处以上的	责令限期改正，处4万元以上5万元以下的罚款；逾期未改正的，处15万元以上20万元以下的罚款，对其直接负责的主管人员和其他直接责任人员处1万元以上2万元以下的罚款；情节严重的，责令停产停业整顿	

序号	违法行为	法律规定	处罚依据
40			其他直接责任人员处1万元以上2万元以下的罚款；情节严重的，责令停产停业整顿；构成犯罪的，依照刑法有关规定追究刑事责任：（五）关闭、破坏直接关系粉尘防爆安全的监控、报警、防控等设备、设施，或者篡改、隐瞒、销毁其相关数据、信息的。
41	危险物品的容器、运输工具，以及涉及人身安全、危险性较大的海洋石油开采特种设备和矿山井下特种设备未经具有专业资质的机构检测、检验合格，取得安全使用证或者安全标志，投入使用的	【法律】《中华人民共和国安全生产法》第三十七条：生产经营单位使用的危险物品的容器、运输工具，以及涉及人身安全、危险性较大的海洋石油开采特种设备和矿山井下特种设备，必须按照国家有关规定，由专业生产单位生产，并经具有专业资质的检测、检验机构检测、检验合格，取得安全使用证或者安全标志，方可投入使用。检测、检验机构对检测、检验结果负责。	【法律】《中华人民共和国安全生产法》第九十九条第六项：生产经营单位有下列行为之一的，责令限期改正，处五万元以下的罚款；逾期未改正的，处五万元以上二十万元以下的罚款，对其直接负责的主管人员和其他直接责任人员处一万元以上二万元以下的罚款；情节严重的，责令停产停业整顿；构成犯罪的，依照刑法有关规定追究刑事责任：（六）危险物品的容器、运输工具，以及涉及人身安全、危险性较大的海洋石油开采特种设备和矿山井下特种设备未经具有专

续表

裁量阶次	适用条件	具体标准	备注
A	生产经营单位有1台（套）容器、运输工具、特种设备未经具有专业资质的机构检测、检验合格，取得安全使用证或者安全标志，投入使用的	责令限期改正，处2万元以下的罚款；逾期未改正的，处5万元以上10万元以下的罚款，对其直接负责的主管人员和其他直接责任人员处1万元以上2万元以下的罚款；情节严重的，责令停产停业整顿	
B	生产经营单位有2台（套）容器、运输工具、特种设备未经具有专业资质的机构检测、检验合格，取得安全使用证或者安全标志，投入使用的	责令限期改正，处2万元以上4万元以下的罚款；逾期未改正的，处10万元以上15万元以下的罚款，对其直接负责的主管人员和其他直接责任人员处1万元以上2万元以下的罚款；情节严重的，责令停产停业整顿	

序号	违法行为	法律规定	处罚依据
41			业资质的机构检测、检验合格，取得安全使用证或者安全标志，投入使用的；
42	生产经营单位使用应当淘汰的危及生产安全的工艺、设备的	【法律】《中华人民共和国安全生产法》第三十八条第三款：生产经营单位不得使用应当淘汰的危及生产安全的工艺、设备。	【法律】《中华人民共和国安全生产法》第九十九条第七项：生产经营单位有下列行为之一的，责令限期改正，处五万元以下的罚款；逾期未改正的，处五万元以上二十万元以下的罚款，对其直接负责的主管人员和其他直接责任人员处一万元以上二万元以下的罚款；情节严重的，责令停产停业整顿；构成犯罪的，依照刑法有关规定追究刑事责任：（七）使用应当淘汰的危及生产安全的工艺、设备的；

续表

裁量阶次	适用条件	具体标准	备注
C	生产经营单位有3台（套）以上容器、运输工具、特种设备未经具有专业资质的机构检测、检验合格，取得安全使用证或者安全标志，投入使用的	责令限期改正，处4万元以上5万元以下的罚款；逾期未改正的，处15万元以上20万元以下的罚款，对其直接负责的主管人员和其他直接责任人员处1万元以上2万元以下的罚款；情节严重的，责令停产停业整顿	
A	使用1台（套、种）应当淘汰的危及生产安全的工艺、设备的	责令限期改正，处2万元以下的罚款；逾期未改正的，处5万元以上10万元以下的罚款，对其直接负责的主管人员和其他直接责任人员处1万元以上2万元以下的罚款；情节严重的，责令停产停业整顿	
B	使用2台（套、种）应当淘汰的危及生产安全的工艺、设备的	责令限期改正，处2万元以上4万元以下的罚款；逾期未改正的，处10万元以上15万元以下的罚款，对其直接负责的主管人员和其他直接责任人员处1万元以上2万元以下的罚款；情节严重的，责令停产停业整顿	30
C	使用3台（套、种）以上应当淘汰的危及生产安全的工艺、设备的	责令限期改正，处4万元以上5万元以下的罚款；逾期未改正的，处15万元以上20万元以下的罚款，对其直接负责的主管人	

序号	违法行为	法律规定	处罚依据
42			
43	生产经营单位对重大危险源未登记建档，未进行定期检测、评估、监控，未制定应急预案，或者未告知应急措施的	1.【法律】《中华人民共和国安全生产法》第四十条第一款：生产经营单位对重大危险源应当登记建档，进行定期检测、评估、监控，并制定应急预案，告知从业人员和相关人员在紧急情况下应当采取的应急措施。 2.【部门规章】《危险化学品重大危险源监督管理暂行规定》第十三条第五项：危险化学品单位应当根据构成重大危险源的危险化学品种类、数量、生产、使用工艺（方式）或者相关设备、设施等实际情况，按照下列要求建立健全安全监测监控体系，完善控制措施：（五）安全监测监控系统符合国家标准或者行业标准的规定。 第二十条第一款：危险化学品单位应当依法制定重大危险源事故应急预案，建立应急救援组织或者配	1.【法律】《中华人民共和国安全生产法》第一百零一条第二项：生产经营单位有下列行为之一的，责令限期改正，处十万元以下的罚款；逾期未改正的，责令停产停业整顿，并处十万元以上二十万元以下的罚款，对其直接负责的主管人员和其他直接责任人员处二万元以上五万元以下的罚款；构成犯罪的，依照刑法有关规定追究刑事责任：（二）对重大危险源未登记建档，未进行定期检测、评估、监控，未制定应急预案，或者未告知应急措施的； 2.【部门规章】《危险化学品重大危险源监督管理暂行规定》第三十二条第二项至第四项：危险化学品单位有下列行为之一的，由县级以上人民政府安全生产监督管理部门责令限期改正，可以处10万元以

续表

裁量阶次	适用条件	具体标准	备注
		员和其他直接责任人员处1万元以上2万元以下的罚款；情节严重的，责令停产停业整顿	
A	生产经营单位对四级重大危险源未登记建档，未进行定期检测、评估、监控，未制定应急预案，或者未告知应急措施的	责令限期改正，处2万元以下的罚款；逾期未改正的，责令停产停业整顿，并处10万元以上12万元以下的罚款，对其直接负责的主管人员和其他直接责任人员处2万元以上3万元以下的罚款	
B	生产经营单位对三级重大危险源未登记建档，未进行定期检测、评估、监控，未制定应急预案，或者未告知应急措施的	责令限期改正，处2万元以上5万元以下的罚款；逾期未改正的，责令停产停业整顿，并处12万元以上15万元以下的罚款，对其直接负责的主管人员和其他直接责任人员处3万元以上4万元以下的罚款	31
C	生产经营单位对二级重大危险源未登记建档，未进行定期检测、评估、监控，未制定应急预案，或者未告知应急措施的	责令限期改正，处5万元以上8万元以下的罚款；逾期未改正的，责令停产停业整顿，并处15万元以上18万元以下的罚款，对其直接负责的主管人员和其他直接责任人员处4万元以上5万元以下的罚款	

序号	违法行为	法律规定	处罚依据
43		备应急救援人员，配备必要的防护装备及应急救援器材、设备、物资，并保障其完好和方便使用；配合地方人民政府安全生产监督管理部门制定所在地区涉及本单位的危险化学品事故应急预案。 第二十二条第一款：危险化学品单位应当对辨识确认的重大危险源及时、逐项进行登记建档。	下的罚款；逾期未改正的，责令停产停业整顿，并处10万元以上20万元以下的罚款，对其直接负责的主管人员和其他直接责任人员处2万元以上5万元以下的罚款；构成犯罪的，依照刑法有关规定追究刑事责任；（二）未按照本规定要求对重大危险源进行登记建档的；（三）未按照本规定及相关标准要求对重大危险源进行安全监测监控的；（四）未制定重大危险源事故应急预案的。
44	生产经营单位未建立安全风险分级管控制度或者未按照安全风险分级采取相应管控措施的	【法律】《中华人民共和国安全生产法》第四十一条第一款：生产经营单位应当建立安全风险分级管控制度，按照安全风险分级采取相应的管控措施。	【法律】《中华人民共和国安全生产法》第一百零一条第四项：生产经营单位有下列行为之一的，责令限期改正，处十万元以下的罚款；逾期未改正的，责令停产停业整顿，并处十万元以上二十万元以下的罚款，对其直接负责的主管人员和其他直接责任人员处二万元以上五万元以下的罚款；构成犯罪的，依照刑法有关规定追究刑事责任：（四）未建立安

续表

裁量阶次	适用条件	具体标准	备注
D	生产经营单位对一级重大危险源未登记建档,未进行定期检测、评估、监控,未制定应急预案,或者未告知应急措施的	责令限期改正,处8万元以上10万元以下的罚款;逾期未改正的,责令停产停业整顿,并处18万元以上20万元以下的罚款,对其直接负责的主管人员和其他直接责任人员处5万元的罚款	
A	矿山、金属冶炼、建筑施工、道路运输单位和危险物品的生产、经营、储存、装卸单位以外的其他生产经营单位,未建立安全风险分级管控制度或者未按照安全风险分级采取相应管控措施的	责令限期改正,处2万元以下的罚款;逾期未改正的,责令停产停业整顿,并处10万元以上12万元以下的罚款,对其直接负责的主管人员和其他直接责任人员处2万元以上3万元以下的罚款	32
B	矿山、金属冶炼、建筑施工、道路运输单位和危险物品的生产、经营、储存、装卸单位以	责令限期改正,处2万元以上5万元以下的罚款;逾期未改正的,责令停产停业整顿,并处12万元以上15万元以下的罚	

序号	违法行为	法律规定	处罚依据
44			全风险分级管控制度或者未按照安全风险分级采取相应管控措施的;
45	生产经营单位未建立事故隐患排查治理制度,或者重大事故隐患排查治理情况未	【法律】《中华人民共和国安全生产法》第四十一条第二款:生产经营单位应当建立健全并落实生产安全事故隐患排查治理制度,采取技术、管理措施,	【法律】《中华人民共和国安全生产法》第一百零一条第五项:生产经营单位有下列行为之一的,责令限期改正,处十万元以下的罚款;逾期未改正的,

续表

裁量阶次	适用条件	具体标准	备注
	外的其他生产经营单位，未建立安全风险分级管控制度，且未按照安全风险分级采取相应管控措施的	款，对其直接负责的主管人员和其他直接责任人员处3万元以上4万元以下的罚款	
C	矿山、金属冶炼、建筑施工、道路运输单位和危险物品的生产、经营、储存、装卸单位，未建立安全风险分级管控制度或者未按照安全风险分级采取相应管控措施的	责令限期改正，处5万元以上8万元以下的罚款；逾期未改正的，责令停产停业整顿，并处15万元以上18万元以下的罚款，对其直接负责的主管人员和其他直接责任人员处4万元以上5万元以下的罚款	
D	矿山、金属冶炼、建筑施工、道路运输单位和危险物品的生产、经营、储存、装卸单位，未建立安全风险分级管控制度，且未按照安全风险分级采取相应管控措施的	责令限期改正，处8万元以上10万元以下的罚款；逾期未改正的，责令停产停业整顿，并处18万元以上20万元以下的罚款，对其直接负责的主管人员和其他直接责任人员处5万元的罚款	
A	矿山、金属冶炼、建筑施工、道路运输单位和危险物品的生产、经营、储存、装卸单位以外的其他生产经营单位，未建立事故隐患排查治	责令限期改正，处2万元以下的罚款；逾期未改正的，责令停产停业整顿，并处10万元以上12万元以下的罚款，对其直接负责的主管人员和其他直接责任人员处2万元以上3万元以下的罚款	33

序号	违法行为	法律规定	处罚依据
45	按照规定报告的	及时发现并消除事故隐患。事故隐患排查治理情况应当如实记录，并通过职工大会或者职工代表大会、信息公示栏等方式向从业人员通报。其中，重大事故隐患排查治理情况应当及时向负有安全生产监督管理职责的部门和职工大会或者职工代表大会报告。	责令停产停业整顿，并处十万元以上二十万元以下的罚款，对其直接负责的主管人员和其他直接责任人员处二万元以上五万元以下的罚款；构成犯罪的，依照刑法有关规定追究刑事责任：（五）未建立事故隐患排查治理制度，或者重大事故隐患排查治理情况未按照规定报告的。

续表

裁量阶次	适用条件	具体标准	备注
	理制度,或者重大事故隐患排查治理情况未按照规定报告的		
B	矿山、金属冶炼、建筑施工、道路运输单位和危险物品的生产、经营、储存、装卸单位以外的其他生产经营单位,未建立事故隐患排查治理制度,且重大事故隐患排查治理情况未按照规定报告的	责令限期改正,处2万元以上5万元以下的罚款;逾期未改正的,责令停产停业整顿,并处12万元以上15万元以下的罚款,对其直接负责的主管人员和其他直接责任人员处3万元以上4万元以下的罚款	
C	矿山、金属冶炼、建筑施工、道路运输单位和危险物品的生产、经营、储存、装卸单位,未建立事故隐患排查治理制度,或者重大事故隐患排查治理情况未按照规定报告的	责令限期改正,处5万元以上8万元以下的罚款;逾期未改正的,责令停产停业整顿,并处15万元以上18万元以下的罚款,对其直接负责的主管人员和其他直接责任人员处4万元以上5万元以下的罚款	
D	矿山、金属冶炼、建筑施工、道路运输单位和危险物品的生产、经营、储存、装卸单位,未建立事故隐患排查治理制度,且重大事故隐患排查治理情况未按照规定报告的	责令限期改正,处8万元以上10万元以下的罚款;逾期未改正的,责令停产停业整顿,并处18万元以上20万元以下的罚款,对其直接负责的主管人员和其他直接责任人员处5万元的罚款	

序号	违法行为	法律规定	处罚依据
46	生产经营单位未采取措施消除事故隐患的	【法律】《中华人民共和国安全生产法》第四十一条第二款：生产经营单位应当建立健全并落实生产安全事故隐患排查治理制度，采取技术、管理措施，及时发现并消除事故隐患。事故隐患排查治理情况应当如实记录，并通过职工大会或者职工代表大会、信息公示栏等方式向从业人员通报。其中，重大事故隐患排查治理情况应当及时向负有安全生产监督管理职责的部门和职工大会或者职工代表大会报告。	【法律】《中华人民共和国安全生产法》第一百零二条：生产经营单位未采取措施消除事故隐患的，责令立即消除或者限期消除，处五万元以下的罚款；生产经营单位拒不执行的，责令停产停业整顿，对其直接负责的主管人员和其他直接责任人员处五万元以上十万元以下的罚款；构成犯罪的，依照刑法有关规定追究刑事责任。
47	生产经营单位未将事故隐患排查治理情况如实记录或者未向从业人员通报的	1.【法律】《中华人民共和国安全生产法》第四十一条第二款：生产经营单位应当建立健全并落实生	1.【法律】《中华人民共和国安全生产法》第九十七条第五项：生产经营单位有下列行为之一的，责

续表

裁量阶次	适用条件	具体标准	备注
A	未对3处以下一般事故隐患或1处重大事故隐患采取措施消除的	责令立即消除或者限期消除，处2万元以下的罚款；生产经营单位拒不执行的，责令停产停业整顿，对其直接负责的主管人员和其他直接责任人员处5万元以上7万元以下的罚款	34
B	未对3处以上7处以下一般事故隐患或2处重大事故隐患采取措施消除的	责令立即消除或者限期消除，处2万元以上4万元以下的罚款；生产经营单位拒不执行的，责令停产停业整顿，对其直接负责的主管人员和其他直接责任人员处7万元以上9万元以下的罚款	34
C	未对7处以上一般事故隐患或3处以上重大事故隐患采取措施消除的	责令立即消除或者限期消除，处4万元以上5万元以下的罚款；生产经营单位拒不执行的，责令停产停业整顿，对其直接负责的主管人员和其他直接责任人员处9万元以上10万元以下的罚款	
A	有3处以下一般事故隐患或1处重大事故隐患排查治理情况未如实记录或者未向从业人员通报的	责令限期改正，处3万元以下的罚款；逾期未改正的，责令停产停业整顿，并处10万元以上13万元以下的罚款，对其直接	35

序号	违法行为	法律规定	处罚依据
47		产安全事故隐患排查治理制度，采取技术、管理措施，及时发现并消除事故隐患。事故隐患排查治理情况应当如实记录，并通过职工大会或者职工代表大会、信息公示栏等方式向从业人员通报。其中，重大事故隐患排查治理情况应当及时向负有安全生产监督管理职责的部门和职工大会或者职工代表大会报告。 2.【部门规章】《工贸企业粉尘防爆安全规定》第十二条第一款：粉尘涉爆企业应当根据《粉尘防爆安全规程》等有关国家标准或者行业标准，结合粉尘爆炸风险管控措施，建立事故隐患排查清单，明确和细化排查事项、具体内容、排查周期及责任人员，及时组织开展事故隐患排查治理，如实记录隐患排查治理情况，并向从业人员通报。	令限期改正，处十万元以下的罚款；逾期未改正的，责令停产停业整顿，并处十万元以上二十万元以下的罚款，对其直接负责的主管人员和其他直接责任人员处二万元以上五万元以下的罚款：（五）未将事故隐患排查治理情况如实记录或者未向从业人员通报的； 2.【部门规章】《工贸企业粉尘防爆安全规定》第二十八条第二项：粉尘涉爆企业有下列行为之一的，由负责粉尘涉爆企业安全监管的部门依照《中华人民共和国安全生产法》有关规定，责令限期改正，处10万元以下的罚款；逾期未改正的，责令停产停业整顿，并处10万元以上20万元以下的罚款，对其直接负责的主管人员和其他直接责任人员处2万元以上5万元以下的罚款：（二）未如实记录粉尘防爆隐患排查治理情况或者未向从业人员通报的；

续表

裁量阶次	适用条件	具体标准	备注
		负责的主管人员和其他直接责任人员处 2 万元以上 3 万元以下的罚款	
B	有 3 处以上 7 处以下一般事故隐患或 2 处重大事故隐患排查治理情况未如实记录或者未向从业人员通报的	责令限期改正，处 3 万元以上 7 万元以下的罚款；逾期未改正的，责令停产停业整顿，并处 13 万元以上 17 万元以下的罚款，对其直接负责的主管人员和其他直接责任人员处 3 万元以上 4 万元以下的罚款	
C	有 7 处以上一般事故隐患或 3 处以上重大事故隐患排查治理情况未如实记录或者未向从业人员通报的	责令限期改正，处 7 万元以上 10 万元以下的罚款；逾期未改正的，责令停产停业整顿，并处 17 万元以上 20 万元以下的罚款，对其直接负责的主管人员和其他直接责任人员处 4 万元以上 5 万元以下的罚款	

序号	违法行为	法律规定	处罚依据
48	生产经营单位未按规定上报事故隐患排查治理统计分析表的	【部门规章】《安全生产事故隐患排查治理暂行规定》第十四条第一款：生产经营单位应当每季、每年对本单位事故隐患排查治理情况进行统计分析，并分别于下一季度15日前和下一年1月31日前向安全监管监察部门和有关部门报送书面统计分析表。统计分析表应当由生产经营单位主要负责人签字。	【部门规章】《安全生产事故隐患排查治理暂行规定》第二十六条第二项：生产经营单位违反本规定，有下列行为之一的，由安全监管监察部门给予警告，并处三万元以下的罚款：（二）未按规定上报事故隐患排查治理统计分析表的；
49	生产经营单位未制定重大事故隐患治理方案的	【部门规章】《安全生产事故隐患排查治理暂行规定》第十五条：对于一般事故隐患，由生产经营单位（车间、分厂、区队等）负责人或者有关人员立即组织整改。 对于重大事故隐患，由生产经营单位主要负责人组织制定并实施事故隐患治理方案。重大事故隐患治理方案应当包括以下内容：（一）治理的目标和任务；（二）采取的方法和措施；（三）经费和物资的落实；（四）负责治理的机构和人员；（五）治理的时限和要求；（六）安全措施和应急预案。	【部门规章】《安全生产事故隐患排查治理暂行规定》第二十六条第三项：生产经营单位违反本规定，有下列行为之一的，由安全监管监察部门给予警告，并处三万元以下的罚款：（三）未制定事故隐患治理方案的；

续表

裁量阶次	适用条件	具体标准	备注
A	未按规定上报事故隐患排查治理统计分析表1次的	给予警告，并处1万元以下的罚款	
B	未按规定上报事故隐患排查治理统计分析表2次的	给予警告，并处1万元以上2万元以下的罚款	36
C	未按规定上报事故隐患排查治理统计分析表3次以上的	给予警告，并处2万元以上3万元以下的罚款	
A	有1处重大事故隐患未制定治理方案的	给予警告，并处1万元以下的罚款	
B	有2处重大事故隐患未制定治理方案的	给予警告，并处1万元以上2万元以下的罚款	36
C	有3处以上重大事故隐患未制定治理方案的	给予警告，并处2万元以上3万元以下的罚款	

99

序号	违法行为	法律规定	处罚依据
50	生产经营单位未对事故隐患进行排查治理擅自生产经营的	【部门规章】《安全生产事故隐患排查治理暂行规定》第十条：生产经营单位应当定期组织安全生产管理人员、工程技术人员和其他相关人员排查本单位的事故隐患。对排查出的事故隐患，应当按照事故隐患的等级进行登记，建立事故隐患信息档案，并按照职责分工实施监控治理。	【部门规章】《安全生产事故隐患排查治理暂行规定》第二十六条第五项：生产经营单位违反本规定，有下列行为之一的，由安全监管监察部门给予警告，并处三万元以下的罚款：（五）未对事故隐患进行排查治理擅自生产经营的；
51	生产经营单位整改不合格或者未经审查同意擅自恢复生产经营的	【部门规章】《安全生产事故隐患排查治理暂行规定》第十八条：地方人民政府或者安全监管监察部门及有关部门挂牌督办并责令全部或者局部停产停业治理的重大事故隐患，治理工作结束后，有条件的生产经营单位应当组织本单位的技术人员和专家对重大事故隐患的治理情况进行评估；其他生产经营单位应当委托具备相应资质的安全评价机构对重大事故隐患的治理情况进行评估。 经治理后符合安全生产条件的，生产经营单位应当向安全监管监察部门和	【部门规章】《安全生产事故隐患排查治理暂行规定》第二十六条第六项：生产经营单位违反本规定，有下列行为之一的，由安全监管监察部门给予警告，并处三万元以下的罚款：（六）整改不合格或者未经安全监管监察部门审查同意擅自恢复生产经营的。

续表

裁量阶次	适用条件	具体标准	备注
A	有1处事故隐患未进行排查治理擅自生产经营的	给予警告,并处1万元以下的罚款	36
B	有2处事故隐患未进行排查治理擅自生产经营的	给予警告,并处1万元以上2万元以下的罚款	
C	有3处以上事故隐患未进行排查治理擅自生产经营的	给予警告,并处2万元以上3万元以下的罚款	
A	整改合格但未经安全监管监察部门审查同意擅自恢复生产经营的	给予警告,并处1万元以下的罚款	36
B	整改不合格擅自恢复生产经营的	给予警告,并处1万元以上2万元以下的罚款	
C	未整改擅自恢复生产经营的	给予警告,并处2万元以上3万元以下的罚款	

序号	违法行为	法律规定	处罚依据
51		有关部门提出恢复生产的书面申请，经安全监管监察部门和有关部门审查同意后，方可恢复生产经营。申请报告应当包括治理方案的内容、项目和安全评价机构出具的评价报告等。	
52	生产经营单位的生产、经营、储存、使用危险物品的车间、商店、仓库与员工宿舍在同一座建筑内，或者与员工宿舍的距离不符合安全要求的	【法律】《中华人民共和国安全生产法》第四十二条第一款：生产、经营、储存、使用危险物品的车间、商店、仓库不得与员工宿舍在同一座建筑物内，并应当与员工宿舍保持安全距离。	【法律】《中华人民共和国安全生产法》第一百零五条第一项：生产经营单位有下列行为之一的，责令限期改正，处五万元以下的罚款，对其直接负责的主管人员和其他直接责任人员处一万元以下的罚款；逾期未改正的，责令停产停业整顿；构成犯罪的，依照刑法有关规定追究刑事责任：（一）生产、经营、储存、使用危险物品的车间、商店、仓库与员工宿舍在同一座建筑内，或者与员工宿舍的距离不符合安全要求的；

续表

裁量阶次	适用条件	具体标准	备注
A	生产、经营、储存、使用危险物品的车间、商店、仓库与员工宿舍在同一座建筑内，或者与员工宿舍的距离不符合安全要求，其员工宿舍中住宿人员有3人以下的	责令限期改正，处2万元以下的罚款，对其直接负责的主管人员和其他直接责任人员处1万元以下的罚款；逾期未改正的，责令停产停业整顿	
B	生产、经营、储存、使用危险物品的车间、商店、仓库与员工宿舍在同一座建筑内，或者与员工宿舍的距离不符合安全要求，其员工宿舍中住宿人员有3人以上10人以下的	责令限期改正，处2万元以上4万元以下的罚款，对其直接负责的主管人员和其他直接责任人员处1万元以下的罚款；逾期未改正的，责令停产停业整顿	37
C	生产、经营、储存、使用危险物品的车间、商店、仓库与员工宿舍在同一座建筑内，或者与员工宿舍的距离不符合安全要求，其员工宿舍中住宿人员有10人以上的	责令限期改正，处4万元以上5万元以下的罚款，对其直接负责的主管人员和其他直接责任人员处1万元以下的罚款；逾期未改正的，责令停产停业整顿	

103

序号	违法行为	法律规定	处罚依据
53	生产经营单位的生产经营场所和员工宿舍未设有符合紧急疏散需要、标志明显、保持畅通的出口、疏散通道，或者占用、锁闭、封堵生产经营场所或者员工宿舍出口、疏散通道的	【法律】《中华人民共和国安全生产法》第四十二条第二款：生产经营场所和员工宿舍应当设有符合紧急疏散要求、标志明显、保持畅通的出口、疏散通道。禁止占用、锁闭、封堵生产经营场所或者员工宿舍的出口、疏散通道。	【法律】《中华人民共和国安全生产法》第一百零五条第二项：生产经营单位有下列行为之一的，责令限期改正，处五万元以下的罚款，对其直接负责的主管人员和其他直接责任人员处一万元以下的罚款；逾期未改正的，责令停产停业整顿；构成犯罪的，依照刑法有关规定追究刑事责任：（二）生产经营场所和员工宿舍未设有符合紧急疏散需要、标志明显、保持畅通的出口、疏散通道，或者占用、锁闭、封堵生产经营场所或者员工宿舍出口、疏散通道的。
54	生产经营单位进行爆破、吊装、动火、临时用电以及国务院应急管理部门会同国务院有关部门	【法律】《中华人民共和国安全生产法》第四十三条：生产经营单位进行爆破、吊装、动火、临时用电以及国务院应急管理部门会同国务院有关部门规定的其他危险作业，应当	【法律】《中华人民共和国安全生产法》第一百零一条第三项：生产经营单位有下列行为之一的，责令限期改正，处十万元以下的罚款；逾期未改正的，责令停产停业整顿，并处

续表

裁量阶次	适用条件	具体标准	备注
A	生产经营场所和员工宿舍设置的出口、疏散通道不符合紧急疏散需要、没有明显标志的	责令限期改正，处2万元以下的罚款，对其直接负责的主管人员和其他直接责任人员处1万元以下的罚款；逾期未改正的，责令停产停业整顿	38
B	生产经营场所或者员工宿舍出口、疏散通道被占用、锁闭或封堵，未保持通畅的	责令限期改正，处2万元以上4万元以下的罚款，对其直接负责的主管人员和其他直接责任人员处1万元以下的罚款；逾期未改正的，责令停产停业整顿	38
C	生产经营场所和员工宿舍未按照规定设置紧急疏散出口、疏散通道的	责令限期改正，处4万元以上5万元以下的罚款，对其直接负责的主管人员和其他直接责任人员处1万元以下的罚款；逾期未改正的，责令停产停业整顿	
A	有1处（次）危险作业未安排专门人员进行现场安全管理的	责令限期改正，处3万元以下的罚款；逾期未改正的，责令停产停业整顿，处10万元以上13万元以下的罚款，对其直接负责的主管人员和其他直接责任人员处2万元以上3万元以下的罚款	39

序号	违法行为	法律规定	处罚依据
54	规定的其他危险作业，未安排专门人员进行现场安全管理的	安排专门人员进行现场安全管理，确保操作规程的遵守和安全措施的落实。	十万元以上二十万元以下的罚款，对其直接负责的主管人员和其他直接责任人员处二万元以上五万元以下的罚款；构成犯罪的，依照刑法有关规定追究刑事责任：（三）进行爆破、吊装、动火、临时用电以及国务院应急管理部门会同国务院有关部门规定的其他危险作业，未安排专门人员进行现场安全管理的；
55	生产经营单位未为从业人员提供符合国家标准或者行业标准的劳动防护用品的	1.【法律】《中华人民共和国安全生产法》第四十五条：生产经营单位必须为从业人员提供符合国家标准或者行业标准的劳动防护用品，并监督、教育从业人员按照使用规则佩戴、使用。 2.【部门规章】《工贸企业粉尘防爆安全规定》第九条：粉尘涉爆企业应当为粉尘作业岗位从业人员提供符合国家标准或者行业标准的劳动防护用品，	1.【法律】《中华人民共和国安全生产法》第九十九条第五项：生产经营单位有下列行为之一的，责令限期改正，处五万元以下的罚款；逾期未改正的，处五万元以上二十万元以下的罚款，对其直接负责的主管人员和其他直接责任人员处一万元以上二万元以下的罚款；情节严重的，责令停产停业整顿；构成犯罪的，依照刑法有关规定追究刑事责任：

续表

裁量阶次	适用条件	具体标准	备注
B	有2处（次）危险作业未安排专门人员进行现场安全管理的	责令限期改正，处3万元以上7万元以下的罚款；逾期未改正的，责令停产停业整顿，处13万元以上17万元以下的罚款，对其直接负责的主管人员和其他直接责任人员处3万元以上4万元以下的罚款	
C	有3处（次）以上危险作业未安排专门人员进行现场安全管理的	责令限期改正，处7万元以上10万元以下的罚款；逾期未改正的，责令停产停业整顿，处17万元以上20万元以下的罚款，对其直接负责的主管人员和其他直接责任人员处4万元以上5万元以下的罚款	
A	未为3名以下从业人员提供符合国家标准或者行业标准的劳动防护用品，或者提供的劳动防护用品有3种以下不符合国家标准或者行业标准的	责令限期改正，处2万元以下的罚款；逾期未改正的，处5万元以上10万元以下的罚款，对其直接负责的主管人员和其他直接责任人员处1万元以上2万元以下的罚款；情节严重的，责令停产停业整顿	40

107

序号	违法行为	法律规定	处罚依据
55		并监督、教育从业人员按照使用规则佩戴、使用。 3.【部门规章】《工贸企业有限空间作业安全规定》第十三条：工贸企业应当根据有限空间危险因素的特点，配备符合国家标准或者行业标准的气体检测报警仪器、机械通风设备、呼吸防护用品、全身式安全带等防护用品和应急救援装备，并对相关用品、装备进行经常性维护、保养和定期检测，确保能够正常使用。	（五）未为从业人员提供符合国家标准或者行业标准的劳动防护用品的； 2.【部门规章】《工贸企业粉尘防爆安全规定》第二十七条第四项：粉尘涉爆企业有下列行为之一的，由负责粉尘涉爆企业安全监管的部门依照《中华人民共和国安全生产法》有关规定，责令限期改正，处5万元以下的罚款；逾期未改正的，处5万元以上20万元以下的罚款，对其直接负责的主管人员和其他直接责任人员处1万元以上2万元以下的罚款；情节严重的，责令停产停业整顿；构成犯罪的，依照刑法有关规定追究刑事责任：（四）未为粉尘作业岗位相关从业人员提供符合国家标准或者行业标准的劳动防护用品的； 3.【部门规章】《工贸企业有限空间作业安全规定》第十九条第二项：工贸企业有下列行为之一的，责令限期改正，处5万元以下的罚款；逾期未改正的，

续表

裁量阶次	适用条件	具体标准	备注
B	未为3名以上10名以下从业人员提供符合国家标准或者行业标准的劳动防护用品，或者提供的劳动防护用品有3种以上7种以下不符合国家标准或者行业标准的	责令限期改正，处2万元以上4万元以下的罚款；逾期未改正的，处10万元以上15万元以下的罚款，对其直接负责的主管人员和其他直接责任人员处1万元以上2万元以下的罚款；情节严重的，责令停产停业整顿	
C	未为10名以上从业人员提供符合国家标准或者行业标准的劳动防护用品，或者提供的劳动防护用品有7种以上不符合国家标准或者行业标准的	责令限期改正，处4万元以上5万元以下的罚款；逾期未改正的，处15万元以上20万元以下的罚款，对其直接负责的主管人员和其他直接责任人员处1万元以上2万元以下的罚款；情节严重的，责令停产停业整顿	

序号	违法行为	法律规定	处罚依据
55			处5万元以上20万元以下的罚款，对其直接负责的主管人员和其他直接责任人员处1万元以上2万元以下的罚款；情节严重的，责令停产停业整顿；构成犯罪的，依照刑法有关规定追究刑事责任：（二）未按照规定配备、使用符合国家标准或者行业标准的有限空间作业安全仪器、设备、装备和器材的，或者未对其进行经常性维护、保养和定期检测的。
56	两个以上生产经营单位在同一作业区域内进行可能危及对方安全生产的生产经营活动，未签订安全生产管理协议或者未指定专职安全生产管理人员进行安全检查与协调的	【法律】《中华人民共和国安全生产法》第四十八条：两个以上生产经营单位在同一作业区域内进行生产经营活动，可能危及对方生产安全的，应当签订安全生产管理协议，明确各自的安全生产管理职责和应当采取的安全措施，并指定专职安全生产管理人员进行安全检查与协调。	【法律】《中华人民共和国安全生产法》第一百零四条：两个以上生产经营单位在同一作业区域内进行可能危及对方安全生产的生产经营活动，未签订安全生产管理协议或者未指定专职安全生产管理人员进行安全检查与协调的，责令限期改正，处五万元以下的罚款，对其直接负责的主管人员和其他直接责任人员处一万元以下的罚款；逾期未改正的，责令停产停业。

续表

裁量阶次	适用条件	具体标准	备注
A	两个以上生产经营单位在同一作业区域内进行可能危及对方安全生产的生产经营活动，未签订安全生产管理协议，但指定了专职安全生产管理人员进行安全检查与协调的	责令限期改正，处2万元以下的罚款，对其直接负责的主管人员和其他直接责任人员处1万元以下的罚款；逾期未改正的，责令停产停业	41
B	两个以上生产经营单位在同一作业区域内进行可能危及对方安全生产的生产经营活动，签订了安全生产管理协议，	责令限期改正，处2万元以上4万元以下的罚款，对其直接负责的主管人员和其他直接责任人员处1万元以下的罚款；逾期未改正的，责令停产停业	

111

序号	违法行为	法律规定	处罚依据
56			
57	生产经营单位将生产经营项目、场所、设备发包或者出租给不具备安全生产条件或者相应资质的单位或者个人的	【法律】《中华人民共和国安全生产法》第四十九条第一款：生产经营单位不得将生产经营项目、场所、设备发包或者出租给不具备安全生产条件或者相应资质的单位或者个人。	【法律】《中华人民共和国安全生产法》第一百零三条第一款：生产经营单位将生产经营项目、场所、设备发包或者出租给不具备安全生产条件或者相应资质的单位或者个人的，责令限期改正，没收违法所得；违法所得十万元以上的，并处违法所得二倍以上五倍以下的罚款；没有违法所得或者违法所得不足十万元的，单处或者并处十万元以上二十万元以下的罚款；对其直接负责的主管人员和其他直接责任人员处一万元以上二

续表

裁量阶次	适用条件	具体标准	备注
	但未指定专职安全生产管理人员进行安全检查与协调的		
C	两个以上生产经营单位在同一作业区域内进行可能危及对方安全生产的生产经营活动，未签订安全生产管理协议，且未指定专职安全生产管理人员进行安全检查与协调的	责令限期改正，处4万元以上5万元以下的罚款，对其直接负责的主管人员和其他直接责任人员处1万元以下的罚款；逾期未改正的，责令停产停业	
A	没有违法所得的	责令限期改正，处10万元以上15万元以下的罚款；对其直接负责的主管人员和其他直接责任人员处1万元以上2万元以下的罚款	
B	违法所得10万元以下的	责令限期改正，没收违法所得，并处15万元以上20万元以下的罚款；对其直接负责的主管人员和其他直接责任人员处1万元以上2万元以下的罚款	42
C	违法所得10万元以上的	责令限期改正，没收违法所得，并处违法所得2倍以上5倍以下的罚款；对其直接负责的主管人员和其他直接责任人员处1万元以上2万元以下的罚款	

序号	违法行为	法律规定	处罚依据
57			万元以下的罚款；导致发生生产安全事故给他人造成损害的，与承包方、承租方承担连带赔偿责任。
58	生产经营单位未与承包单位、承租单位签订专门的安全生产管理协议或者未在承包合同、租赁合同中明确各自的安全生产管理职责，或者未对承包单位、承租单位的安全生产统一协调、管理的	【法律】《中华人民共和国安全生产法》第四十九条第二款：生产经营项目、场所发包或者出租给其他单位的，生产经营单位应当与承包单位、承租单位签订专门的安全生产管理协议，或者在承包合同、租赁合同中约定各自的安全生产管理职责；生产经营单位对承包单位、承租单位的安全生产工作统一协调、管理，定期进行安全检查，发现安全问题的，应当及时督促整改。	【法律】《中华人民共和国安全生产法》第一百零三条第二款：生产经营单位未与承包单位、承租单位签订专门的安全生产管理协议或者未在承包合同、租赁合同中明确各自的安全生产管理职责，或者未对承包单位、承租单位的安全生产统一协调、管理的，责令限期改正，处五万元以下的罚款，对其直接负责的主管人员和其他直接责任人员处一万元以下的罚款；逾期未改正的，责令停产停业整顿。

续表

裁量阶次	适用条件	具体标准	备注
A	生产经营单位未与承包单位、承租单位签订专门的安全生产管理协议或者未在承包合同、租赁合同中明确各自的安全生产管理职责的	责令限期改正，处2万元以下的罚款，对其直接负责的主管人员和其他直接责任人员处1万元以下的罚款；逾期未改正的，责令停产停业整顿	
B	生产经营单位未对承包单位、承租单位的安全生产统一协调、管理的	责令限期改正，处2万元以上4万元以下的罚款，对其直接负责的主管人员和其他直接责任人员处1万元以下的罚款；逾期未改正的，责令停产停业整顿	43
C	生产经营单位未与承包单位、承租单位签订专门的安全生产管理协议或者未在承包合同、租赁合同中明确各自的安全生产管理职责，且未对承包单位、承租单位的安全生产统一协调、管理的	责令限期改正，处4万元以上5万元以下的罚款，对其直接负责的主管人员和其他直接责任人员处1万元以下的罚款；逾期未改正的，责令停产停业整顿	

序号	违法行为	法律规定	处罚依据
59	高危行业、领域的生产经营单位未按照国家规定投保安全生产责任保险的	【法律】《中华人民共和国安全生产法》第五十一条第二款：国家鼓励生产经营单位投保安全生产责任保险；属于国家规定的高危行业、领域的生产经营单位，应当投保安全生产责任保险。具体范围和实施办法由国务院应急管理部门会同国务院财政部门、国务院保险监督管理机构和相关行业主管部门制定。	【法律】《中华人民共和国安全生产法》第一百零九条：高危行业、领域的生产经营单位未按照国家规定投保安全生产责任保险的，责令限期改正，处五万元以上十万元以下的罚款；逾期未改正的，处十万元以上二十万元以下的罚款。
60	生产经营单位与从业人员订立协议，免除或者减轻其对从业人员因生产安全事故伤亡依法应承担的责任的	【法律】《中华人民共和国安全生产法》第五十二条第二款：生产经营单位不得以任何形式与从业人员订立协议，免除或者减轻其对从业人员因生产安全事故伤亡依法应承担的责任。	1.【法律】《中华人民共和国安全生产法》第一百零六条：生产经营单位与从业人员订立协议，免除或者减轻其对从业人员因生产安全事故伤亡依法应承担的责任的，该协议无效；对生产经营单位的主

续表

裁量阶次	适用条件	具体标准	备注
A	高危行业、领域的生产经营单位未按照国家规定投保安全生产责任保险,未投保人数3人以下或占应投保总人数比例在20%以下的	责令限期改正,处5万元以上7万元以下的罚款;逾期未改正的,处10万元以上13万元以下的罚款	
B	高危行业、领域的生产经营单位未按照国家规定投保安全生产责任保险,未投保人数3人以上10人以下或占应投保总人数比例在20%以上50%以下的	责令限期改正,处7万元以上9万元以下的罚款;逾期未改正的,处13万元以上17万元以下的罚款	45
C	高危行业、领域的生产经营单位未按照国家规定投保安全生产责任保险,未投保人数10人以上或占应投保总人数比例在50%以上的	责令限期改正,处9万元以上10万元以下的罚款;逾期未改正的,处17万元以上20万元以下的罚款	
A	生产经营单位与3名以下从业人员订立协议,免除或者减轻其对从业人员因生产安全事故伤亡依法应承担的责任的	处2万元以上5万元以下的罚款	46

117

序号	违法行为	法律规定	处罚依据
60			要负责人、个人经营的投资人处二万元以上十万元以下的罚款。 2.【部门规章】《安全生产违法行为行政处罚办法》第四十七条：生产经营单位与从业人员订立协议，免除或者减轻其对从业人员因生产安全事故伤亡依法应承担的责任的，该协议无效；对生产经营单位的主要负责人、个人经营的投资人按照下列规定处以罚款：（一）在协议中减轻因生产安全事故伤亡对从业人员依法应承担的责任的，处2万元以上5万元以下的罚款；（二）在协议中免除因生产安全事故伤亡对从业人员依法应承担的责任的，处5万元以上10万元以下的罚款。
61	未经注册擅自以注册安全工程师名义执业的	【部门规章】《注册安全工程师管理规定》第七条：取得资格证书的人员，经注册取得执业证和执业印章后方可以注册安全工程师的名义执业。	【部门规章】《注册安全工程师管理规定》第三十条：未经注册擅自以注册安全工程师名义执业的，由县级以上安全生产监督管理部门、有关主管部门或者煤矿安全监察机构责令其停止违法活动，没收

续表

裁量阶次	适用条件	具体标准	备注
B	生产经营单位与3名以上10名以下从业人员订立协议，免除或者减轻其对从业人员因生产安全事故伤亡依法应承担的责任的	处5万元以上8万元以下的罚款	
C	生产经营单位与10名以上从业人员订立协议，免除或者减轻其对从业人员因生产安全事故伤亡依法应承担的责任的	处8万元以上10万元以下的罚款	
A	没有违法所得的	责令停止违法活动，处1万元以下的罚款	
B	违法所得1万元以下的	责令停止违法活动，没收违法所得，并处1万元以上2万元以下的罚款	48
C	违法所得1万元以上的	责令停止违法活动，没收违法所得，并处2万元以上3万元以下的罚款	

序号	违法行为	法律规定	处罚依据
61			违法所得，并处三万元以下的罚款；造成损失的，依法承担赔偿责任。
62	注册安全工程师以欺骗、贿赂等不正当手段取得执业证的	【部门规章】《注册安全工程师管理规定》第四条：注册安全工程师应当严格执行国家法律、法规和本规定，恪守职业道德和执业准则。 第十条第一项：取得资格证书的人员申请注册，按照下列程序办理：（一）申请人向聘用单位提出申请，聘用单位同意后，将申请人按本规定第十一条、第十三条、第十四条规定的申请材料报送部门、省级注册机构；中央企业总公司（总厂、集团公司）经安全监管总局认可，可以将本企业申请人的申请材料直接报送安全监管总局；申请人和聘用单位应当对申请材料的真实性负责；	【部门规章】《注册安全工程师管理规定》第三十一条：注册安全工程师以欺骗、贿赂等不正当手段取得执业证的，由县级以上安全生产监督管理部门、有关主管部门或者煤矿安全监察机构处三万元以下的罚款；由执业证颁发机关撤销其注册，当事人三年内不得再次申请注册。
63	注册安全工程师以个人名义承接业务、收取费用的	【部门规章】《注册安全工程师管理规定》第十八条：注册安全工程师应当由聘用单位委派，并按照注册类别在规定的执业范围内执业，同时在出具的	【部门规章】《注册安全工程师管理规定》第三十二条第二项：注册安全工程师有下列行为之一的，由县级以上安全生产监督管理部门、有关主管部门

续表

裁量阶次	适用条件	具体标准	备注
A	尚未执业的	处1万元以下的罚款,由执业证颁发机关撤销其注册,当事人三年内不得再次申请注册	
B	执业1次的	处1万元以上2万元以下的罚款,由执业证颁发机关撤销其注册,当事人三年内不得再次申请注册	49
C	执业2次以上的	处2万元以上3万元以下的罚款,由执业证颁发机关撤销其注册,当事人三年内不得再次申请注册	
A	注册安全工程师以个人名义承接业务、收取费用1次的	处1万元以下的罚款,由执业证颁发机关吊销其执业证,当事人五年内不得再次申请注册	
B	注册安全工程师以个人名义承接业务、收取费用2次的	处1万元以上2万元以下的罚款,由执业证颁发机关吊销其执业证,当事人五年内不得再次申请注册	

序号	违法行为	法律规定	处罚依据
63		各种文件、报告上签字和加盖执业印章。	或者煤矿安全监察机构处三万元以下的罚款；由执业证颁发机关吊销其执业证，当事人五年内不得再次申请注册；造成损失的，依法承担赔偿责任；构成犯罪的，依法追究刑事责任：（二）以个人名义承接业务、收取费用的；
64	注册安全工程师出租、出借、涂改、变造执业证和执业印章的	【部门规章】《注册安全工程师管理规定》第二十二条第六项：注册安全工程师应当履行下列义务：（六）不得出租、出借、涂改、变造执业证和执业印章；	【部门规章】《注册安全工程师管理规定》第三十二条第三项：注册安全工程师有下列行为之一的，由县级以上安全生产监督管理部门、有关主管部门或者煤矿安全监察机构处三万元以下的罚款；由执业证颁发机关吊销其执业证，当事人五年内不得再次申请注册；造成损失的，依法承担赔偿责任；构成犯罪的，依法追究刑事责任：（三）出租、出借、涂改、变造执业证和执业印章的；
65	注册安全工程师泄漏执业过程中应当保守的秘密并造成严重后果的	【部门规章】《注册安全工程师管理规定》第二十二条第五项：注册安全工程师应当履行下列义务：（五）保守执业活动中的秘密；	【部门规章】《注册安全工程师管理规定》第三十二条第四项：注册安全工程师有下列行为之一的，由县级以上安全生产监督

续表

裁量阶次	适用条件	具体标准	备注
C	注册安全工程师以个人名义承接业务、收取费用3次以上的	处2万元以上3万元以下的罚款,由执业证颁发机关吊销其执业证,当事人五年内不得再次申请注册	
A	出租、出借、涂改、变造执业证和执业印章1次的	处1万元以下的罚款,由执业证颁发机关吊销其执业证,当事人五年内不得再次申请注册	
B	出租、出借、涂改、变造执业证和执业印章2次的	处1万元以上2万元以下的罚款,由执业证颁发机关吊销其执业证,当事人五年内不得再次申请注册	
C	出租、出借、涂改、变造执业证和执业印章3次以上的	处2万元以上3万元以下的罚款,由执业证颁发机关吊销其执业证,当事人五年内不得再次申请注册	
A	泄漏执业过程中应当保守的秘密并造成5万元以下损失的	处1万元以下的罚款,由执业证颁发机关吊销其执业证,当事人五年内不得再次申请注册	

序号	违法行为	法律规定	处罚依据
65			管理部门、有关主管部门或者煤矿安全监察机构处三万元以下的罚款；由执业证颁发机关吊销其执业证，当事人五年内不得再次申请注册；造成损失的，依法承担赔偿责任；构成犯罪的，依法追究刑事责任：（四）泄漏执业过程中应当保守的秘密并造成严重后果的；
66	注册安全工程师利用执业之便，贪污、索贿、受贿或者谋取不正当利益的	【部门规章】《注册安全工程师管理规定》第四条：注册安全工程师应当严格执行国家法律、法规和本规定，恪守职业道德和执业准则。	【部门规章】《注册安全工程师管理规定》第三十二条第五项：注册安全工程师有下列行为之一的，由县级以上安全生产监督管理部门、有关主管部门或者煤矿安全监察机构处三万元以下的罚款；由执业证颁发机关吊销其执业证，当事人五年内不得再次申请注册；造成损失的，依法承担赔偿责任；构成犯罪的，依法追究刑事责任：（五）利用执业之便，贪污、索贿、受贿或者谋取不正当利益的；

续表

裁量阶次	适用条件	具体标准	备注
B	泄漏执业过程中应当保守的秘密并造成5万元以上10万元以下损失的	处1万元以上2万元以下的罚款，由执业证颁发机关吊销其执业证，当事人五年内不得再次申请注册	
C	泄漏执业过程中应当保守的秘密并造成10万元以上损失的	处2万元以上3万元以下的罚款，由执业证颁发机关吊销其执业证，当事人五年内不得再次申请注册	
A	利用执业之便，贪污、索贿、受贿或者谋取不正当利益1万元以下的	处1万元以下的罚款，由执业证颁发机关吊销其执业证，当事人五年内不得再次申请注册	
B	利用执业之便，贪污、索贿、受贿或者谋取不正当利益1万元以上2万元以下的	处1万元以上2万元以下的罚款，由执业证颁发机关吊销其执业证，当事人五年内不得再次申请注册	
C	利用执业之便，贪污、索贿、受贿或者谋取不正当利益2万元以上的	处2万元以上3万元以下的罚款，由执业证颁发机关吊销其执业证，当事人五年内不得再次申请注册	

序号	违法行为	法律规定	处罚依据
67	注册安全工程师提供虚假执业活动成果的	【部门规章】《注册安全工程师管理规定》第二十二条第一项：注册安全工程师应当履行下列义务：（一）保证执业活动的质量，承担相应的责任；	【部门规章】《注册安全工程师管理规定》第三十二条第六项：注册安全工程师有下列行为之一的，由县级以上安全生产监督管理部门、有关主管部门或者煤矿安全监察机构处三万元以下的罚款；由执业证颁发机关吊销其执业证，当事人五年内不得再次申请注册；造成损失的，依法承担赔偿责任；构成犯罪的，依法追究刑事责任：（六）提供虚假执业活动成果的；
68	注册安全工程师超出执业范围或者聘用单位业务范围从事执业活动的	【部门规章】《注册安全工程师管理规定》第十八条：注册安全工程师应当由聘用单位委派，并按照注册类别在规定的执业范围内执业，同时在出具的各种文件、报告上签字和加盖执业印章。	【部门规章】《注册安全工程师管理规定》第三十二条第七项：注册安全工程师有下列行为之一的，由县级以上安全生产监督管理部门、有关主管部门或者煤矿安全监察机构处三万元以下的罚款；由执业证颁发机关吊销其执业证，当事人五年内不得再次申请注册；造成损失的，依法承担赔偿责任；构成犯罪的，依法追究刑事责任：（七）超出执业范围或者聘用单位业务范围从事执业活动的；

续表

裁量阶次	适用条件	具体标准	备注
A	提供虚假执业活动成果1次的	处1万元以下的罚款,由执业证颁发机关吊销其执业证,当事人五年内不得再次申请注册	
B	提供虚假执业活动成果2次的	处1万元以上2万元以下的罚款,由执业证颁发机关吊销其执业证,当事人五年内不得再次申请注册	
C	提供虚假执业活动成果3次以上的	处2万元以上3万元以下的罚款,由执业证颁发机关吊销其执业证,当事人五年内不得再次申请注册	
A	超出执业范围或者聘用单位业务范围从事执业活动1次的	处1万元以下的罚款,由执业证颁发机关吊销其执业证,当事人五年内不得再次申请注册	
B	超出执业范围或者聘用单位业务范围从事执业活动2次的	处1万元以上2万元以下的罚款,由执业证颁发机关吊销其执业证,当事人五年内不得再次申请注册	
C	超出执业范围或者聘用单位业务范围从事执业活动3次以上的	处2万元以上3万元以下的罚款,由执业证颁发机关吊销其执业证,当事人五年内不得再次申请注册	

序号	违法行为	法律规定	处罚依据
69	生产经营单位未按照规定制定生产安全事故应急救援预案的	1.【法律】《中华人民共和国安全生产法》第八十一条：生产经营单位应当制定本单位生产安全事故应急救援预案，与所在地县级以上地方人民政府组织制定的生产安全事故应急救援预案相衔接，并定期组织演练。 2.【行政法规】《生产安全事故应急条例》第五条第二款：生产经营单位应当针对本单位可能发生的生产安全事故的特点和危害，进行风险辨识和评估，制定相应的生产安全事故应急救援预案，并向本单位从业人员公布。 3.【部门规章】《工贸企业粉尘防爆安全规定》第十条：粉尘涉爆企业应当制定有关粉尘爆炸事故应急救援预案，并依法定期组织演练。发生火灾或者粉尘爆炸事故后，粉尘涉爆企业应当立即启动应急响应并撤离疏散全部作业人员至安全场所，不得采用可能引起扬尘的应急处置措施。	1.【法律】《中华人民共和国安全生产法》第九十七条第六项：生产经营单位有下列行为之一的，责令限期改正，处十万元以下的罚款；逾期未改正的，责令停产停业整顿，并处十万元以上二十万元以下的罚款，对其直接负责的主管人员和其他直接责任人员处二万元以上五万元以下的罚款：（六）未按照规定制定生产安全事故应急救援预案或者未定期组织演练的； 2.【行政法规】《生产安全事故应急条例》第三十条：生产经营单位未制定生产安全事故应急救援预案、未定期组织应急救援预案演练、未对从业人员进行应急教育和培训，生产经营单位的主要负责人在本单位发生生产安全事故时不立即组织抢救的，由县级以上人民政府负有安全生产监督管理职责的部门依照《中华人民共和国安全生产法》有关规定追究法律责任。

续表

裁量阶次	适用条件	具体标准	备注
A	缺少1个应急救援预案，或者有1个应急救援预案不符合编制基本要求的	责令限期改正，处3万元以下的罚款；逾期未改正的，责令停产停业整顿，并处10万元以上13万元以下的罚款，对其直接负责的主管人员和其他直接责任人员处2万元以上3万元以下的罚款	
B	缺少2个应急救援预案，或者有2个应急救援预案不符合编制基本要求的	责令限期改正，处3万元以上7万元以下的罚款；逾期未改正的，责令停产停业整顿，并处13万元以上17万元以下的罚款，对其直接负责的主管人员和其他直接责任人员处3万元以上4万元以下的罚款	50
C	缺少3个以上应急救援预案，或者有3个以上应急救援预案不符合编制基本要求的	责令限期改正，处7万元以上10万元以下的罚款；逾期未改正的，责令停产停业整顿，并处17万元以上20万元以下的罚款，对其直接负责的主管人员和其他直接责任人员处4万元以上5万元以下的罚款	

序号	违法行为	法律规定	处罚依据
69		4.【部门规章】《工贸企业有限空间作业安全规定》第十条：工贸企业应当制定有限空间作业现场处置方案，按规定组织演练，并进行演练效果评估。	3.【部门规章】《工贸企业粉尘防爆安全规定》第二十八条第三项：粉尘涉爆企业有下列行为之一的，由负责粉尘涉爆企业安全监管的部门依照《中华人民共和国安全生产法》有关规定，责令限期改正，处10万元以下的罚款；逾期未改正的，责令停产停业整顿，并处10万元以上20万元以下的罚款，对其直接负责的主管人员和其他直接责任人员处2万元以上5万元以下的罚款：（三）未制定有关粉尘爆炸事故应急救援预案或者未定期组织演练的。 4.【部门规章】《工贸企业有限空间作业安全规定》第二十条第二项：工贸企业有下列行为之一的，责令限期改正，处10万元以下的罚款；逾期未改正的，责令停产停业整顿，并处10万元以上20万元以下的罚款，对其直接负责的主管人员和其他直接责任人员处2万元以上5万元以下的罚款：（二）未按

续表

裁量阶次	适用条件	具体标准	备注

序号	违法行为	法律规定	处罚依据
69			照规定制定有限空间作业现场处置方案或者未按照规定组织演练的。
70	生产经营单位未定期组织应急预案演练的	1.【法律】《中华人民共和国安全生产法》第八十一条：生产经营单位应当制定本单位生产安全事故应急救援预案，与所在地县级以上地方人民政府组织制定的生产安全事故应急救援预案相衔接，并定期组织演练。 2.【行政法规】《生产安全事故应急条例》第八条第二款：易燃易爆物品、危险化学品等危险物品的生产、经营、储存、运输单位，矿山、金属冶炼、城市轨道交通运营、建筑施工单位，以及宾馆、商场、娱乐场所、旅游景区等人员密集场所经营单位，应当至少每半年组织1次生产安全事故应急救援预案演练，并将演练情况报送所在地县级以上地方人民政府负有安全生产监督管理职责的部门。	1.【法律】《中华人民共和国安全生产法》第九十七条第六项：生产经营单位有下列行为之一的，责令限期改正，处十万元以下的罚款；逾期未改正的，责令停产停业整顿，并处十万元以上二十万元以下的罚款，对其直接负责的主管人员和其他直接责任人员处二万元以上五万元以下的罚款：（六）未按照规定制定生产安全事故应急救援预案或者未定期组织演练的； 2.【行政法规】《生产安全事故应急条例》第三十条：生产经营单位未制定生产安全事故应急救援预案、未定期组织应急救援预案演练、未对从业人员进行应急教育和培训，生产经营单位的主要负责人在本单位发生生产安全事故时不立即组织抢救的，

续表

裁量阶次	适用条件	具体标准	备注
A	现场处置方案演练不符合规定的	责令限期改正，处3万元以下的罚款；逾期未改正的，责令停产停业整顿，并处10万元以上13万元以下的罚款，对其直接负责的主管人员和其他直接责任人员处2万元以上3万元以下的罚款	
B	综合应急预案或专项应急预案演练不符合规定的	责令限期改正，处3万元以上7万元以下的罚款；逾期未改正的，责令停产停业整顿，并处13万元以上17万元以下的罚款，对其直接负责的主管人员和其他直接责任人员处3万元以上4万元以下的罚款	
C	综合应急预案、专项应急预案或现场处置方案未组织演练的	责令限期改正，处7万元以上10万元以下的罚款；逾期未改正的，责令停产停业整顿，并处17万元以上20万元以下的罚款，对其直接负责的主管人员和其他直接责任人员处4万元以上5万元以下的罚款	

序号	违法行为	法律规定	处罚依据
70		3.【部门规章】《生产安全事故应急预案管理办法》第三十三条第一款、第二款：生产经营单位应当制定本单位的应急预案演练计划，根据本单位的事故风险特点，每年至少组织一次综合应急预案演练或者专项应急预案演练，每半年至少组织一次现场处置方案演练。 易燃易爆物品、危险化学品等危险物品的生产、经营、储存、运输单位，矿山、金属冶炼、城市轨道交通运营、建筑施工单位，以及宾馆、商场、娱乐场所、旅游景区等人员密集场所经营单位，应当至少每半年组织一次生产安全事故应急预案演练，并将演练情况报送所在地县级以上地方人民政府负有安全生产监督管理职责的部门。 4.【部门规章】《工贸企业粉尘防爆安全规定》第十条：粉尘涉爆企业应当制定有关粉尘爆炸事故应急救援预案，并依法定期	由县级以上人民政府负有安全生产监督管理职责的部门依照《中华人民共和国安全生产法》有关规定追究法律责任。 3.【部门规章】《生产安全事故应急预案管理办法》第四十四条第二项：生产经营单位有下列情形之一的，由县级以上人民政府应急管理等部门依照《中华人民共和国安全生产法》第九十四条的规定，责令限期改正，可以处5万元以下罚款；逾期未改正的，责令停产停业整顿，并处5万元以上10万元以下的罚款，对直接负责的主管人员和其他直接责任人员处1万元以上2万元以下的罚款：（二）未按照规定定期组织应急预案演练的。 4.【部门规章】《工贸企业粉尘防爆安全规定》第二十八条第三项：粉尘涉爆企业有下列行为之一的，由负责粉尘涉爆企业安全监管的部门依照《中华人民共和国安全生产法》有

续表

裁量阶次	适用条件	具体标准	备注

序号	违法行为	法律规定	处罚依据
70		组织演练。发生火灾或者粉尘爆炸事故后，粉尘涉爆企业应当立即启动应急响应并撤离疏散全部作业人员至安全场所，不得采用可能引起扬尘的应急处置措施。 5.【部门规章】《工贸企业有限空间作业安全规定》第十条：工贸企业应当制定有限空间作业现场处置方案，按规定组织演练，并进行演练效果评估。 6.【部门规章】《危险化学品重大危险源监督管理暂行规定》第二十一条第一款：危险化学品单位应当制定重大危险源事故应急预案演练计划，并按照下列要求进行事故应急预案演练：（一）对重大危险源专项应急预案，每年至少进行一次；（二）对重大危险源现场处置方案，每半年至少进行一次。	关规定，责令限期改正，处10万元以下的罚款；逾期未改正的，责令停产停业整顿，并处10万元以上20万元以下的罚款，对其直接负责的主管人员和其他直接责任人员处2万元以上5万元以下的罚款：（三）未制定有关粉尘爆炸事故应急救援预案或者未定期组织演练的。 5.【部门规章】《工贸企业有限空间作业安全规定》第二十条第二项：工贸企业有下列行为之一的，责令限期改正，处10万元以下的罚款；逾期未改正的，责令停产停业整顿，并处10万元以上20万元以下的罚款，对其直接负责的主管人员和其他直接责任人员处2万元以上5万元以下的罚款：（二）未按照规定制定有限空间作业现场处置方案或者未按照规定组织演练的。 6.【部门规章】《危险化学品重大危险源监督管理暂行规定》第三十四条第六项：危险化学品单位有

续表

裁量阶次	适用条件	具体标准	备注

序号	违法行为	法律规定	处罚依据
70			下列情形之一的，由县级以上人民政府安全生产监督管理部门给予警告，可以并处5000元以上3万元以下的罚款：（六）未按照本规定要求开展重大危险源事故应急预案演练的。
71	生产经营单位未将生产安全事故应急救援预案报送备案的	1.【行政法规】《生产安全事故应急条例》第七条：县级以上人民政府负有安全生产监督管理职责的部门应当将其制定的生产安全事故应急救援预案报送本级人民政府备案；易燃易爆物品、危险化学品等危险物品的生产、经营、储存、运输单位，矿山、金属冶炼、城市轨道交通运营、建筑施工单位，以及宾馆、商场、娱乐场所、旅游景区等人员密集场所经营单位，应当将其制定的生产安全事故应急救援预案按照国家有关规定报送县级以上人民政府负有安全生产监督管理职责的部门备案，并依法向	1.【行政法规】《生产安全事故应急条例》第三十二条：生产经营单位未将生产安全事故应急救援预案报送备案、未建立应急值班制度或者配备应急值班人员的，由县级以上人民政府负有安全生产监督管理职责的部门责令限期改正；逾期未改正的，处3万元以上5万元以下的罚款，对直接负责的主管人员和其他直接责任人员处1万元以上2万元以下的罚款。 2.【部门规章】《生产安全事故应急预案管理办法》第四十五条第二款：生产经营单位未按照规定进行应急预案备案的，由县级

续表

裁量阶次	适用条件	具体标准	备注
A	超出规定时限10日以内未备案的	责令限期改正；逾期未改正的，处3万元以上3.5万元以下的罚款，对直接负责的主管人员和其他直接责任人员处1万元以上2万元以下的罚款	
B	超出规定时限10日以上20日以内未备案的	责令限期改正；逾期未改正的，处3.5万元以上4万元以下的罚款，对直接负责的主管人员和其他直接责任人员处1万元以上2万元以下的罚款	51
C	超出规定时限20日以上未备案的	责令限期改正；逾期未改正的，处4万元以上5万元以下的罚款，对直接负责的主管人员和其他直接责任人员处1万元以上2万元以下的罚款	

序号	违法行为	法律规定	处罚依据
71		社会公布。 2.【部门规章】《生产安全事故应急预案管理办法》第二十六条：易燃易爆物品、危险化学品等危险物品的生产、经营、储存、运输单位，矿山、金属冶炼、城市轨道交通运营、建筑施工单位，以及宾馆、商场、娱乐场所、旅游景区等人员密集场所经营单位，应当在应急预案公布之日起20个工作日内，按照分级属地原则，向县级以上人民政府应急管理部门和其他负有安全生产监督管理职责的部门进行备案，并依法向社会公布。 前款所列单位属于中央企业的，其总部（上市公司）的应急预案，报国务院主管的负有安全生产监督管理职责的部门备案，并抄送应急管理部；其所属单位的应急预案报所在地的省、自治区、直辖市或者设区的市级人民政府主管的负有安全生产监督管理职责的部门备案，并抄送同级人民政府应急管理部门。	以上人民政府应急管理等部门依照职责责令限期改正；逾期未改正的，处3万元以上5万元以下的罚款，对直接负责的主管人员和其他直接责任人员处1万元以上2万元以下的罚款。

续表

裁量阶次	适用条件	具体标准	备注

序号	违法行为	法律规定	处罚依据
71		本条第一款所列单位不属于中央企业的，其中非煤矿山、金属冶炼和危险化学品生产、经营、储存、运输企业，以及使用危险化学品达到国家规定数量的化工企业、烟花爆竹生产、批发经营企业的应急预案，按照隶属关系报所在地县级以上地方人民政府应急管理部门备案；本款前述单位以外的其他生产经营单位应急预案的备案，由省、自治区、直辖市人民政府负有安全生产监督管理职责的部门确定。 油气输送管道运营单位的应急预案，除按照本条第一款、第二款的规定备案外，还应当抄送所经行政区域的县级人民政府应急管理部门。 海洋石油开采企业的应急预案，除按照本条第一款、第二款的规定备案外，还应当抄送所经行政区域的县级人民政府应急管理部门和海洋石油安全监管机构。 煤矿企业的应急预案除按照本条第一款、第二款的规定备案外，还应当抄	

续表

裁量阶次	适用条件	具体标准	备注

序号	违法行为	法律规定	处罚依据
71		送所在地的煤矿安全监察机构。 第三十七条：应急预案修订涉及组织指挥体系与职责、应急处置程序、主要处置措施、应急响应分级等内容变更的，修订工作应当参照本办法规定的应急预案编制程序进行，并按照有关应急预案报备程序重新备案。	
72	生产经营单位在应急预案编制前未按照规定开展风险辨识、评估和应急资源调查的	【部门规章】《生产安全事故应急预案管理办法》第十条第一款：编制应急预案前，编制单位应当进行事故风险辨识、评估和应急资源调查。	【部门规章】《生产安全事故应急预案管理办法》第四十五条第一款第一项：生产经营单位有下列情形之一的，由县级以上人民政府应急管理部门责令限期改正，可以处1万元以上3万元以下的罚款：（一）在应急预案编制前未按照规定开展风险辨识、评估和应急资源调查的；
73	矿山、金属冶炼企业和易燃易爆物品、危险化学品的生产、经营（带储存设施的）、储存、运输企业，以	【部门规章】《生产安全事故应急预案管理办法》第二十一条：矿山、金属冶炼企业和易燃易爆物品、危险化学品的生产、经营（带储存设施的，下同）、储存、运输企业，以及使用危险化学品达到国家规	【部门规章】《生产安全事故应急预案管理办法》第四十五条第一款第二项：生产经营单位有下列情形之一的，由县级以上人民政府应急管理部门责令限期改正，可以处1万元以上3万元以下的罚款：（二）未

续表

裁量阶次	适用条件	具体标准	备注
A	在应急预案编制前未按照规定开展应急资源调查的	责令限期改正，可以处1万元以上1.5万元以下的罚款	52
B	在应急预案编制前未按照规定开展风险辨识、评估的	责令限期改正，可以处1.5万元以上2万元以下的罚款	
C	在应急预案编制前未按照规定开展风险辨识、评估和应急资源调查的	责令限期改正，可以处2万元以上3万元以下的罚款	
A	未形成书面评审纪要的	责令限期改正，可以处1万元以上1.5万元以下的罚款	52
B	评审人员、评审内容等不符合要求的	责令限期改正，可以处1.5万元以上2万元以下的罚款	
C	未开展应急预案评审的	责令限期改正，可以处2万元以上3万元以下的罚款	

145

序号	违法行为	法律规定	处罚依据
73	及使用危险化学品达到国家规定数量的化工企业、烟花爆竹生产、批发经营企业和中型规模以上的其他生产经营单位，未按照规定开展应急预案评审的	定数量的化工企业、烟花爆竹生产、批发经营企业和中型规模以上的其他生产经营单位，应当对本单位编制的应急预案进行评审，并形成书面评审纪要。 前款规定以外的其他生产经营单位可以根据自身需要，对本单位编制的应急预案进行论证。	按照规定开展应急预案评审的；
74	事故风险可能影响周边单位、人员的，生产经营单位未将事故风险的性质、影响范围和应急防范措施告知周边单位和人员的	【部门规章】《生产安全事故应急预案管理办法》第二十四条第二款：事故风险可能影响周边其他单位、人员的，生产经营单位应当将有关事故风险的性质、影响范围和应急防范措施告知周边的其他单位和人员。	【部门规章】《生产安全事故应急预案管理办法》第四十五条第一款第三项：生产经营单位有下列情形之一的，由县级以上人民政府应急管理部门责令限期改正，可以处1万元以上3万元以下的罚款：（三）事故风险可能影响周边单位、人员的，未将事故风险的性质、影响范围和应急防范措施告知周边单位和人员的；

续表

裁量阶次	适用条件	具体标准	备注
A	危险物品的生产、经营、储存、装卸单位以及金属冶炼、建筑施工、运输单位以外的其他生产经营单位从业人员在100人以下，未将事故风险的性质、影响范围和应急防范措施告知周边单位和人员的	责令限期改正，可以处1万元以上1.5万元以下的罚款	52
B	危险物品的生产、经营、储存、装卸单位以及金属冶炼、建筑施工、运输单位以外的其他生产经营单位从业人员在100人以上，未将事故风险的性质、影响范围和应急防范措施告知周边单位和人员的	责令限期改正，可以处1.5万元以上2万元以下的罚款	

序号	违法行为	法律规定	处罚依据
74			
75	生产经营单位未按照规定开展应急预案评估的	【部门规章】《生产安全事故应急预案管理办法》第三十五条：应急预案编制单位应当建立应急预案定期评估制度，对预案内容的针对性和实用性进行分析，并对应急预案是否需要修订作出结论。 矿山、金属冶炼、建筑施工企业和易燃易爆物品、危险化学品等危险物品的生产、经营、储存、运输企业、使用危险化学品达到国家规定数量的化工企业、烟花爆竹生产、批发经营企业和中型规模以上的其他生产经营单位，应当每三年进行一次应急预案评估。 应急预案评估可以邀请相关专业机构或者有关专家、有实际应急救援工作经验的人员参加，必要时可以委托安全生产技术服务机构实施。	【部门规章】《生产安全事故应急预案管理办法》第四十五条第一款第四项：生产经营单位有下列情形之一的，由县级以上人民政府应急管理部门责令限期改正，可以处1万元以上3万元以下的罚款：（四）未按照规定开展应急预案评估的；

续表

裁量阶次	适用条件	具体标准	备注
C	危险物品的生产、经营、储存、装卸单位以及金属冶炼、建筑施工、运输单位,未将事故风险的性质、影响范围和应急防范措施告知周边单位和人员的	责令限期改正,可以处2万元以上3万元以下的罚款	
A	矿山、金属冶炼、建筑施工企业和易燃易爆物品、危险化学品等危险物品的生产、经营、储存、运输企业、使用危险化学品达到国家规定数量的化工企业、烟花爆竹生产、批发经营企业和中型规模以上的其他生产经营单位,上述单位以外的其他生产经营单位,未开展应急预案评估的	责令限期改正,可以处1万元以上1.5万元以下的罚款	52
B	矿山、金属冶炼、建筑施工企业和易燃易爆物品、危险化学品等危险物品的生产、经营、储存、运输企业、使用危险化学品达到国家规定数量的化工企业、烟花爆竹生产、批发经营	责令限期改正,可以处1.5万元以上2万元以下的罚款	

序号	违法行为	法律规定	处罚依据
75			
76	生产经营单位未按照规定进行应急预案修订的	【部门规章】《生产安全事故应急预案管理办法》第三十六条：有下列情形之一的，应急预案应当及时修订并归档：（一）依据的法律、法规、规章、标准及上位预案中的有关规定发生重大变化的；（二）应急指挥机构及其职责发生调整的；（三）安全生产面临的风险发生重大变化的；（四）重要应急资源发生重大变化的；	【部门规章】《生产安全事故应急预案管理办法》第四十五条第一款第五项：生产经营单位有下列情形之一的，由县级以上人民政府应急管理部门责令限期改正，可以处1万元以上3万元以下的罚款：（五）未按照规定进行应急预案修订的；

续表

裁量阶次	适用条件	具体标准	备注
	企业和中型规模以上的其他生产经营单位，应急预案评估期限不符合规定的		
C	矿山、金属冶炼、建筑施工企业和易燃易爆物品、危险化学品等危险物品的生产、经营、储存、运输企业、使用危险化学品达到国家规定数量的化工企业、烟花爆竹生产、批发经营企业和中型规模以上的其他生产经营单位，未开展应急预案评估的	责令限期改正，可以处 2 万元以上 3 万元以下的罚款	
A	危险物品的生产、经营、储存、装卸单位以及金属冶炼、建筑施工、运输单位以外的其他生产经营单位从业人员在 100 人以下，未按照规定进行应急预案修订的	责令限期改正，可以处 1 万元以上 1.5 万元以下的罚款	52
B	危险物品的生产、经营、储存、装卸单位以及金属冶炼、建筑施工、运输单位以外的其他生产经营单位从业人员在	责令限期改正，可以处 1.5 万元以上 2 万元以下的罚款	

序号	违法行为	法律规定	处罚依据
76		（五）在应急演练和事故应急救援中发现需要修订预案的重大问题的；（六）编制单位认为应当修订的其他情况。	
77	生产经营单位未落实应急预案规定的应急物资及装备的	【部门规章】《生产安全事故应急预案管理办法》第三十八条：生产经营单位应当按照应急预案的规定，落实应急指挥体系、应急救援队伍、应急物资及装备，建立应急物资、装备配备及其使用档案，并对应急物资、装备进行定期检测和维护，使其处于适用状态。	【部门规章】《生产安全事故应急预案管理办法》第四十五条第一款第六项：生产经营单位有下列情形之一的，由县级以上人民政府应急管理部门责令限期改正，可以处1万元以上3万元以下的罚款：（六）未落实应急预案规定的应急物资及装备的。

续表

裁量阶次	适用条件	具体标准	备注
	100人以上，未按照规定进行应急预案修订的		
C	危险物品的生产、经营、储存、装卸单位以及金属冶炼、建筑施工、运输单位，未按照规定进行应急预案修订的	责令限期改正，可以处2万元以上3万元以下的罚款	
A	危险物品的生产、经营、储存、装卸单位以及金属冶炼、建筑施工、运输单位以外的其他生产经营单位从业人员在100人以下，未落实应急预案规定的应急物资及装备的	责令限期改正，可以处1万元以上1.5万元以下的罚款	52
B	危险物品的生产、经营、储存、装卸单位以及金属冶炼、建筑施工、运输单位以外的其他生产经营单位从业人员在100人以上，未落实应急预案规定的应急物资及装备的	责令限期改正，可以处1.5万元以上2万元以下的罚款	
C	危险物品的生产、经营、储存、装卸单位以	责令限期改正，可以处2万元以上3万元以下的罚款	

153

序号	违法行为	法律规定	处罚依据
77			
78	危险物品的生产、经营、储存单位以及金属冶炼单位未建立应急救援组织或者生产经营规模较小、未指定兼职应急救援人员的		【部门规章】《安全生产违法行为行政处罚办法》第四十六条第一项：危险物品的生产、经营、储存单位以及矿山、金属冶炼单位有下列行为之一的，责令改正，并可以处1万元以上3万元以下的罚款：（一）未建立应急救援组织或者生产经营规模较小、未指定兼职应急救援人员的；
79	危险物品的生产、经营、储存单位以及金属冶炼单位未配备必要的应急救援器材、设备和物资，并进行经常性维护、保养，保证正常运转的		【部门规章】《安全生产违法行为行政处罚办法》第四十六条第二项：危险物品的生产、经营、储存单位以及矿山、金属冶炼单位有下列行为之一的，责令改正，并可以处1万元以上3万元以下的罚款：（二）未配备必要的应急救援器材、设备和物资，并进行经常性维护、保养，保证正常运转的。

续表

裁量阶次	适用条件	具体标准	备注
	及金属冶炼、建筑施工、运输单位，未落实应急预案规定的应急物资及装备的		
A	生产经营规模较小、未指定兼职应急救援人员的，但与邻近的应急救援队伍签订应急救援协议的	责令改正，可以处1万元以上1.5万元以下的罚款	53
B	生产经营规模较小、未指定兼职应急救援人员的，且未与邻近的应急救援队伍签订应急救援协议的	责令改正，可以处1.5万元以上2万元以下的罚款	
C	未建立应急救援组织的	责令改正，可以处2万元以上3万元以下的罚款	
A	未配备必要的应急救援器材、设备和物资，未进行经常性维护、保养，未保证正常运转，有上述1种情形的	责令改正，可以处1万元以上1.5万元以下的罚款	53
B	未配备必要的应急救援器材、设备和物资，未进行经常性维护、保养，未保证正常运转，有上述2种情形的	责令改正，可以处1.5万元以上2万元以下的罚款	

155

序号	违法行为	法律规定	处罚依据
79			
80	危险化学品、烟花爆竹生产企业和石油天然气企业未取得安全生产许可证擅自进行生产的	1.【行政法规】《安全生产许可证条例》第二条：国家对矿山企业、建筑施工企业和危险化学品、烟花爆竹、民用爆炸物品生产企业（以下统称企业）实行安全生产许可制度。企业未取得安全生产许可证的，不得从事生产活动。 2.【部门规章】《危险化学品生产企业安全生产许可证实施办法》第三条：企业应当依照本办法的规定取得危险化学品安全生产许可证（以下简称安全生产许可证）。未取得安全生产许可证的企业，不得从事危险化学品的生产活动。 3.【部门规章】《烟花爆竹生产企业安全生产许可证实施办法》第三条：企	1.【行政法规】《安全生产许可证条例》第十九条：违反本条例规定，未取得安全生产许可证擅自进行生产的，责令停止生产，没收违法所得，并处10万元以上50万元以下的罚款；造成重大事故或者其他严重后果，构成犯罪的，依法追究刑事责任。 2.【部门规章】《危险化学品生产企业安全生产许可证实施办法》第四十五条第一项：企业有下列情形之一的，责令停止生产危险化学品，没收违法所得，并处10万元以上50万元以下的罚款；构成犯罪的，依法追究刑事责任：（一）未取得安全生产许可证，擅自进行危险化学品生产的； 3.【部门规章】《烟花爆

续表

裁量阶次	适用条件	具体标准	备注
C	未配备必要的应急救援器材、设备和物资,未进行经常性维护、保养,未保证正常运转,有上述3种情形的	责令改正,可以处2万元以上3万元以下的罚款	
A	没有违法所得或违法所得10万元以下的	责令停止生产,没收违法所得,并处10万元以上30万元以下的罚款	
B	违法所得10万元以上30万元以下的	责令停止生产,没收违法所得,并处30万元以上40万元以下的罚款	54
C	违法所得30万元以上的	责令停止生产,没收违法所得,并处40万元以上50万元以下的罚款	

序号	违法行为	法律规定	处罚依据
80		业应当依照本办法的规定取得烟花爆竹安全生产许可证（以下简称安全生产许可证）。未取得安全生产许可证的，不得从事烟花爆竹生产活动。 4.【部门规章】《非煤矿矿山企业安全生产许可证实施办法》第二条：非煤矿矿山企业必须依照本实施办法的规定取得安全生产许可证。未取得安全生产许可证的，不得从事生产活动。	竹生产企业安全生产许可证实施办法》第四十六条第一项：企业有下列行为之一的，责令停止生产，没收违法所得，并处10万元以上50万元以下的罚款：（一）未取得安全生产许可证擅自进行烟花爆竹生产的； 4.【部门规章】《非煤矿矿山企业安全生产许可证实施办法》第四十二条第一项：非煤矿矿山企业有下列行为之一的，责令停止生产，没收违法所得，并处10万元以上50万元以下的罚款：（一）未取得安全生产许可证，擅自进行生产的；
81	危险化学品、烟花爆竹生产企业和石油天然气企业未按规定办理安全生产许可证延期的	1.【行政法规】《安全生产许可证条例》第九条第一款：安全生产许可证的有效期为3年。安全生产许可证有效期满需要延期的，企业应当于期满前3个月向原安全生产许可证颁发管理机关办理延期手续。	1.【行政法规】《安全生产许可证条例》第二十条：违反本条例规定，安全生产许可证有效期满未办理延期手续，继续进行生产的，责令停止生产，限期补办延期手续，没收违法所得，并处5万元以上10万元以下的罚款；逾期仍

续表

裁量阶次	适用条件	具体标准	备注
A	没有违法所得或违法所得5万元以下的	责令停止生产，限期补办延期手续，没收违法所得，并处5万元以上7万元以下的罚款；逾期仍不办理延期手续，继续进行生产的，适用本基准第80项实施处罚	55

序号	违法行为	法律规定	处罚依据
81		2.【部门规章】《危险化学品生产企业安全生产许可证实施办法》第三十三条第一款：安全生产许可证有效期为3年。企业安全生产许可证有效期届满后继续生产危险化学品的，应当在安全生产许可证有效期届满前3个月提出延期申请，并提交延期申请书和本办法第二十五条规定的申请文件、资料。 3.【部门规章】《非煤矿矿山企业安全生产许可证实施办法》第十九条第一款、第二款：安全生产许可证的有效期为3年。安全生产许可证有效期满后需要延期的，非煤矿矿山企业应当在安全生产许可证有效期届满前3个月向原安全生产许可证颁发管理机关申请办理延期手续，并提交下列文件、资料：（一）延期申请书；（二）安全生产许可证正本和副本；（三）本实施办法第二章规定的相应文件、资料。 金属非金属矿山独立生	不办理延期手续，继续进行生产的，依照本条例第十九条的规定处罚。 第十九条：违反本条例规定，未取得安全生产许可证擅自进行生产的，责令停止生产，没收违法所得，并处10万元以上50万元以下的罚款；造成重大事故或者其他严重后果，构成犯罪的，依法追究刑事责任。 2.【部门规章】《危险化学品生产企业安全生产许可证实施办法》第四十六条：企业在安全生产许可证有效期届满未办理延期手续，继续进行生产的，责令停止生产，限期补办延期手续，没收违法所得，并处5万元以上10万元以下的罚款；逾期仍不办理延期手续，继续进行生产的，依照本办法第四十五条的规定进行处罚。 第四十五条第一项：企业有下列情形之一的，责令停止生产危险化学品，没收违法所得，并处10万元以上50万元以下的罚

续表

裁量阶次	适用条件	具体标准	备注
B	违法所得5万元以上10万元以下的	责令停止生产，限期补办延期手续，没收违法所得，并处7万元以上9万元以下的罚款；逾期仍不办理延期手续，继续进行生产的，适用本基准第80项实施处罚	
C	违法所得10万元以上的	责令停止生产，限期补办延期手续，没收违法所得，并处9万元以上10万元以下的罚款；逾期仍不办理延期手续，继续进行生产的，适用本基准第80项实施处罚	

161

序号	违法行为	法律规定	处罚依据
81		产系统和尾矿库，以及石油天然气独立生产系统和作业单位还应当提交由具备相应资质的中介服务机构出具的合格的安全现状评价报告。	款；构成犯罪的，依法追究刑事责任：（一）未取得安全生产许可证，擅自进行危险化学品生产的； 3.【部门规章】《非煤矿矿山企业安全生产许可证实施办法》第四十五条：非煤矿矿山企业在安全生产许可证有效期满未办理延期手续，继续进行生产的，责令停止生产，限期补办延期手续，没收违法所得，并处5万元以上10万元以下的罚款；逾期仍不办理延期手续，继续进行生产的，依照本实施办法第四十二条的规定处罚。 第四十二条第一项：非煤矿矿山企业有下列行为之一的，责令停止生产，没收违法所得，并处10万元以上50万元以下的罚款：（一）未取得安全生产许可证，擅自进行生产的；

续表

裁量阶次	适用条件	具体标准	备注

序号	违法行为	法律规定	处罚依据
82	危险化学品、烟花爆竹生产企业和石油天然气企业转让安全生产许可证的	1.【行政法规】《安全生产许可证条例》第十三条：企业不得转让、冒用安全生产许可证或者使用伪造的安全生产许可证。 2.【部门规章】《危险化学品生产企业安全生产许可证实施办法》第三十六条：企业不得出租、出借、买卖或者以其他形式转让其取得的安全生产许可证，或者冒用他人取得的安全生产许可证、使用伪造的安全生产许可证。 3.【部门规章】《烟花爆竹生产企业安全生产许可证实施办法》第四十条第一款：企业取得安全生产许可证后，不得出租、转让安全生产许可证，不得将企业、生产线或者工（库）房转包、分包给不具备安全生产条件或者相应资质的其他任何单位或者个人，不得多股东各自独立进行烟花爆竹生产活动。 4.【部门规章】《非煤矿矿山企业安全生产许可证实施办法》第二十七条：	1.【行政法规】《安全生产许可证条例》第二十一条第一款：违反本条例规定，转让安全生产许可证的，没收违法所得，处10万元以上50万元以下的罚款，并吊销其安全生产许可证；构成犯罪的，依法追究刑事责任；接受转让的，依照本条例第十九条的规定处罚。 2.【部门规章】《危险化学品生产企业安全生产许可证实施办法》第四十四条：企业出租、出借或者以其他形式转让安全生产许可证的，没收违法所得，处10万元以上50万元以下的罚款，并吊销安全生产许可证；构成犯罪的，依法追究刑事责任。 3.【部门规章】《烟花爆竹生产企业安全生产许可证实施办法》第四十五条第一款第一项、第二款：企业有下列行为之一的，依法吊销其安全生产许可证：（一）出租、转让安全生产许可证的； 企业有前款第一项行为

续表

裁量阶次	适用条件	具体标准	备注
A	接受转让的单位和个人未发生生产安全事故的	没收违法所得，处10万元以上30万元以下的罚款，并吊销其安全生产许可证	
B	接受转让的单位和个人发生生产安全事故但没有造成人员死亡的	没收违法所得，处30万元以上40万元以下的罚款，并吊销其安全生产许可证	57
C	接受转让的单位和个人发生人员死亡生产安全事故的	没收违法所得，处40万元以上50万元以下的罚款，并吊销其安全生产许可证	

序号	违法行为	法律规定	处罚依据
82		非煤矿矿山企业不得转让、冒用、买卖、出租、出借或者使用伪造的安全生产许可证。	的，没收违法所得，并处 10 万元以上 50 万元以下的罚款。 4.【部门规章】《非煤矿矿山企业安全生产许可证实施办法》第四十六条：非煤矿矿山企业转让安全生产许可证的，没收违法所得，并处 10 万元以上 50 万元以下的罚款。 5.【部门规章】《安全生产违法行为行政处罚办法》第四十九条：生产经营单位转让安全生产许可证的，没收违法所得，吊销安全生产许可证，并按照下列规定处以罚款：（一）接受转让的单位和个人未发生生产安全事故的，处 10 万元以上 30 万元以下的罚款；（二）接受转让的单位和个人发生生产安全事故但没有造成人员死亡的，处 30 万元以上 40 万元以下的罚款；（三）接受转让的单位和个人发生人员死亡生产安全事故的，处 40 万元以上 50 万元以下的罚款。

续表

裁量阶次	适用条件	具体标准	备注

序号	违法行为	法律规定	处罚依据
83	危险化学品、烟花爆竹生产企业和石油天然气企业接受转让的安全生产许可证的	1.【行政法规】《安全生产许可证条例》第十三条：企业不得转让、冒用安全生产许可证或者使用伪造的安全生产许可证。 2.【部门规章】《危险化学品生产企业安全生产许可证实施办法》第三十六条：企业不得出租、出借、买卖或者以其他形式转让其取得的安全生产许可证，或者冒用他人取得的安全生产许可证、使用伪造的安全生产许可证。 3.【部门规章】《非煤矿矿山企业安全生产许可证实施办法》第二十七条：非煤矿矿山企业不得转让、冒用、买卖、出租、出借或者使用伪造的安全生产许可证。	1.【行政法规】《安全生产许可证条例》第二十一条第一款：违反本条例规定，转让安全生产许可证的，没收违法所得，处10万元以上50万元以下的罚款，并吊销其安全生产许可证；构成犯罪的，依法追究刑事责任；接受转让的，依照本条例第十九条的规定处罚。 第十九条：违反本条例规定，未取得安全生产许可证擅自进行生产的，责令停止生产，没收违法所得，并处10万元以上50万元以下的罚款；造成重大事故或者其他严重后果，构成犯罪的，依法追究刑事责任。 2.【部门规章】《危险化学品生产企业安全生产许可证实施办法》第四十五条第二项：企业有下列情形之一的，责令停止生产危险化学品，没收违法所得，并处10万元以上50万元以下的罚款；构成犯罪的，依法追究刑事责任：（二）接受转让的安全生产许可证的；

续表

裁量阶次	适用条件	具体标准	备注
A	没有违法所得或违法所得10万元以下的	责令停止生产，没收违法所得，并处10万元以上30万元以下的罚款	
B	违法所得10万元以上30万元以下的	责令停止生产，没收违法所得，并处30万元以上40万元以下的罚款	57
C	违法所得30万元以上的	责令停止生产，没收违法所得，并处40万元以上50万元以下的罚款	

序号	违法行为	法律规定	处罚依据
83			3.【部门规章】《非煤矿矿山企业安全生产许可证实施办法》第四十二条第二项：非煤矿矿山企业有下列行为之一的，责令停止生产，没收违法所得，并处10万元以上50万元以下的罚款：（二）接受转让的安全生产许可证的；
84	危险化学品、烟花爆竹生产企业和石油天然气企业冒用或者使用伪造的安全生产许可证的	1.【行政法规】《安全生产许可证条例》第十三条：企业不得转让、冒用安全生产许可证或者使用伪造的安全生产许可证。 2.【部门规章】《危险化学品生产企业安全生产许可证实施办法》第三十六条：企业不得出租、出借、买卖或者以其他形式转让其取得的安全生产许可证，或者冒用他人取得的安全生产许可证、使用伪造的安全生产许可证。 3.【部门规章】《非煤矿矿山企业安全生产许可证实施办法》第二十七条：非煤矿矿山企业不得转让、冒用、买卖、出租、出借或者使用伪造的安全生产许可证。	1.【行政法规】《安全生产许可证条例》第二十一条第二款：冒用安全生产许可证或者使用伪造的安全生产许可证的，依照本条例第十九条的规定处罚。 第十九条：违反本条例规定，未取得安全生产许可证擅自进行生产的，责令停止生产，没收违法所得，并处10万元以上50万元以下的罚款；造成重大事故或者其他严重后果，构成犯罪的，依法追究刑事责任。 2.【部门规章】《危险化学品生产企业安全生产许可证实施办法》第四十五条第三项：企业有下列情形之一的，责令停止生产危险化学品，没收违法所

续表

裁量阶次	适用条件	具体标准	备注
A	没有违法所得或违法所得10万元以下的	责令停止生产，没收违法所得，并处10万元以上30万元以下的罚款	
B	违法所得10万元以上30万元以下的	责令停止生产，没收违法所得，并处30万元以上40万元以下的罚款	57
C	违法所得30万元以上的	责令停止生产，没收违法所得，并处40万元以上50万元以下的罚款	

序号	违法行为	法律规定	处罚依据
84			得，并处10万元以上50万元以下的罚款；构成犯罪的，依法追究刑事责任：（三）冒用或者使用伪造的安全生产许可证的。 3.【部门规章】《非煤矿矿山企业安全生产许可证实施办法》第四十二条第三项、第四项：非煤矿矿山企业有下列行为之一的，责令停止生产，没收违法所得，并处10万元以上50万元以下的罚款：（三）冒用安全生产许可证的；（四）使用伪造的安全生产许可证的。
85	知道或者应当知道生产经营单位未取得安全生产许可证或者其他批准文件擅自从事生产经营活动，仍为其提供生产经营场所、运输、保管、仓储等条件的		【部门规章】《安全生产违法行为行政处罚办法》第五十条：知道或者应当知道生产经营单位未取得安全生产许可证或者其他批准文件擅自从事生产经营活动，仍为其提供生产经营场所、运输、保管、仓储等条件的，责令立即停止违法行为，有违法所得的，没收违法所得，并处违法所得1倍以上3倍以下的罚款，但是最高不

续表

裁量阶次	适用条件	具体标准	备注
A	没有违法所得的	责令立即停止违法行为，并处5千元以上1万元以下的罚款	59
B	违法所得1万元以下的	责令立即停止违法行为，没收违法所得，并处违法所得1倍以上3倍以下的罚款	
C	违法所得1万元以上的	责令立即停止违法行为，没收违法所得，并处3万元的罚款	

序号	违法行为	法律规定	处罚依据
85			得超过3万元；没有违法所得的，并处5千元以上1万元以下的罚款。
86	生产经营单位及其有关人员弄虚作假，骗取或者勾结、串通行政审批工作人员取得安全生产许可证书及其他批准文件的		【部门规章】《安全生产违法行为行政处罚办法》第五十一条第一款、第二款：生产经营单位及其有关人员弄虚作假，骗取或者勾结、串通行政审批工作人员取得安全生产许可证书及其他批准文件的，撤销许可及批准文件，并按照下列规定处以罚款：（一）生产经营单位有违法所得的，没收违法所得，并处违法所得1倍以上3倍以下的罚款，但是最高不得超过3万元；没有违法所得的，并处5千元以上1万元以下的罚款；（二）对有关人员处1千元以上1万元以下的罚款。有前款规定违法行为的生产经营单位及其有关人员在3年内不得再次申请该行政许可。
87	生产经营单位拒绝、阻碍监督检查的	【法律】《中华人民共和国安全生产法》第六十六条：生产经营单位对负有	【法律】《中华人民共和国安全生产法》第一百零八条：违反本法规定，生

续表

裁量阶次	适用条件	具体标准	备注
A	没有违法所得的	撤销许可及批准文件,并处5千元以上1万元以下的罚款,对有关人员处1千元以上1万元以下的罚款	
B	违法所得1万元以下的	撤销许可及批准文件,没收违法所得,并处违法所得1倍以上3倍以下的罚款,对有关人员处1千元以上1万元以下的罚款	60
C	违法所得1万元以上的	撤销许可及批准文件,没收违法所得,并处3万元的罚款,对有关人员处1千元以上1万元以下的罚款	
A	以不知道、不配合等消极方式拒绝安全生产监督检查人员监督检查的	责令改正;拒不改正的,处2万元以上8万元以下的罚款,对其直接负责的主管人员和其他直	61

175

序号	违法行为	法律规定	处罚依据
87		安全生产监督管理职责的部门的监督检查人员（以下统称安全生产监督检查人员）依法履行监督检查职责，应当予以配合，不得拒绝、阻挠。	产经营单位拒绝、阻碍负有安全生产监督管理职责的部门依法实施监督检查的，责令改正；拒不改正的，处二万元以上二十万元以下的罚款；对其直接负责的主管人员和其他直接责任人员处一万元以上二万元以下的罚款；构成犯罪的，依照刑法有关规定追究刑事责任。
88	生产经营单位的主要负责人不立即组织抢救或者在事故调查处理期间擅离职守或者逃匿的	1.【法律】《中华人民共和国安全生产法》第八十三条：生产经营单位发生生产安全事故后，事故现场有关人员应当立即报告本单位负责人。 单位负责人接到事故报告后，应当迅速采取有效措施，组织抢救，防止事故扩大，减少人员伤亡和财产损失，并按照国家有关规定立即如实报告当地负有安全生产监督管理职	1.【法律】《中华人民共和国安全生产法》第一百一十条第一款：生产经营单位的主要负责人在本单位发生生产安全事故时，不立即组织抢救或者在事故调查处理期间擅离职守或者逃匿的，给予降级、撤职的处分，并由应急管理部门处上一年年收入百分之六十至百分之一百的罚款；对逃匿的处十五日以下拘留；构成犯罪的，

续表

裁量阶次	适用条件	具体标准	备注
		接责任人员处1万元以上2万元以下的罚款	
B	以吵闹、谩骂等主动方式阻碍安全生产监督检查人员监督检查的	责令改正；拒不改正的，处8万元以上14万元以下的罚款，对其直接负责的主管人员和其他直接责任人员处1万元以上2万元以下的罚款	
C	以暴力、威胁的方式阻碍安全生产监督检查人员监督检查的	责令改正；拒不改正的，处14万元以上20万元以下的罚款，对其直接负责的主管人员和其他直接责任人员处1万元以上2万元以下的罚款	
A	不立即组织抢救的	处上一年年收入60%至70%的罚款	
B	在事故调查处理期间擅离职守的或者逃匿的	处上一年年收入70%至80%的罚款	62
C	贻误事故抢救或者造成事故扩大或者影响事故调查或者造成重大社会影响的	处上一年年收入80%至100%的罚款	

177

序号	违法行为	法律规定	处罚依据
88		责的部门，不得隐瞒不报、谎报或者迟报，不得故意破坏事故现场、毁灭有关证据。 2.【行政法规】《生产安全事故报告和调查处理条例》第十四条：事故发生单位负责人接到事故报告后，应当立即启动事故相应应急预案，或者采取有效措施，组织抢救，防止事故扩大，减少人员伤亡和财产损失。 第二十六条第二款：事故发生单位的负责人和有关人员在事故调查期间不得擅离职守，并应当随时接受事故调查组的询问，如实提供有关情况。	依照刑法有关规定追究刑事责任。 2.【行政法规】《生产安全事故报告和调查处理条例》第三十五条第一项、第三项：事故发生单位主要负责人有下列行为之一的，处上一年年收入40%至80%的罚款；属于国家工作人员的，并依法给予处分；构成犯罪的，依法追究刑事责任：（一）不立即组织事故抢救的；（三）在事故调查处理期间擅离职守的。 第三十六条第六项：事故发生单位及其有关人员有下列行为之一的，对事故发生单位处100万元以上500万元以下的罚款；对主要负责人、直接负责的主管人员和其他直接责任人员处上一年年收入60%至100%的罚款；属于国家工作人员的，并依法给予处分；构成违反治安管理行为的，由公安机关依法给予治安管理处罚；构成犯罪的，依法追究刑事责任：（六）事故发生后逃匿的。

续表

裁量阶次	适用条件	具体标准	备注

序号	违法行为	法律规定	处罚依据
88			3.【部门规章】《生产安全事故罚款处罚规定》第十一条第一项：事故发生单位主要负责人有《中华人民共和国安全生产法》第一百一十条、《生产安全事故报告和调查处理条例》第三十五条、第三十六条规定的下列行为之一的，依照下列规定处以罚款：（一）事故发生单位主要负责人在事故发生后不立即组织事故抢救，或者在事故调查处理期间擅离职守，或者瞒报、谎报、迟报事故，或者事故发生后逃匿的，处上一年年收入60%至80%的罚款；贻误事故抢救或者造成事故扩大或者影响事故调查或者造成重大社会影响的，处上一年年收入80%至100%的罚款；
89	生产经营单位的主要负责人对生产安全事故隐瞒不报、谎报或者迟报的	1.【法律】《中华人民共和国安全生产法》第八十三条：生产经营单位发生生产安全事故后，事故现场有关人员应当立即报告本单位负责人。	1.【法律】《中华人民共和国安全生产法》第一百一十条：生产经营单位的主要负责人在本单位发生生产安全事故时，不立即组织抢救或者在事故调查

续表

裁量阶次	适用条件	具体标准	备注
A	迟报生产安全事故的	处上一年年收入60%以上70%以下的罚款	62
B	隐瞒不报、谎报生产安全事故的	处上一年年收入70%以上80%以下的罚款	

181

序号	违法行为	法律规定	处罚依据
89		单位负责人接到事故报告后，应当迅速采取有效措施，组织抢救，防止事故扩大，减少人员伤亡和财产损失，并按照国家有关规定立即如实报告当地负有安全生产监督管理职责的部门，不得隐瞒不报、谎报或者迟报，不得故意破坏事故现场、毁灭有关证据。 2.【行政法规】《生产安全事故报告和调查处理条例》第四条第一款：事故报告应当及时、准确、完整，任何单位和个人对事故不得迟报、漏报、谎报或者瞒报。	处理期间擅离职守或者逃匿的，给予降级、撤职的处分，并由应急管理部门处上一年年收入百分之六十至百分之一百的罚款；对逃匿的处十五日以下拘留；构成犯罪的，依照刑法有关规定追究刑事责任。 生产经营单位的主要负责人对生产安全事故隐瞒不报、谎报或者迟报的，依照前款规定处罚。 2.【行政法规】《生产安全事故报告和调查处理条例》第三十五条第二项：事故发生单位主要负责人有下列行为之一的，处上一年年收入40%至80%的罚款；属于国家工作人员的，并依法给予处分；构成犯罪的，依法追究刑事责任：（二）迟报或者漏报事故的； 第三十六条第一项：事故发生单位及其有关人员有下列行为之一的，对事故发生单位处100万元以上500万元以下的罚款；对主要负责人、直接负责的主管人员和其他直接责

续表

裁量阶次	适用条件	具体标准	备注
C	贻误事故抢救或者造成事故扩大或者影响事故调查或者造成重大社会影响的	处上一年年收入80%以上100%以下的罚款	

序号	违法行为	法律规定	处罚依据
89			任人员处上一年年收入60%至100%的罚款；属于国家工作人员的，并依法给予处分；构成违反治安管理行为的，由公安机关依法给予治安管理处罚；构成犯罪的，依法追究刑事责任： （一）谎报或者瞒报事故的； 3.【部门规章】《生产安全事故罚款处罚规定》第十一条第一项：事故发生单位主要负责人有《中华人民共和国安全生产法》第一百一十条、《生产安全事故报告和调查处理条例》第三十五条、第三十六条规定的下列行为之一的，依照下列规定处以罚款： （一）事故发生单位主要负责人在事故发生后不立即组织事故抢救，或者在事故调查处理期间擅离职守，或者瞒报、谎报、迟报事故，或者事故发生后逃匿的，处上一年年收入60%至80%的罚款；贻误事故抢救或者造成事故扩大或者影响事故调查或者

续表

裁量阶次	适用条件	具体标准	备注

序号	违法行为	法律规定	处罚依据
89			造成重大社会影响的，处上一年年收入80%至100%的罚款；
90	事故发生单位主要负责人漏报事故的	【行政法规】《生产安全事故报告和调查处理条例》第四条第一款：事故报告应当及时、准确、完整，任何单位和个人对事故不得迟报、漏报、谎报或者瞒报。	1.【行政法规】《生产安全事故报告和调查处理条例》第三十五条第二项：事故发生单位主要负责人有下列行为之一的，处上一年年收入40%至80%的罚款；属于国家工作人员的，并依法给予处分；构成犯罪的，依法追究刑事责任：（二）迟报或者漏报事故的； 2.【部门规章】《生产安全事故罚款处罚规定》第十一条第二项：事故发生单位主要负责人有《中华人民共和国安全生产法》第一百一十条、《生产安全事故报告和调查处理条例》第三十五条、第三十六条规定的下列行为之一的，依照下列规定处以罚款：（二）事故发生单位主要负责人漏报事故的，处上一年年收入40%至60%的罚款；贻误事故抢救或者造成事故扩大或者影响事

续表

裁量阶次	适用条件	具体标准	备注
A	事故发生单位主要负责人漏报事故的	处上一年年收入40%至60%的罚款	
B	贻误事故抢救或者影响事故调查的	处上一年年收入60%至70%的罚款	63
C	造成事故扩大或者造成重大社会影响的	处上一年年收入70%至80%的罚款	

序号	违法行为	法律规定	处罚依据
90			故调查或者造成重大社会影响的，处上一年年收入60%至80%的罚款；
91	事故发生单位主要负责人伪造、故意破坏事故现场，或者转移、隐匿资金、财产、销毁有关证据、资料，或者拒绝接受调查，或者拒绝提供有关情况和资料，或者在事故调查中作伪证，或者指使他人作伪证的	【行政法规】《生产安全事故报告和调查处理条例》第十六条：事故发生后，有关单位和人员应当妥善保护事故现场以及相关证据，任何单位和个人不得破坏事故现场、毁灭相关证据。因抢救人员、防止事故扩大以及疏通交通等原因，需要移动事故现场物件的，应当做出标志，绘制现场简图并做出书面记录，妥善保存现场重要痕迹、物证。第二十六条第一款、第二款：事故调查组有权向有关单位和个人了解与事故有关的情况，并要求其提供相关文件、资料，有关单位和个人不得拒绝。事故发生单位的负责人和有关人员在事故调查期间不得擅离职守，并应当随时接受事故调查组的询问，如实提供有关情况。	1.【行政法规】《生产安全事故报告和调查处理条例》第三十六条第二项至第五项：事故发生单位及其有关人员有下列行为之一的，对事故发生单位处100万元以上500万元以下的罚款；对主要负责人、直接负责的主管人员和其他直接责任人员处上一年年收入60%至100%的罚款；属于国家工作人员的，并依法给予处分；构成违反治安管理行为的，由公安机关依法给予治安管理处罚；构成犯罪的，依法追究刑事责任：（二）伪造或者故意破坏事故现场的；（三）转移、隐匿资金、财产，或者销毁有关证据、资料的；（四）拒绝接受调查或者拒绝提供有关情况和资料的；（五）在事故调查中作伪证或者指使他人作伪证的； 2.【部门规章】《生产安

续表

裁量阶次	适用条件	具体标准	备注
A	伪造、故意破坏事故现场，或者转移、隐匿资金、财产、销毁有关证据、资料，或者拒绝接受调查，或者拒绝提供有关情况和资料，或者在事故调查中作伪证，或者指使他人作伪证的	处上一年年收入60%至80%的罚款	
B	贻误事故抢救或者影响事故调查的	处上一年年收入80%至90%的罚款	
C	造成事故扩大或者造成重大社会影响的	处上一年年收入90%至100%的罚款	

序号	违法行为	法律规定	处罚依据
91			全事故罚款处罚规定》第十一条第三项：事故发生单位主要负责人有《中华人民共和国安全生产法》第一百一十条、《生产安全事故报告和调查处理条例》第三十五条、第三十六条规定的下列行为之一的，依照下列规定处以罚款：（三）事故发生单位主要负责人伪造、故意破坏事故现场，或者转移、隐匿资金、财产、销毁有关证据、资料，或者拒绝接受调查，或者拒绝提供有关情况和资料，或者在事故调查中作伪证，或者指使他人作伪证的，处上一年年收入60%至80%的罚款；贻误事故抢救或者造成事故扩大或影响事故调查或者造成重大社会影响的，处上一年年收入80%至100%的罚款。
92	事故发生单位直接负责的主管人员和其他直接责任人员有《生产安全事故报告	1.【法律】《中华人民共和国安全生产法》第八十三条第一款：生产经营单位发生生产安全事故后，事故现场有关人员应当立即报告本单位负责人。	1.【行政法规】《生产安全事故报告和调查处理条例》第三十六条：事故发生单位及其有关人员有下列行为之一的，对事故发生单位处100万元以上500

190

续表

裁量阶次	适用条件	具体标准	备注
A	有《生产安全事故报告和调查处理条例》第三十六条规定的行为之一的	处上一年年收入60%至80%的罚款	
B	贻误事故抢救或者影响事故调查的	处上一年年收入80%至90%的罚款	

序号	违法行为	法律规定	处罚依据
92	和调查处理条例》第三十六条规定的行为之一的	2.【行政法规】《生产安全事故报告和调查处理条例》第四条第一款：事故报告应当及时、准确、完整，任何单位和个人对事故不得迟报、漏报、谎报或者瞒报。 第十六条：事故发生后，有关单位和人员应当妥善保护事故现场以及相关证据，任何单位和个人不得破坏事故现场、毁灭相关证据。 因抢救人员、防止事故扩大以及疏通交通等原因，需要移动事故现场物件的，应当做出标志，绘制现场简图并做出书面记录，妥善保存现场重要痕迹、物证。 第二十六条第一款、第二款：事故调查组有权向有关单位和个人了解与事故有关的情况，并要求其提供相关文件、资料，有关单位和个人不得拒绝。 事故发生单位的负责人和有关人员在事故调查期间不得擅离职守，并应当随时接受事故调查组的询问，如实提供有关情况。	万元以下的罚款；对主要负责人、直接负责的主管人员和其他直接责任人员处上一年年收入60%至100%的罚款；属于国家工作人员的，并依法给予处分；构成违反治安管理行为的，由公安机关依法给予治安管理处罚；构成犯罪的，依法追究刑事责任： （一）谎报或者瞒报事故的；（二）伪造或者故意破坏事故现场的；（三）转移、隐匿资金、财产，或者销毁有关证据、资料的；（四）拒绝接受调查或者拒绝提供有关情况和资料的；（五）在事故调查中作伪证或者指使他人作伪证的；（六）事故发生后逃匿的。 2.【部门规章】《生产安全事故罚款处罚规定》第十二条：事故发生单位直接负责的主管人员和其他直接责任人员有《生产安全事故报告和调查处理条例》第三十六条规定的行为之一的，处上一年年收入60%至80%的罚款；贻误事故抢救或者造成事故

续表

裁量阶次	适用条件	具体标准	备注
C	造成事故扩大或者造成重大社会影响的	处上一年年收入90%至100%的罚款	

序号	违法行为	法律规定	处罚依据
92			扩大或者影响事故调查或者造成重大社会影响的，处上一年年收入80%至100%的罚款。
93	事故发生单位有《生产安全事故报告和调查处理条例》第三十六条第一项至第五项规定的行为之一的	【行政法规】《生产安全事故报告和调查处理条例》第四条第一款：事故报告应当及时、准确、完整，任何单位和个人对事故不得迟报、漏报、谎报或者瞒报。 第十六条：事故发生后，有关单位和人员应当妥善保护事故现场以及相关证据，任何单位和个人不得破坏事故现场、毁灭相关证据。 因抢救人员、防止事故扩大以及疏通交通等原因，需要移动事故现场物件的，应当做出标志，绘制现场简图并做出书面记录，妥善保存现场重要痕迹、物证。 第二十六条第一款：事故调查组有权向有关单位和个人了解与事故有关的情况，并要求其提供相关文件、资料，有关单位和个人不得拒绝。	1.【行政法规】《生产安全事故报告和调查处理条例》第三十六条第一项至第五项：事故发生单位及其有关人员有下列行为之一的，对事故发生单位处100万元以上500万元以下的罚款；对主要负责人、直接负责的主管人员和其他直接责任人员处上一年年收入60%至100%的罚款；属于国家工作人员的，并依法给予处分；构成违反治安管理行为的，由公安机关依法给予治安管理处罚；构成犯罪的，依法追究刑事责任：（一）谎报或者瞒报事故的；（二）伪造或者故意破坏事故现场的；（三）转移、隐匿资金、财产，或者销毁有关证据、资料的；（四）拒绝接受调查或者拒绝提供有关情况和资料的；（五）在事故调查中作伪证

续表

裁量阶次	适用条件	具体标准	备注
A	发生一般事故的	对事故发生单位处100万元以上150万元以下的罚款；导致贻误事故抢救或者造成事故扩大或者影响事故调查或者造成重大社会影响的，对事故发生单位处300万元以上350万元以下的罚款	
B	发生较大事故的	对事故发生单位处150万元以上200万元以下的罚款；导致贻误事故抢救或者造成事故扩大或者影响事故调查或者造成重大社会影响的，对事故发生单位处350万元以上400万元以下的罚款	
C	发生重大事故的	对事故发生单位处200万元以上250万元以下的罚款；导致贻误事故抢救或者造成事故扩大或者影响事故调查或者造成重大社会影响的，对事故发生单位处400万元以上450万元以下的罚款	

序号	违法行为	法律规定	处罚依据
93			或者指使他人作伪证的； 2.【部门规章】《生产安全事故罚款处罚规定》第十三条：事故发生单位有《生产安全事故报告和调查处理条例》第三十六条第一项至第五项规定的行为之一的，依照下列规定处以罚款：（一）发生一般事故的，处100万元以上150万元以下的罚款；（二）发生较大事故的，处150万元以上200万元以下的罚款；（三）发生重大事故的，处200万元以上250万元以下的罚款；（四）发生特别重大事故的，处250万元以上300万元以下的罚款。 事故发生单位有《生产安全事故报告和调查处理条例》第三十六条第一项至第五项规定的行为之一的，贻误事故抢救或者造成事故扩大或者影响事故调查或者造成重大社会影响的，依照下列规定处以罚款：（一）发生一般事故的，处300万元以上350万元以下的罚款；（二）发生较大事故的，处350

续表

裁量阶次	适用条件	具体标准	备注
D	发生特别重大事故的	对事故发生单位处250万元以上300万元以下的罚款；导致贻误事故抢救或者造成事故扩大或者影响事故调查或者造成重大社会影响的，对事故发生单位处450万元以上500万元以下的罚款	

197

序号	违法行为	法律规定	处罚依据
93			万元以上400万元以下的罚款;(三)发生重大事故的,处400万元以上450万元以下的罚款;(四)发生特别重大事故的,处450万元以上500万元以下的罚款。
94	生产经营单位的主要负责人未履行《中华人民共和国安全生产法》规定的安全生产管理职责,导致发生生产安全事故的	【法律】《中华人民共和国安全生产法》第二十一条:生产经营单位的主要负责人对本单位安全生产工作负有下列职责:(一)建立健全并落实本单位全员安全生产责任制,加强安全生产标准化建设;(二)组织制定并实施本单位安全生产规章制度和操作规程;(三)组织制定并实施本单位安全生产教育和培训计划;(四)保证本单位安全生产投入的有效实施;(五)组织建立并落实安全风险分级管控和隐患排查治理双重预防工作机制,督促、检查本单位的安全生产工作,及时消除生产安全事故隐患;(六)组织制定并实施本单位的生产安全事故	1.【法律】《中华人民共和国安全生产法》第九十五条:生产经营单位的主要负责人未履行本法规定的安全生产管理职责,导致发生生产安全事故的,由应急管理部门依照下列规定处以罚款:(一)发生一般事故的,处上一年年收入百分之四十的罚款;(二)发生较大事故的,处上一年年收入百分之六十的罚款;(三)发生重大事故的,处上一年年收入百分之八十的罚款;(四)发生特别重大事故的,处上一年年收入百分之一百的罚款。 2.【部门规章】《生产安全事故罚款处罚规定》第十九条:事故发生单位主要负责人未依法履行安全

续表

裁量阶次	适用条件	具体标准	备注
A	导致发生一般事故的	处上一年年收入40%的罚款	
B	导致发生较大事故的	处上一年年收入60%的罚款	65
C	导致发生重大事故的	处上一年年收入80%的罚款	
D	导致发生特别重大事故的	处上一年年收入100%的罚款	

序号	违法行为	法律规定	处罚依据
94		应急救援预案；（七）及时、如实报告生产安全事故。	生产管理职责，导致事故发生的，依照下列规定处以罚款：（一）发生一般事故的，处上一年年收入40%的罚款；（二）发生较大事故的，处上一年年收入60%的罚款；（三）发生重大事故的，处上一年年收入80%的罚款；（四）发生特别重大事故的，处上一年年收入100%的罚款。
95	生产经营单位对一般生产安全事故发生负有责任的		1.【法律】《中华人民共和国安全生产法》第一百一十四条第一款第一项、第二款：发生生产安全事故，对负有责任的生产经营单位除要求其依法承担相应的赔偿等责任外，由应急管理部门依照下列规定处以罚款：（一）发生一般事故的，处三十万元以上一百万元以下的罚款；发生生产安全事故，情节特别严重、影响特别恶劣的，应急管理部门可以按照前款罚款数额的二倍以上五倍以下对负有责任的生产经营单位处以罚款。

续表

裁量阶次	适用条件	具体标准	备注
A	造成3人以下重伤（包括急性工业中毒，下同），或者300万元以下直接经济损失的	处30万元以上50万元以下的罚款；情节特别严重、影响特别恶劣的，可以按照上述罚款数额的二倍以上五倍以下对负有责任的生产经营单位处以罚款	
B	造成1人死亡，或者3人以上6人以下重伤，或者300万元以上500万元以下直接经济损失的	处50万元以上70万元以下的罚款；情节特别严重、影响特别恶劣的，可以按照上述罚款数额的二倍以上五倍以下对负有责任的生产经营单位处以罚款	66
C	造成2人死亡，或者6人以上10人以下重伤，或者500万元以上1000万元以下直接经济损失的	处70万元以上100万元以下的罚款；情节特别严重、影响特别恶劣的，可以按照上述罚款数额的二倍以上五倍以下对负有责任的生产经营单位处以罚款	

序号	违法行为	法律规定	处罚依据
95			2.【部门规章】《生产安全事故罚款处罚规定》第十四条：事故发生单位对一般事故负有责任的，依照下列规定处以罚款：（一）造成3人以下重伤（包括急性工业中毒，下同），或者300万元以下直接经济损失的，处30万元以上50万元以下的罚款；（二）造成1人死亡，或者3人以上6人以下重伤，或者300万元以上500万元以下直接经济损失的，处50万元以上70万元以下的罚款；（三）造成2人死亡，或者6人以上10人以下重伤，或者500万元以上1000万元以下直接经济损失的，处70万元以上100万元以下的罚款。
96	生产经营单位对较大生产安全事故发生负有责任的		1.【法律】《中华人民共和国安全生产法》第一百一十四条第一款第二项、第二款：发生生产安全事故，对负有责任的生产经营单位除要求其依法承担相应的赔偿等责任外，由

续表

裁量阶次	适用条件	具体标准	备注
A	造成3人以上5人以下死亡，或者10人以上20人以下重伤，或者1000万元以上2000万元以下直接经济损失的	处100万元以上120万元以下的罚款；情节特别严重、影响特别恶劣的，可以按照上述罚款数额的二倍以上五倍以下对负有责任的生产经营单位处以罚款	66

序号	违法行为	法律规定	处罚依据
96			应急管理部门依照下列规定处以罚款：（二）发生较大事故的，处一百万元以上二百万元以下的罚款； 发生生产安全事故，情节特别严重、影响特别恶劣的，应急管理部门可以按照前款罚款数额的二倍以上五倍以下对负有责任的生产经营单位处以罚款。 2.【部门规章】《生产安全事故罚款处罚规定》第十五条：事故发生单位对较大事故发生负有责任的，依照下列规定处以罚款：（一）造成3人以上5人以下死亡，或者10人以上20人以下重伤，或者1000万元以上2000万元以下直接经济损失的，处100万元以上120万元以下的罚款；（二）造成5人以上7人以下死亡，或者20人以上30人以下重伤，或者2000万元以上3000万元以下直接经济损失的，处120万元以上150万元以下的罚款；（三）造成7人以上10人以下死亡，或者30人以上50人以下重伤，或者3000万元以上5000万元以下直

续表

裁量阶次	适用条件	具体标准	备注
B	造成5人以上7人以下死亡，或者20人以上30人以下重伤，或者2000万元以上3000万元以下直接经济损失的	处120万元以上150万元以下的罚款；情节特别严重、影响特别恶劣的，可以按照上述罚款数额的二倍以上五倍以下对负有责任的生产经营单位处以罚款	
C	造成7人以上10人以下死亡，或者30人以上50人以下重伤，或者3000万元以上5000万元以下直接经济损失的	处150万元以上200万元以下的罚款；情节特别严重、影响特别恶劣的，可以按照上述罚款数额的二倍以上五倍以下对负有责任的生产经营单位处以罚款	

序号	违法行为	法律规定	处罚依据
96			接经济损失的，处 150 万元以上 200 万元以下的罚款。
97	生产经营单位对重大生产安全事故发生负有责任的		1.【法律】《中华人民共和国安全生产法》第一百一十四条第一款第三项、第二款：发生生产安全事故，对负有责任的生产经营单位除要求其依法承担相应的赔偿等责任外，由应急管理部门依照下列规定处以罚款：（三）发生重大事故的，处二百万元以上一千万元以下的罚款； 发生生产安全事故，情节特别严重、影响特别恶劣的，应急管理部门可以按照前款罚款数额的二倍以上五倍以下对负有责任的生产经营单位处以罚款。 2.【部门规章】《生产安全事故罚款处罚规定》第十六条：事故发生单位对重大事故发生负有责任的，依照下列规定处以罚款：（一）造成 10 人以上 13 人以下死亡，或者 50 人以上 60 人以下重伤，或者 5000 万元以上 6000 万元以下直

续表

裁量阶次	适用条件	具体标准	备注
A	造成10人以上13人以下死亡，或者50人以上60人以下重伤，或者5000万元以上6000万元以下直接经济损失的	处200万元以上400万元以下的罚款；情节特别严重、影响特别恶劣的，可以按照上述罚款数额的二倍以上五倍以下对负有责任的生产经营单位处以罚款	
B	造成13人以上15人以下死亡，或者60人以上70人以下重伤，或者6000万元以上7000万元以下直接经济损失的	处400万元以上600万元以下的罚款；情节特别严重、影响特别恶劣的，可以按照上述罚款数额的二倍以上五倍以下对负有责任的生产经营单位处以罚款	66
C	造成15人以上30人以下死亡，或者70人以上100人以下重伤，或者7000万元以上1亿元以下直接经济损失的	处600万元以上1000万元以下的罚款；情节特别严重、影响特别恶劣的，可以按照上述罚款数额的二倍以上五倍以下对负有责任的生产经营单位处以罚款	

序号	违法行为	法律规定	处罚依据
97			接经济损失的，处200万元以上400万元以下的罚款；（二）造成13人以上15人以下死亡，或者60人以上70人以下重伤，或者6000万元以上7000万元以下直接经济损失的，处400万元以上600万元以下的罚款；（三）造成15人以上30人以下死亡，或者70人以上100人以下重伤，或者7000万元以上1亿元以下直接经济损失的，处600万元以上1000万元以下的罚款。
98	生产经营单位对特别重大生产安全事故发生负有责任的		1.【法律】《中华人民共和国安全生产法》第一百一十四条第一款第四项、第二款：发生生产安全事故，对负有责任的生产经营单位除要求其依法承担相应的赔偿等责任外，由应急管理部门依照下列规定处以罚款：（四）发生特别重大事故的，处一千万元以上二千万元以下的罚款。 发生生产安全事故，情节特别严重、影响特别恶

续表

裁量阶次	适用条件	具体标准	备注
A	造成30人以上40人以下死亡，或者100人以上120人以下重伤，或者1亿元以上1.5亿元以下直接经济损失的	处1000万元以上1200万元以下的罚款；情节特别严重、影响特别恶劣的，可以按照上述罚款数额的二倍以上五倍以下对负有责任的生产经营单位处以罚款	66
B	造成40人以上50人以下死亡，或者120人以上150人以下重伤，或者1.5亿元以上2亿元以下直接经济损失的	处1200万元以上1500万元以下的罚款；情节特别严重、影响特别恶劣的，可以按照上述罚款数额的二倍以上五倍以下对负有责任的生产经营单位处以罚款	

序号	违法行为	法律规定	处罚依据
98			劣的，应急管理部门可以按照前款罚款数额的二倍以上五倍以下对负有责任的生产经营单位处以罚款。 2.【部门规章】《生产安全事故罚款处罚规定》第十七条：事故发生单位对特别重大事故发生负有责任的，依照下列规定处以罚款：（一）造成30人以上40人以下死亡，或者100人以上120人以下重伤，或者1亿元以上1.5亿元以下直接经济损失的，处1000万元以上1200万元以下的罚款；（二）造成40人以上50人以下死亡，或者120人以上150人以下重伤，或者1.5亿元以上2亿元以下直接经济损失的，处1200万元以上1500万元以下的罚款；（三）造成50人以上死亡，或者150人以上重伤，或者2亿元以上直接经济损失的，处1500万元以上2000万元以下的罚款。
99	生产经营单位迟报、漏报、谎报或者瞒报较大涉险事故的	【部门规章】《生产安全事故信息报告和处置办法》第六条第一款：生产经营单位发生生产安全事故或者较大涉险事故，其	【部门规章】《生产安全事故信息报告和处置办法》第二十五条：生产经营单位对较大涉险事故迟报、漏报、谎报或者瞒报的，

续表

裁量阶次	适用条件	具体标准	备注
C	造成50人以上死亡,或者150人以上重伤,或者2亿元以上直接经济损失的	处1500万元以上2000万元以下的罚款;情节特别严重、影响特别恶劣的,可以按照上述罚款数额的二倍以上五倍以下对负有责任的生产经营单位处以罚款	
A	生产经营单位漏报较大涉险事故的	给予警告,并处1万元以下的罚款	67
B	生产经营单位迟报较大涉险事故的	给予警告,并处1万元以上2万元以下的罚款	

序号	违法行为	法律规定	处罚依据
99		单位负责人接到事故信息报告后应当于1小时内报告事故发生地县级安全生产监督管理部门、煤矿安全监察分局。	给予警告,并处3万元以下的罚款。
100	危险化学品生产企业未按规定时限提出安全生产许可证变更申请的	【部门规章】《危险化学品生产企业安全生产许可证实施办法》第三十条:企业在安全生产许可证有效期内变更主要负责人、企业名称或者注册地址的,应当自工商营业执照或者隶属关系变更之日起10个工作日内向实施机关提出变更申请,并提交下列文件、资料:(一)变更后的工商营业执照副本复制件;(二)变更主要负责人的,还应当提供主要负责人经安全生产监督管理部门考核合格后颁发的安全合格证复制件;(三)变更注册地址的,还应当提供相关证明材料。 对已经受理的变更申请,实施机关应当在对企业提交的文件、资料审查无误后,方可办理安全生产许可证变更手续。 企业在安全生产许可证有效期内变更隶属关系的,仅需提交隶属关系变更证	【部门规章】《危险化学品生产企业安全生产许可证实施办法》第四十七条:企业在安全生产许可证有效期内主要负责人、企业名称、注册地址、隶属关系发生变更或者新增产品、改变工艺技术对企业安全生产产生重大影响,未按照本办法第三十条规定的时限提出安全生产许可证变更申请的,责令限期申请,处1万元以上3万元以下的罚款。

212

续表

裁量阶次	适用条件	具体标准	备注
C	生产经营单位谎报、瞒报较大涉险事故的	给予警告,并处2万元以上3万元以下的罚款	
A	超出规定时限10日以内的	责令限期申请,处1万元以上1.5万元以下的罚款	
B	超出规定时限10日以上20日以内的	责令限期申请,处1.5万元以上2万元以下的罚款	73
C	超出规定时限20日以上的	责令限期申请,处2万元以上3万元以下的罚款	

序号	违法行为	法律规定	处罚依据
100		明材料报实施机关备案。第三十一条：企业在安全生产许可证有效期内，当原生产装置新增产品或者改变工艺技术对企业的安全生产产生重大影响时，应当对该生产装置或者工艺技术进行专项安全评价，并对安全评价报告中提出的问题进行整改；在整改完成后，向原实施机关提出变更申请，提交安全评价报告。实施机关按照本办法第三十条的规定办理变更手续。	
101	危险化学品生产企业未按规定时限提出安全生产许可证变更申请并且擅自投入运行的	【部门规章】《危险化学品生产企业安全生产许可证实施办法》第三十二条：企业在安全生产许可证有效期内，有危险化学品新建、改建、扩建建设项目（以下简称建设项目）的，应当在建设项目安全设施竣工验收合格之日起10个工作日内向原实施机关提出变更申请，并提交建设项目安全设施竣工验收报告等相关文件、资料。实施机关按照本办法第二十七条、第二十八条和第二十九条的规定办理变更手续。	【部门规章】《危险化学品生产企业安全生产许可证实施办法》第四十八条：企业在安全生产许可证有效期内，其危险化学品建设项目安全设施竣工验收合格后，未按照本办法第三十二条规定的时限提出安全生产许可证变更申请并且擅自投入运行的，责令停止生产，限期申请，没收违法所得，并处1万元以上3万元以下的罚款。

214

续表

裁量阶次	适用条件	具体标准	备注
A	超出规定时限10日以内的	责令停止生产，限期申请，没收违法所得，并处1万元以上1.5万元以下的罚款	
B	超出规定时限10日以上20日以内的	责令停止生产，限期申请，没收违法所得，并处1.5万元以上2万元以下的罚款	73
C	超出规定时限20日以上的	责令停止生产，限期申请，没收违法所得，并处2万元以上3万元以下的罚款	

序号	违法行为	法律规定	处罚依据
102	未取得危险化学品经营许可证从事危险化学品经营的	1.【法律】《中华人民共和国安全生产法》第三十九条第一款：生产、经营、运输、储存、使用危险物品或者处置废弃危险物品的，由有关主管部门依照有关法律、法规的规定和国家标准或者行业标准审批并实施监督管理。 2.【行政法规】《危险化学品安全管理条例》第三十三条第一款：国家对危险化学品经营（包括仓储经营，下同）实行许可制度。未经许可，任何单位和个人不得经营危险化学品。 3.【部门规章】《危险化学品经营许可证管理办法》第三条第一款：国家对危险化学品经营实行许可制度。经营危险化学品的企业，应当依照本办法取得危险化学品经营许可证（以下简称经营许可证）。未取得经营许可证，任何单位和个人不得经营危险化学品。	1.【法律】《中华人民共和国安全生产法》第一百条：未经依法批准，擅自生产、经营、运输、储存、使用危险物品或者处置废弃危险物品的，依照有关危险物品安全管理的法律、行政法规的规定予以处罚；构成犯罪的，依照刑法有关规定追究刑事责任。 2.【行政法规】《危险化学品安全管理条例》第七十七条第三款：违反本条例规定，未取得危险化学品经营许可证从事危险化学品经营的，由安全生产监督管理部门责令停止经营活动，没收违法经营的危险化学品以及违法所得，并处10万元以上20万元以下的罚款；构成犯罪的，依法追究刑事责任。 3.【部门规章】《危险化学品经营许可证管理办法》第二十九条第一款：未取得经营许可证从事危险化学品经营的，依照《中华人民共和国安全生产法》有关未经依法批准擅自生产、经营、储存危险物品

续表

裁量阶次	适用条件	具体标准	备注
A	没有违法所得或违法所得10万元以下的	责令停止经营活动，没收违法经营的危险化学品以及违法所得，并处10万元以上13万元以下的罚款	
B	违法所得10万元以上30万元以下的	责令停止经营活动，没收违法经营的危险化学品以及违法所得，并处13万元以上17万元以下的罚款	74
C	违法所得30万元以上的	责令停止经营活动，没收违法经营的危险化学品以及违法所得，并处17万元以上20万元以下的罚款	

序号	违法行为	法律规定	处罚依据
102			的法律责任条款并处罚款；构成犯罪的，依法追究刑事责任。
103	危险化学品经营企业在经营许可证有效期届满后仍然从事危险化学品经营的	1.【法律】《中华人民共和国安全生产法》第三十九条第一款：生产、经营、运输、储存、使用危险物品或者处置废弃危险物品的，由有关主管部门依照有关法律、法规的规定和国家标准或者行业标准审批并实施监督管理。 2.【部门规章】《危险化学品经营许可证管理办法》第十八条第一款：经营许可证的有效期为3年。有效期满后，企业需要继续从事危险化学品经营活动的，应当在经营许可证有效期满3个月前，向本办法第五条规定的发证机关提出经营许可证的延期申请，并提交延期申请书及本办法第九条规定的申请文件、资料。	1.【法律】《中华人民共和国安全生产法》第一百条：未经依法批准，擅自生产、经营、运输、储存、使用危险物品或者处置废弃危险物品的，依照有关危险物品安全管理的法律、行政法规的规定予以处罚；构成犯罪的，依照刑法有关规定追究刑事责任。 2.【行政法规】《危险化学品安全管理条例》第七十七条第三款：违反本条例规定，未取得危险化学品经营许可证从事危险化学品经营的，由安全生产监督管理部门责令停止经营活动，没收违法经营的危险化学品以及违法所得，并处10万元以上20万元以下的罚款；构成犯罪的，依法追究刑事责任。 3.【部门规章】《危险化学品经营许可证管理办法》第二十九条：未取得经营许可证从事危险化学品经

续表

裁量阶次	适用条件	具体标准	备注
A	没有违法所得或违法所得10万元以下的	责令停止经营活动，没收违法经营的危险化学品以及违法所得，并处10万元以上13万元以下的罚款	
B	违法所得10万元以上30万元以下的	责令停止经营活动，没收违法经营的危险化学品以及违法所得，并处13万元以上17万元以下的罚款	75
C	违法所得30万元以上的	责令停止经营活动，没收违法经营的危险化学品以及违法所得，并处17万元以上20万元以下的罚款	

序号	违法行为	法律规定	处罚依据
103			营的,依照《中华人民共和国安全生产法》有关未经依法批准擅自生产、经营、储存危险物品的法律责任条款并处罚款;构成犯罪的,依法追究刑事责任。 企业在经营许可证有效期届满后,仍然从事危险化学品经营的,依照前款规定给予处罚。
104	危险化学品经营企业未按规定办理经营许可证变更的	【部门规章】《危险化学品经营许可证管理办法》第十四条:已经取得经营许可证的企业变更企业名称、主要负责人、注册地址或者危险化学品储存设施及其监控措施的,应当自变更之日起20个工作日内,向本办法第五条规定的发证机关提出书面变更申请,并提交下列文件、资料:(一)经营许可证变更申请书;(二)变更后的工商营业执照副本(复制件);(三)变更后的主要负责人安全资格证书(复制件);(四)变更注册地址的相关证明材料;(五)变更后的危险化学	【部门规章】《危险化学品经营许可证管理办法》第三十三条:已经取得经营许可证的企业出现本办法第十四条、第十六条规定的情形之一,未依照本办法的规定申请变更的,责令限期改正,处1万元以下的罚款;逾期仍不申请变更的,处1万元以上3万元以下的罚款。

续表

裁量阶次	适用条件	具体标准	备注
A	超出规定时限 10 日以内的	责令限期改正,处 1 万元以下的罚款;逾期仍不申请变更的,处 1 万元以上 1.5 万元以下的罚款	
B	超出规定时限 10 日以上 20 日以内的	责令限期改正,处 1 万元以下的罚款;逾期仍不申请变更的,处 1.5 万元以上 2 万元以下的罚款	76
C	超出规定时限 20 日以上的	责令限期改正,处 1 万元以下的罚款;逾期仍不申请变更的,处 2 万元以上 3 万元以下的罚款	

序号	违法行为	法律规定	处罚依据
104		品储存设施及其监控措施的专项安全评价报告。 第十六条：已经取得经营许可证的企业有新建、改建、扩建危险化学品储存设施建设项目的，应当自建设项目安全设施竣工验收合格之日起20个工作日内，向本办法第五条规定的发证机关提出变更申请，并提交危险化学品建设项目安全设施竣工验收报告等相关文件、资料。发证机关应当按照本办法第十条、第十五条的规定进行审查，办理变更手续。	
105	伪造、变造或者出租、出借、转让经营许可证，或者使用伪造、变造的经营许可证的	【部门规章】《危险化学品经营许可证管理办法》第二十一条：任何单位和个人不得伪造、变造经营许可证，或者出租、出借、转让其取得的经营许可证，或者使用伪造、变造的经营许可证。	【部门规章】《危险化学品经营许可证管理办法》第三十一条：伪造、变造或者出租、出借、转让经营许可证，或者使用伪造、变造的经营许可证的，处10万元以上20万元以下的罚款，有违法所得的，没收违法所得；构成违反治安管理行为的，依法给予治安管理处罚；构成犯罪的，依法追究刑事责任。
106	化工企业未取得危险化学	1.【行政法规】《危险化学品安全管理条例》第二	1.【行政法规】《危险化学品安全管理条例》第七

续表

裁量阶次	适用条件	具体标准	备注
A	没有违法所得或违法所得10万元以下的	没收违法所得，处10万元以上13万元以下的罚款	
B	违法所得10万元以上30万元以下的	没收违法所得，处13万元以上17万元以下的罚款	77
C	违法所得30万元以上的，或者造成严重后果的	没收违法所得，处17万元以上20万元以下的罚款	
A	未取得安全使用许可证，擅自使用危险化学	责令限期改正，处10万元以上13万元以下的罚款；逾期不	79

序号	违法行为	法律规定	处罚依据
106	品安全使用许可证使用危险化学品从事生产，且达到危险化学品使用量的数量标准规定的	十九条第一款：使用危险化学品从事生产并且使用量达到规定数量的化工企业（属于危险化学品生产企业的除外，下同），应当依照本条例的规定取得危险化学品安全使用许可证。 2.【部门规章】《危险化学品安全使用许可证实施办法》第三条：企业应当依照本办法的规定取得危险化学品安全使用许可证（以下简称安全使用许可证）。	十七条第二款：违反本条例规定，化工企业未取得危险化学品安全使用许可证，使用危险化学品从事生产的，由安全生产监督管理部门责令限期改正，处10万元以上20万元以下的罚款；逾期不改正的，责令停产整顿。 2.【部门规章】《危险化学品安全使用许可证实施办法》第三十七条第一款：企业未取得安全使用许可证，擅自使用危险化学品从事生产，且达到危险化学品使用量的数量标准规定的，责令立即停止违法行为并限期改正，处10万元以上20万元以下的罚款；逾期不改正的，责令停产整顿。
107	化工企业在安全使用许可证有效期届满后未办理延期手续，仍然使用危险化学品从事生产，且达到危险化学品使用量的数量标准规定的	1.【行政法规】《危险化学品安全管理条例》第二十九条第一款：使用危险化学品从事生产并且使用量达到规定数量的化工企业（属于危险化学品生产企业的除外，下同），应当依照本条例的规定取得危险化学品安全使用许可证。	1.【行政法规】《危险化学品安全管理条例》第七十七条第二款：违反本条例规定，化工企业未取得危险化学品安全使用许可证，使用危险化学品从事生产的，由安全生产监督管理部门责令限期改正，处10万元以上20万元以下的罚款；逾期不改正的，

续表

裁量阶次	适用条件	具体标准	备注
	品从事生产 10 日以内，且达到危险化学品使用量的数量标准规定的	改正的，责令停产整顿	
B	未取得安全使用许可证，擅自使用危险化学品从事生产 10 日以上 20 日以内，且达到危险化学品使用量的数量标准规定的	责令限期改正，处 13 万元以上 17 万元以下的罚款；逾期不改正的，责令停产整顿	
C	未取得安全使用许可证，擅自使用危险化学品从事生产 20 日以上，且达到危险化学品使用量的数量标准规定的，或者造成严重后果的	责令限期改正，处 17 万元以上 20 万元以下的罚款；逾期不改正的，责令停产整顿	
A	企业在安全使用许可证有效期届满后未办理延期手续，仍然使用危险化学品从事生产 10 日以内，且达到危险化学品使用量的数量标准规定的	责令立即停止违法行为并限期改正，处 10 万元以上 13 万元以下的罚款；逾期不改正的，责令停产整顿	79

序号	违法行为	法律规定	处罚依据
107		2.【部门规章】《危险化学品安全使用许可证实施办法》第二十六条：安全使用许可证有效期为3年。企业安全使用许可证有效期届满后需要继续使用危险化学品从事生产、且达到危险化学品使用量的数量标准规定的，应当在安全使用许可证有效期届满前3个月提出延期申请，并提交本办法第十八条规定的文件、资料。 发证机关按照本办法第二十条、第二十一条、第二十二条、第二十三条的规定进行审查，并作出是否准予延期的决定。	责令停产整顿。 2.【部门规章】《危险化学品安全使用许可证实施办法》第三十七条：企业未取得安全使用许可证，擅自使用危险化学品从事生产，且达到危险化学品使用量的数量标准规定的，责令立即停止违法行为并限期改正，处10万元以上20万元以下的罚款；逾期不改正的，责令停产整顿。 企业在安全使用许可证有效期届满后未办理延期手续，仍然使用危险化学品从事生产，且达到危险化学品使用量的数量标准规定的，依照前款规定给予处罚。
108	企业伪造、变造或者出租、出借、转让安全使用许可证，或者使用伪造、变造的安全使用许可证的	【部门规章】《危险化学品安全使用许可证实施办法》第二十九条：企业不得伪造、变造安全使用许可证，或者出租、出借、转让其取得的安全使用许可证，或者使用伪造、变造的安全使用许可证。	1.【行政法规】《危险化学品安全管理条例》第九十三条第二款：伪造、变造或者出租、出借、转让本条例规定的其他许可证，或者使用伪造、变造的本条例规定的其他许可证的，分别由相关许可证的颁发管理机关处10万元以上20万元以下的罚款，有违法

续表

裁量阶次	适用条件	具体标准	备注
B	企业在安全使用许可证有效期届满后未办理延期手续，仍然使用危险化学品从事生产 10 日以上 20 日以内，且达到危险化学品使用量的数量标准规定的	责令立即停止违法行为并限期改正，处 13 万元以上 17 万元以下的罚款；逾期不改正的，责令停产整顿	
C	企业在安全使用许可证有效期届满后未办理延期手续，仍然使用危险化学品从事生产 20 日以上，且达到危险化学品使用量的数量标准规定的	责令立即停止违法行为并限期改正，处 17 万元以上 20 万元以下的罚款；逾期不改正的，责令停产整顿	
A	没有违法所得或违法所得 10 万元以下的	没收违法所得，处 10 万元以上 13 万元以下的罚款	80
B	违法所得 10 万元以上 30 万元以下的	没收违法所得，处 13 万元以上 17 万元以下的罚款	
C	违法所得 30 万元以上的，或者造成严重后果的	没收违法所得，处 17 万元以上 20 万元以下的罚款	

序号	违法行为	法律规定	处罚依据
108			所得的,没收违法所得;构成违反治安管理行为的,依法给予治安管理处罚;构成犯罪的,依法追究刑事责任。 2.【部门规章】《危险化学品安全使用许可证实施办法》第三十八条:企业伪造、变造或者出租、出借、转让安全使用许可证,或者使用伪造、变造的安全使用许可证的,处10万元以上20万元以下的罚款,有违法所得的,没收违法所得;构成违反治安管理行为的,依法给予治安管理处罚;构成犯罪的,依法追究刑事责任。
109	企业在安全使用许可证有效期内主要负责人、企业名称、注册地址、隶属关系发生变更,未按法定时限提出安全使用许可证变更申请或者将隶属关系变更证明材料报发证机关的	【部门规章】《危险化学品安全使用许可证实施办法》第二十四条:企业在安全使用许可证有效期内变更主要负责人、企业名称或者注册地址的,应当自工商营业执照变更之日起10个工作日内提出变更申请,并提交下列文件、资料:(一)变更申请书;(二)变更后的工商营业执照副本复制件;(三)变更主要负责人的,还应	【部门规章】《危险化学品安全使用许可证实施办法》第三十九条:企业在安全使用许可证有效期内主要负责人、企业名称、注册地址、隶属关系发生变更,未按照本办法第二十四条规定的时限提出安全使用许可证变更申请或者将隶属关系变更证明材料报发证机关的,责令限期办理变更手续,处1万元以上3万元以下的罚款。

续表

裁量阶次	适用条件	具体标准	备注
A	超出规定时限10日以内的	责令限期办理变更手续，处1万元以上1.5万元以下的罚款	
B	超出规定时限10日以上20日以内的	责令限期办理变更手续，处1.5万元以上2万元以下的罚款	81
C	超出规定时限20日以上的	责令限期办理变更手续，处2万元以上3万元以下的罚款	

229

序号	违法行为	法律规定	处罚依据
109		当提供主要负责人经安全生产监督管理部门考核合格后颁发的安全合格证复制件;(四)变更注册地址的,还应当提供相关证明材料。 对已经受理的变更申请,发证机关对企业提交的文件、资料审查无误后,方可办理安全使用许可证变更手续。 企业在安全使用许可证有效期内变更隶属关系的,应当在隶属关系变更之日起10日内向发证机关提交证明材料。	
110	企业在安全使用许可证有效期内有增加使用的危险化学品品种,且达到危险化学品使用量的数量标准规定等情形,未按规定提出变更申请,继续从事生产的	【部门规章】《危险化学品安全使用许可证实施办法》第二十五条:企业在安全使用许可证有效期内,有下列情形之一的,发证机关按照本办法第二十条、第二十一条、第二十二条、第二十三条的规定办理变更手续:(一)增加使用的危险化学品品种,且达到危险化学品使用量的数量标准规定的;(二)涉及危险化学品安全使用许可范围的新建、改建、扩建建设项目的;(三)改变工艺技术对企业的安全	【部门规章】《危险化学品安全使用许可证实施办法》第四十条:企业在安全使用许可证有效期内有下列情形之一,未按照本办法第二十五条的规定提出变更申请,继续从事生产的,责令限期改正,处1万元以上3万元以下的罚款:(一)增加使用的危险化学品品种,且达到危险化学品使用量的数量标准规定的;(二)涉及危险化学品安全使用许可范围的新建、改建、扩建建设项目,其安全设施已

续表

裁量阶次	适用条件	具体标准	备注
A	超出规定时限10日以内的	责令限期改正，处1万元以上1.5万元以下的罚款	
B	超出规定时限10日以上20日以内的	责令限期改正，处1.5万元以上2万元以下的罚款	82
C	超出规定时限20日以上的	责令限期改正，处2万元以上3万元以下的罚款	

序号	违法行为	法律规定	处罚依据
110		生产条件产生重大影响的。 　　有本条第一款第一项规定情形的企业，应当在增加前提出变更申请。 　　有本条第一款第二项规定情形的企业，应当在建设项目安全设施竣工验收合格之日起10个工作日内向原发证机关提出变更申请，并提交建设项目安全设施竣工验收报告等相关文件、资料。 　　有本条第一款第一项、第三项规定情形的企业，应当进行专项安全验收评价，并对安全评价报告中提出的问题进行整改；在整改完成后，向原发证机关提出变更申请并提交安全验收评价报告。	经竣工验收合格的；（三）改变工艺技术对企业的安全生产条件产生重大影响的。
111	未经安全条件审查或者安全条件审查未通过，新建、改建、扩建生产、储存危险化学品的建设项目的	1.【行政法规】《危险化学品安全管理条例》第十二条第一款：新建、改建、扩建生产、储存危险化学品的建设项目（以下简称建设项目），应当由安全生产监督管理部门进行安全条件审查。 　　2.【部门规章】《危险化学品建设项目安全监督管	1.【行政法规】《危险化学品安全管理条例》第七十六条第一款：未经安全条件审查，新建、改建、扩建生产、储存危险化学品的建设项目的，由安全生产监督管理部门责令停止建设，限期改正；逾期不改正的，处50万元以上100万元以下的罚款；构

续表

裁量阶次	适用条件	具体标准	备注
A	建设项目投资额1000万元以下的	责令停止建设,限期改正;逾期不改正的,处50万元以上70万元以下的罚款	
B	建设项目投资额1000万元以上3000万元以下的	责令停止建设,限期改正;逾期不改正的,处70万元以上90万元以下的罚款	83
C	建设项目投资额3000万元以上的	责令停止建设,限期改正;逾期不改正的,处90万元以上100万元以下的罚款	

序号	违法行为	法律规定	处罚依据
111		理办法》第三条第三款：建设项目未经安全审查和安全设施竣工验收的，不得开工建设或者投入生产（使用）。 3.【部门规章】《危险化学品输送管道安全管理规定》第九条：对新建、改建、扩建的危险化学品管道，建设单位应当依照国家安全生产监督管理总局有关危险化学品建设项目安全监督管理的规定，依法办理安全条件审查、安全设施设计审查和安全设施竣工验收手续。	成犯罪的，依法追究刑事责任。 2.【部门规章】《危险化学品建设项目安全监督管理办法》第三十五条第一款：未经安全条件审查或者安全条件审查未通过，新建、改建、扩建生产、储存危险化学品的建设项目的，责令停止建设，限期改正；逾期不改正的，处50万元以上100万元以下的罚款；构成犯罪的，依法追究刑事责任。 3.【部门规章】《危险化学品输送管道安全管理规定》第三十三条第一款：新建、改建、扩建危险化学品管道建设项目未经安全条件审查的，由安全生产监督管理部门责令停止建设，限期改正；逾期不改正的，处50万元以上100万元以下的罚款；构成犯罪的，依法追究刑事责任。
112	危险化学品单位未按照《危险化学品重大危险源监督管理暂行规定》要求对重	【部门规章】《危险化学品重大危险源监督管理暂行规定》第八条第一款、第二款：危险化学品单位应当对重大危险源进行安全评估并确定重大危险源	【部门规章】《危险化学品重大危险源监督管理暂行规定》第三十二条第一项：危险化学品单位有下列行为之一的，由县级以上人民政府安全生产监督

续表

裁量阶次	适用条件	具体标准	备注
A	未按照要求对四级重大危险源进行安全评估或者安全评价的	责令限期改正,可以处2万元以下的罚款;逾期未改正的,责令停产停业整顿,并处10万元以上12万元以下的罚款,对其直接负责的主管人员和其他直接责任人员处2万元以上2.5万元以下的罚款	

序号	违法行为	法律规定	处罚依据
112	大危险源进行安全评估或者安全评价的	等级。危险化学品单位可以组织本单位的注册安全工程师、技术人员或者聘请有关专家进行安全评估，也可以委托具有相应资质的安全评价机构进行安全评估。 依照法律、行政法规的规定，危险化学品单位需要进行安全评价的，重大危险源安全评估可以与本单位的安全评价一起进行，以安全评价报告代替安全评估报告，也可以单独进行重大危险源安全评估。	管理部门责令限期改正，可以处10万元以下的罚款；逾期未改正的，责令停产停业整顿，并处10万元以上20万元以下的罚款，对其直接负责的主管人员和其他直接责任人员处2万元以上5万元以下的罚款；构成犯罪的，依照刑法有关规定追究刑事责任：（一）未按照本规定要求对重大危险源进行安全评估或者安全评价的；
113	危险化学品单位未在构成重大危险源的	1.【法律】《中华人民共和国安全生产法》第三十五条：生产经营单位应当	1.【法律】《中华人民共和国安全生产法》第九十九条第一项：生产经营单

续表

裁量阶次	适用条件	具体标准	备注
B	未按照要求对三级重大危险源进行安全评估或者安全评价的	责令限期改正,可以处2万元以上5万元以下的罚款;逾期未改正的,责令停产停业整顿,并处12万元以上15万元以下的罚款,对其直接负责的主管人员和其他直接责任人员处2.5万元以上3万元以下的罚款	
C	未按照要求对二级重大危险源进行安全评估或者安全评价的	责令限期改正,可以处5万元以上8万元以下的罚款;逾期未改正的,责令停产停业整顿,并处15万元以上18万元以下的罚款,对其直接负责的主管人员和其他直接责任人员处3万元以上4万元以下的罚款	
D	未按照要求对一级重大危险源进行安全评估或者安全评价的	责令限期改正,可以处8万元以上10万元以下的罚款;逾期未改正的,责令停产停业整顿,并处18万元以上20万元以下的罚款,对其直接负责的主管人员和其他直接责任人员处4万元以上5万元以下的罚款	
A	未在构成四级重大危险源的场所设置明显的安全警示标志的	责令限期改正,可以处1万元以下的罚款;逾期未改正的,处5万元以上10万元以下的罚款,	

序号	违法行为	法律规定	处罚依据
113	场所设置明显的安全警示标志的	在有较大危险因素的生产经营场所和有关设施、设备上，设置明显的安全警示标志。 2.【部门规章】《危险化学品重大危险源监督管理暂行规定》第十八条：危险化学品单位应当在重大危险源所在场所设置明显的安全警示标志，写明紧急情况下的应急处置办法。	位有下列行为之一的，责令限期改正，处五万元以下的罚款；逾期未改正的，处五万元以上二十万元以下的罚款，对其直接负责的主管人员和其他直接责任人员处一万元以上二万元以下的罚款；情节严重的，责令停产停业整顿；构成犯罪的，依照刑法有关规定追究刑事责任：（一）未在有较大危险因素的生产经营场所和有关设施、设备上设置明显的安全警示标志的； 2.【部门规章】《危险化学品重大危险源监督管理暂行规定》第三十三条第一项：危险化学品单位有下列行为之一的，由县级以上人民政府安全生产监督管理部门责令限期改正，可以处 5 万元以下的罚款；逾期未改正的，处 5 万元以上 20 万元以下的罚款，对其直接负责的主管人员和其他直接责任人员处 1 万元以上 2 万元以下的罚款；情节严重的，责令停产停业整顿；构成犯罪的，依照刑法有关规定追究刑

续表

裁量阶次	适用条件	具体标准	备注
		对其直接负责的主管人员和其他直接责任人员处1万元以上2万元以下的罚款；情节严重的，责令停产停业整顿	
B	未在构成三级重大危险源的场所设置明显的安全警示标志的	责令限期改正，可以处1万元以上2万元以下的罚款；逾期未改正的，处10万元以上13万元以下的罚款，对其直接负责的主管人员和其他直接责任人员处1万元以上2万元以下的罚款；情节严重的，责令停产停业整顿	
C	未在构成二级重大危险源的场所设置明显的安全警示标志的	责令限期改正，可以处2万元以上3万元以下的罚款；逾期未改正的，处13万元以上17万元以下的罚款，对其直接负责的主管人员和其他直接责任人员处1万元以上2万元以下的罚款；情节严重的，责令停产停业整顿	
D	未在构成一级重大危险源的场所设置明显的安全警示标志的	责令限期改正，可以处3万元以上5万元以下的罚款；逾期未改正的，处17万元以上20万元以下的罚款，对其直接负责的主管人员和其他直接责任人员处1万元以上2万元以下的罚款；情节严重的，责令停产停业整顿	

序号	违法行为	法律规定	处罚依据
113			事责任：（一）未在构成重大危险源的场所设置明显的安全警示标志的；
114	危险化学品单位未对重大危险源中的设备、设施等进行定期检测、检验的	【部门规章】《危险化学品重大危险源监督管理暂行规定》第十五条：危险化学品单位应当按照国家有关规定，定期对重大危险源的安全设施和安全监测监控系统进行检测、检验，并进行经常性维护、保养，保证重大危险源的安全设施和安全监测监控系统有效、可靠运行。维护、保养、检测应当作好记录，并由有关人员签字。	【部门规章】《危险化学品重大危险源监督管理暂行规定》第三十三条第二项：危险化学品单位有下列行为之一的，由县级以上人民政府安全生产监督管理部门责令限期改正，可以处5万元以下的罚款；逾期未改正的，处5万元以上20万元以下的罚款，对其直接负责的主管人员和其他直接责任人员处1万元以上2万元以下的罚款；情节严重的，责令停产停业整顿；构成犯罪的，依照刑法有关规定追究刑事责任：（二）未对重大危险源中的设备、设施等进行定期检测、检验的。

续表

裁量阶次	适用条件	具体标准	备注
A	未对四级重大危险源中的设备、设施等进行定期检测、检验的	责令限期改正，可以处1万元以下的罚款；逾期未改正的，处5万元以上10万元以下的罚款，对其直接负责的主管人员和其他直接责任人员处1万元以上2万元以下的罚款；情节严重的，责令停产停业整顿	
B	未对三级重大危险源中的设备、设施等进行定期检测、检验的	责令限期改正，可以处1万元以上2万元以下的罚款；逾期未改正的，处10万元以上13万元以下的罚款，对其直接负责的主管人员和其他直接责任人员处1万元以上2万元以下的罚款；情节严重的，责令停产停业整顿	
C	未对二级重大危险源中的设备、设施等进行定期检测、检验的	责令限期改正，可以处2万元以上3万元以下的罚款；逾期未改正的，处13万元以上17万元以下的罚款，对其直接负责的主管人员和其他直接责任人员处1万元以上2万元以下的罚款；情节严重的，责令停产停业整顿	

序号	违法行为	法律规定	处罚依据
114			
115	危险化学品单位未按照标准对重大危险源进行辨识的	【部门规章】《危险化学品重大危险源监督管理暂行规定》第七条：危险化学品单位应当按照《危险化学品重大危险源辨识》标准，对本单位的危险化学品生产、经营、储存和使用装置、设施或者场所进行重大危险源辨识，并记录辨识过程与结果。	【部门规章】《危险化学品重大危险源监督管理暂行规定》第三十四条第一项：危险化学品单位有下列情形之一的，由县级以上人民政府安全生产监督管理部门给予警告，可以并处5000元以上3万元以下的罚款：（一）未按照标准对重大危险源进行辨识的；
116	危险化学品单位未按规定明确重大危险源中关键装置、重点部位的责任人或者责任机构的	【部门规章】《危险化学品重大危险源监督管理暂行规定》第十六条：危险化学品单位应当明确重大危险源中关键装置、重点部位的责任人或者责任机构，并对重大危险源的安	【部门规章】《危险化学品重大危险源监督管理暂行规定》第三十四条第二项：危险化学品单位有下列情形之一的，由县级以上人民政府安全生产监督管理部门给予警告，可以

续表

裁量阶次	适用条件	具体标准	备注
D	未对一级重大危险源中的设备、设施等进行定期检测、检验的	责令限期改正，可以处3万元以上5万元以下的罚款；逾期未改正的，处17万元以上20万元以下的罚款，对其直接负责的主管人员和其他直接责任人员处1万元以上2万元以下的罚款；情节严重的，责令停产停业整顿	
A	未按照标准对重大危险源进行辨识，缺少1处的	给予警告，可以并处5000元以上1万元以下的罚款	
B	未按照标准对重大危险源进行辨识，缺少2处以上的	给予警告，可以并处1万元以上2万元以下的罚款	85
C	未对重大危险源进行辨识的	给予警告，可以并处2万元以上3万元以下的罚款	
A	未按照规定明确四级重大危险源中关键装置、重点部位的责任人或者责任机构的	给予警告，可以并处5000元以上1万元以下的罚款	85
B	未按照规定明确三级重大危险源中关键装置、	给予警告，可以并处1万元以上1.5万元以下的罚款	

243

序号	违法行为	法律规定	处罚依据
116		全生产状况进行定期检查，及时采取措施消除事故隐患。事故隐患难以立即排除的，应当及时制定治理方案，落实整改措施、责任、资金、时限和预案。	并处5000元以上3万元以下的罚款：（二）未按照本规定明确重大危险源中关键装置、重点部位的责任人或者责任机构的；
117	危险化学品单位未按规定进行重大危险源备案或者核销的	【部门规章】《危险化学品重大危险源监督管理暂行规定》第二十三条：危险化学品单位在完成重大危险源安全评估报告或者安全评价报告后15日内，应当填写重大危险源备案申请表，连同本规定第二十二条规定的重大危险源档案材料（其中第二款第五项规定的文件资料只需提供清单），报送所在地县级人民政府安全生产监督管理部门备案。 县级人民政府安全生产监督管理部门应当每季度将辖区内的一级、二级重大危险源备案材料报送至设区的市级人民政府安全	【部门规章】《危险化学品重大危险源监督管理暂行规定》第三十四条第四项：危险化学品单位有下列情形之一的，由县级以上人民政府安全生产监督管理部门给予警告，可以并处5000元以上3万元以下的罚款：（四）未按照本规定进行重大危险源备案或者核销的；

续表

裁量阶次	适用条件	具体标准	备注
	重点部位的责任人或者责任机构的		
C	未按照规定明确二级重大危险源中关键装置、重点部位的责任人或者责任机构的	给予警告，可以并处1.5万元以上2万元以下的罚款	
D	未按照规定明确一级重大危险源中关键装置、重点部位的责任人或者责任机构的	给予警告，可以并处2万元以上3万元以下的罚款	
A	未按照规定进行四级重大危险源备案或者核销的	给予警告，可以并处5000元以上1万元以下的罚款	
B	未按照规定进行三级重大危险源备案或者核销的	给予警告，可以并处1万元以上1.5万元以下的罚款	85
C	未按照规定进行二级重大危险源备案或者核销的	给予警告，可以并处1.5万元以上2万元以下的罚款	
D	未按照规定进行一级重大危险源备案或者核销的	给予警告，可以并处2万元以上3万元以下的罚款	

序号	违法行为	法律规定	处罚依据
117		生产监督管理部门。设区的市级人民政府安全生产监督管理部门应当每半年将辖区内的一级重大危险源备案材料报送至省级人民政府安全生产监督管理部门。 重大危险源出现本规定第十一条所列情形之一的，危险化学品单位应当及时更新档案，并向所在地县级人民政府安全生产监督管理部门重新备案。 第二十四条：危险化学品单位新建、改建和扩建危险化学品建设项目，应当在建设项目竣工验收前完成重大危险源的辨识、安全评估和分级、登记建档工作，并向所在地县级人民政府安全生产监督管理部门备案。 第二十七条：重大危险源经过安全评价或者安全评估不再构成重大危险源的，危险化学品单位应当向所在地县级人民政府安全生产监督管理部门申请核销。 申请核销重大危险源应当提交下列文件、资料： （一）载明核销理由的申	

续表

裁量阶次	适用条件	具体标准	备注

序号	违法行为	法律规定	处罚依据
117		请书；（二）单位名称、法定代表人、住所、联系人、联系方式；（三）安全评价报告或者安全评估报告。	
118	危险化学品单位未按规定建立应急救援组织或者配备应急救援人员，以及配备必要的防护装备及器材、设备、物资，并保障其完好的	【部门规章】《危险化学品重大危险源监督管理暂行规定》第二十条第一款：危险化学品单位应当依法制定重大危险源事故应急预案，建立应急救援组织或者配备应急救援人员，配备必要的防护装备及应急救援器材、设备、物资，并保障其完好和方便使用；配合地方人民政府安全生产监督管理部门制定所在地区涉及本单位的危险化学品事故应急预案。	【部门规章】《危险化学品重大危险源监督管理暂行规定》第三十四条第三项：危险化学品单位有下列情形之一的，由县级以上人民政府安全生产监督管理部门给予警告，可以并处5000元以上3万元以下的罚款：（三）未按照本规定建立应急救援组织或者配备应急救援人员，以及配备必要的防护装备及器材、设备、物资，并保障其完好的；

续表

裁量阶次	适用条件	具体标准	备注
A	未按照规定建立应急救援组织，未配备应急救援人员，未配备必要的防护装备及器材、设备、物资，未保障防护装备及器材、设备、物资完好，有上述1种情形的	给予警告，可以并处5000元以上1万元以下的罚款	
B	未按照规定建立应急救援组织，未配备应急救援人员，未配备必要的防护装备及器材、设备、物资，未保障防护装备及器材、设备、物资完好，有上述2种情形的	给予警告，可以并处1万元以上2万元以下的罚款	
C	未按照规定建立应急救援组织，未配备应急救援人员，未配备必要的防护装备及器材、设备、物资，未保障防护装备及器材、设备、物资完好，有上述3种以上情形的	给予警告，可以并处2万元以上3万元以下的罚款	

249

序号	违法行为	法律规定	处罚依据
119	危险化学品单位未将重大危险源可能引发的事故后果、应急措施等信息告知可能受影响的单位、区域及人员的	【部门规章】《危险化学品重大危险源监督管理暂行规定》第十九条：危险化学品单位应当将重大危险源可能发生的事故后果和应急措施等信息，以适当方式告知可能受影响的单位、区域及人员。	【部门规章】《危险化学品重大危险源监督管理暂行规定》第三十四条第五项：危险化学品单位有下列情形之一的，由县级以上人民政府安全生产监督管理部门给予警告，可以并处5000元以上3万元以下的罚款：（五）未将重大危险源可能引发的事故后果、应急措施等信息告知可能受影响的单位、区域及人员的；
120	生产、储存、使用危险化学品的单位，危险化学品的储存方式、方法或者	1.【行政法规】《危险化学品安全管理条例》第二十四条第二款：危险化学品的储存方式、方法以及储存数量应当符合国家标准或者国家有关规定。	1.【行政法规】《危险化学品安全管理条例》第八十条第一款第五项：生产、储存、使用危险化学品的单位有下列情形之一的，由安全生产监督管理部门

续表

裁量阶次	适用条件	具体标准	备注
A	涉及四级重大危险源的，未将可能引发的事故后果、应急措施等信息告知可能受影响的单位、区域及人员的	给予警告，可以并处5000元以上1万元以下的罚款	
B	涉及三级重大危险源的，未将可能引发的事故后果、应急措施等信息告知可能受影响的单位、区域及人员的	给予警告，可以并处1万元以上1.5万元以下的罚款	
C	涉及二级重大危险源的，未将可能引发的事故后果、应急措施等信息告知可能受影响的单位、区域及人员的	给予警告，可以并处1.5万元以上2万元以下的罚款	
D	涉及一级重大危险源的，未将可能引发的事故后果、应急措施等信息告知可能受影响的单位、区域及人员的	给予警告，可以并处2万元以上3万元以下的罚款	
A	一般危险化学品仓库的储存方式、方法或者储存数量不符合国家标准或者国家有关规定的	责令改正，处5万元以上7万元以下的罚款；拒不改正的，责令停产停业整顿直至由原发证机关吊销其相关许可证件	88

序号	违法行为	法律规定	处罚依据
120	储存数量不符合规定的	2.【部门规章】《危险化学品经营许可证管理办法》第六条第一款第一项：从事危险化学品经营的单位（以下统称申请人）应当依法登记注册为企业，并具备下列基本条件：（一）经营和储存场所、设施、建筑物符合《建筑设计防火规范》（GB 50016）、《石油化工企业设计防火规范》（GB 50160）、《汽车加油加气站设计与施工规范》（GB 50156）、《石油库设计规范》（GB 50074）等相关国家标准、行业标准的规定；	责令改正，处5万元以上10万元以下的罚款；拒不改正的，责令停产停业整顿直至由原发证机关吊销其相关许可证件，并由工商行政管理部门责令其办理经营范围变更登记或者吊销其营业执照；有关责任人员构成犯罪的，依法追究刑事责任：（五）危险化学品的储存方式、方法或者储存数量不符合国家标准或者国家有关规定的； 2.【部门规章】《危险化学品经营许可证管理办法》第三十条第五项：带有储存设施的企业违反《危险化学品安全管理条例》规定，有下列情形之一的，责令改正，处5万元以上10万元以下的罚款；拒不改正的，责令停产停业整顿；经停产停业整顿仍不具备法律、法规、规章、国家标准和行业标准规定的安全生产条件的，吊销其经营许可证：（五）危险化学品的储存方式、方法或者储存数量不符合国家标准或者国家有关规定的；

续表

裁量阶次	适用条件	具体标准	备注
B	储存重点监管危险化学品、剧毒化学品的专用仓库储存方式、方法或者储存数量不符合国家标准或者国家有关规定的	责令改正,处7万元以上9万元以下的罚款;拒不改正的,责令停产停业整顿直至由原发证机关吊销其相关许可证件	
C	构成重大危险源的专用仓库储存方式、方法或者储存数量不符合国家标准或者国家有关规定的	责令改正,处9万元以上10万元以下的罚款;拒不改正的,责令停产停业整顿直至由原发证机关吊销其相关许可证件	

253

序号	违法行为	法律规定	处罚依据
121	危险化学品生产企业未提供化学品安全技术说明书，或者未在包装（包括外包装件）上粘贴、拴挂化学品安全标签的	【行政法规】《危险化学品安全管理条例》第十五条第一款：危险化学品生产企业应当提供与其生产的危险化学品相符的化学品安全技术说明书，并在危险化学品包装（包括外包装件）上粘贴或者拴挂与包装内危险化学品相符的化学品安全标签。化学品安全技术说明书和化学品安全标签所载明的内容应当符合国家标准的要求。	【行政法规】《危险化学品安全管理条例》第七十八条第一款第三项：有下列情形之一的，由安全生产监督管理部门责令改正，可以处5万元以下的罚款；拒不改正的，处5万元以上10万元以下的罚款；情节严重的，责令停产停业整顿：（三）危险化学品生产企业未提供化学品安全技术说明书，或者未在包装（包括外包装件）上粘贴、拴挂化学品安全标签的；
122	危险化学品生产企业提供的化学品安全技术说明书与其生产的危险化学品不相符，或者在包装（包括外包装件）粘贴、	【行政法规】《危险化学品安全管理条例》第十五条第一款：危险化学品生产企业应当提供与其生产的危险化学品相符的化学品安全技术说明书，并在危险化学品包装（包括外包装件）上粘贴或者拴挂与包装内危险化学品相符	【行政法规】《危险化学品安全管理条例》第七十八条第一款第四项：有下列情形之一的，由安全生产监督管理部门责令改正，可以处5万元以下的罚款；拒不改正的，处5万元以上10万元以下的罚款；情节严重的，责令停产停业

续表

裁量阶次	适用条件	具体标准	备注
A	提供了化学品安全技术说明书，但未在包装（包括外包装件）上粘贴、拴挂化学品安全标签的	责令改正，可以处2万元以下的罚款；拒不改正的，处5万元以上7万元以下的罚款；情节严重的，责令停产停业整顿	
B	在包装（包括外包装件）上粘贴、拴挂了化学品安全标签，但未提供化学品安全技术说明书的	责令改正，可以处2万元以上4万元以下的罚款；拒不改正的，处7万元以上9万元以下的罚款；情节严重的，责令停产停业整顿	89
C	未提供化学品安全技术说明书，且未在包装（包括外包装件）上粘贴、拴挂化学品安全标签的	责令改正，可以处4万元以上5万元以下的罚款；拒不改正的，处9万元以上10万元以下的罚款；情节严重的，责令停产停业整顿	
A	危险化学品生产企业提供的化学品安全技术说明书与其生产的危险化学品不相符，在包装（包括外包装件）粘贴、拴挂的化学品安全标签与包装内危险化学品不相符，化学品安全技术说明书、化学品安全标	责令改正，可以处2万元以下的罚款；拒不改正的，处5万元以上7万元以下的罚款；情节严重的，责令停产停业整顿	89

255

序号	违法行为	法律规定	处罚依据
122	拴挂的化学品安全标签与包装内危险化学品不相符，或者化学品安全技术说明书、化学品安全标签所载明的内容不符合国家标准要求的	的化学品安全标签。化学品安全技术说明书和化学品安全标签所载明的内容应当符合国家标准的要求。	整顿：（四）危险化学品生产企业提供的化学品安全技术说明书与其生产的危险化学品不相符，或者在包装（包括外包装件）粘贴、拴挂的化学品安全标签与包装内危险化学品不相符，或者化学品安全技术说明书、化学品安全标签所载明的内容不符合国家标准要求的；

续表

裁量阶次	适用条件	具体标准	备注
	签所载明的内容不符合国家标准要求，有上述1种情形的		
B	危险化学品生产企业提供的化学品安全技术说明书与其生产的危险化学品不相符，在包装（包括外包装件）粘贴、拴挂的化学品安全标签与包装内危险化学品不相符，化学品安全技术说明书、化学品安全标签所载明的内容不符合国家标准要求，有上述2种情形的	责令改正，可以处2万元以上4万元以下的罚款；拒不改正的，处7万元以上9万元以下的罚款；情节严重的，责令停产停业整顿	
C	危险化学品生产企业提供的化学品安全技术说明书与其生产的危险化学品不相符，在包装（包括外包装件）粘贴、拴挂的化学品安全标签与包装内危险化学品不相符，化学品安全技术说明书、化学品安全标签所载明的内容不符合国家标准要求，有上述3种情形的	责令改正，可以处4万元以上5万元以下的罚款；拒不改正的，处9万元以上10万元以下的罚款；情节严重的，责令停产停业整顿	

序号	违法行为	法律规定	处罚依据
123	危险化学品生产企业发现其生产的危险化学品有新的危险特性不立即公告,或者不及时修订其化学品安全技术说明书和化学品安全标签的	【行政法规】《危险化学品安全管理条例》第十五条第二款:危险化学品生产企业发现其生产的危险化学品有新的危险特性的,应当立即公告,并及时修订其化学品安全技术说明书和化学品安全标签。	【行政法规】《危险化学品安全管理条例》第七十八条第一款第五项:有下列情形之一的,由安全生产监督管理部门责令改正,可以处5万元以下的罚款;拒不改正的,处5万元以上10万元以下的罚款;情节严重的,责令停产停业整顿:(五)危险化学品生产企业发现其生产的危险化学品有新的危险特性不立即公告,或者不及时修订其化学品安全技术说明书和化学品安全标签的;
124	危险化学品经营企业经营	【行政法规】《危险化学品安全管理条例》第三十	【行政法规】《危险化学品安全管理条例》第七十

续表

裁量阶次	适用条件	具体标准	备注
A	危险化学品生产企业发现其生产的危险化学品有新的危险特性不立即公告，不及时修订其化学品安全技术说明书，不及时修订其化学品安全标签，有上述1种情形的	责令改正，可以处2万元以下的罚款；拒不改正的，处5万元以上7万元以下的罚款；情节严重的，责令停产停业整顿	
B	危险化学品生产企业发现其生产的危险化学品有新的危险特性不立即公告，不及时修订其化学品安全技术说明书，不及时修订其化学品安全标签，有上述2种情形的	责令改正，可以处2万元以上4万元以下的罚款；拒不改正的，处7万元以上9万元以下的罚款；情节严重的，责令停产停业整顿	89
C	危险化学品生产企业发现其生产的危险化学品有新的危险特性不立即公告，不及时修订其化学品安全技术说明书，不及时修订其化学品安全标签，有上述3种情形的	责令改正，可以处4万元以上5万元以下的罚款；拒不改正的，处9万元以上10万元以下的罚款；情节严重的，责令停产停业整顿	
A	危险化学品经营企业经营没有化学品安全技	责令改正，可以处2万元以下的罚款；拒不改正的，处5万元	89

序号	违法行为	法律规定	处罚依据
124	没有化学品安全技术说明书和化学品安全标签的危险化学品的	七条：危险化学品经营企业不得向未经许可从事危险化学品生产、经营活动的企业采购危险化学品，不得经营没有化学品安全技术说明书或者化学品安全标签的危险化学品。	八条第一款第六项：有下列情形之一的，由安全生产监督管理部门责令改正，可以处5万元以下的罚款；拒不改正的，处5万元以上10万元以下的罚款；情节严重的，责令停产停业整顿：（六）危险化学品经营企业经营没有化学品安全技术说明书和化学品安全标签的危险化学品的；
125	危险化学品包装物、容器的材质以及包装的型式、规格、方法和单件质量（重量）与所包装的危险化学品的性质和用途不相适应的	【行政法规】《危险化学品安全管理条例》第十七条：危险化学品的包装应当符合法律、行政法规、规章的规定以及国家标准、行业标准的要求。危险化学品包装物、容器的材质以及包装的型式、规格、方法和单件质量（重量），应当与所包装的危险化学品的性质和用途相适应。	【行政法规】《危险化学品安全管理条例》第七十八条第一款第七项：有下列情形之一的，由安全生产监督管理部门责令改正，可以处5万元以下的罚款；拒不改正的，处5万元以上10万元以下的罚款；情节严重的，责令停产停业整顿：（七）危险化学品包装物、容器的材质以及包装的型式、规格、方法和单件质量（重量）与所包装的危险化学品的性质和用途不相适应的；

续表

裁量阶次	适用条件	具体标准	备注
	术说明书和化学品安全标签的危险化学品，有3种以下的	以上7万元以下的罚款；情节严重的，责令停产停业整顿	
B	危险化学品经营企业经营没有化学品安全技术说明书和化学品安全标签的危险化学品，有3种以上7种以下的	责令改正，可以处2万元以上4万元以下的罚款；拒不改正的，处7万元以上9万元以下的罚款；情节严重的，责令停产停业整顿	
C	危险化学品经营企业经营没有化学品安全技术说明书和化学品安全标签的危险化学品，有7种以上的	责令改正，可以处4万元以上5万元以下的罚款；拒不改正的，处9万元以上10万元以下的罚款；情节严重的，责令停产停业整顿	
A	危险化学品包装物、容器的材质以及包装的型式、规格、方法和单件质量（重量）与所包装的危险化学品的性质和用途有1项不相适应的	责令改正，可以处2万元以下的罚款；拒不改正的，处5万元以上7万元以下的罚款；情节严重的，责令停产停业整顿	89
B	危险化学品包装物、容器的材质以及包装的型式、规格、方法和单件质量（重量）与所包装的危险化学品的性质和用途有2项不相适应的	责令改正，可以处2万元以上4万元以下的罚款；拒不改正的，处7万元以上9万元以下的罚款；情节严重的，责令停产停业整顿	

序号	违法行为	法律规定	处罚依据
125			
126	危险化学品专用仓库未设专人负责管理，或者对储存的剧毒化学品以及储存数量构成重大危险源的其他危险化学品未实行双人收发、双人保管制度的	【行政法规】《危险化学品安全管理条例》第二十四条第一款：危险化学品应当储存在专用仓库、专用场地或者专用储存室（以下统称专用仓库）内，并由专人负责管理；剧毒化学品以及储存数量构成重大危险源的其他危险化学品，应当在专用仓库内单独存放，并实行双人收发、双人保管制度。	【行政法规】《危险化学品安全管理条例》第七十八条第一款第九项：有下列情形之一的，由安全生产监督管理部门责令改正，可以处5万元以下的罚款；拒不改正的，处5万元以上10万元以下的罚款；情节严重的，责令停产停业整顿：（九）危险化学品专用仓库未设专人负责管理，或者对储存的剧毒化学品以及储存数量构成重大危险源的其他危险化学品未实行双人收发、双人保管制度的；

续表

裁量阶次	适用条件	具体标准	备注
C	危险化学品包装物、容器的材质以及包装的型式、规格、方法和单件质量（重量）与所包装的危险化学品的性质和用途有3项以上不相适应的	责令改正，可以处4万元以上5万元以下的罚款；拒不改正的，处9万元以上10万元以下的罚款；情节严重的，责令停产停业整顿	
A	危险化学品专用仓库未设专人负责管理的	责令改正，可以处2万元以下的罚款；拒不改正的，处5万元以上7万元以下的罚款；情节严重的，责令停产停业整顿	
B	危险化学品专用仓库对储存的剧毒化学品以及储存数量构成重大危险源的其他危险化学品未严格落实双人收发、双人保管制度的（已建立相应的双人收发、双人保管制度）	责令改正，可以处2万元以上4万元以下的罚款；拒不改正的，处7万元以上9万元以下的罚款；情节严重的，责令停产停业整顿	
C	危险化学品专用仓库对储存的剧毒化学品以及储存数量构成重大危险源的其他危险化学品未实行双人收发、双人保管制度的（未建立相应的双人收发、双人保管制度）	责令改正，可以处4万元以上5万元以下的罚款；拒不改正的，处9万元以上10万元以下的罚款；情节严重的，责令停产停业整顿	

序号	违法行为	法律规定	处罚依据
127	储存危险化学品的单位未建立危险化学品出入库核查、登记制度的	【行政法规】《危险化学品安全管理条例》第二十五条第一款：储存危险化学品的单位应当建立危险化学品出入库核查、登记制度。	【行政法规】《危险化学品安全管理条例》第七十八条第一款第十项：有下列情形之一的，由安全生产监督管理部门责令改正，可以处5万元以下的罚款；拒不改正的，处5万元以上10万元以下的罚款；情节严重的，责令停产停业整顿：（十）储存危险化学品的单位未建立危险化学品出入库核查、登记制度的；
128	危险化学品专用仓库未设置明显标志的	【行政法规】《危险化学品安全管理条例》第二十六条第一款：危险化学品专用仓库应当符合国家标准、行业标准的要求，并设置明显的标志。储存剧毒化学品、易制爆危险化学品的专用仓库，应当按照国家有关规定设置相应的技术防范设施。	【行政法规】《危险化学品安全管理条例》第七十八条第一款第十一项：有下列情形之一的，由安全生产监督管理部门责令改正，可以处5万元以下的罚款；拒不改正的，处5万元以上10万元以下的罚款；情节严重的，责令停产停业整顿：（十一）危险化学品专用仓库未设置明显标志的；

续表

裁量阶次	适用条件	具体标准	备注
A	未建立危险化学品出入库核查制度的	责令改正,可以处2万元以下的罚款;拒不改正的,处5万元以上7万元以下的罚款;情节严重的,责令停产停业整顿	
B	未建立危险化学品出入库登记制度的	责令改正,可以处2万元以上4万元以下的罚款;拒不改正的,处7万元以上9万元以下的罚款;情节严重的,责令停产停业整顿	89
C	未建立危险化学品出入库核查和登记制度的	责令改正,可以处4万元以上5万元以下的罚款;拒不改正的,处9万元以上10万元以下的罚款;情节严重的,责令停产停业整顿	
A	危险化学品专用仓库有3处以下未设置明显标志的	责令改正,可以处2万元以下的罚款;拒不改正的,处5万元以上7万元以下的罚款;情节严重的,责令停产停业整顿	89
B	危险化学品专用仓库有3处以上7处以下未设置明显标志的	责令改正,可以处2万元以上4万元以下的罚款;拒不改正的,处7万元以上9万元以下的罚款;情节严重的,责令停产停业整顿	

序号	违法行为	法律规定	处罚依据
128			
129	生产、储存危险化学品的单位未在作业场所设置通信、报警装置的	【行政法规】《危险化学品安全管理条例》第二十一条：生产、储存危险化学品的单位，应当在其作业场所设置通信、报警装置，并保证处于适用状态。	【行政法规】《危险化学品安全管理条例》第七十八条第一款第八项：有下列情形之一的，由安全生产监督管理部门责令改正，可以处5万元以下的罚款；拒不改正的，处5万元以上10万元以下的罚款；情节严重的，责令停产停业整顿：（八）生产、储存危险化学品的单位未在作业场所和安全设施、设备上设置明显的安全警示标志，或者未在作业场所设置通信、报警装置的；
130	生产、储存危险化学品的单位未按规定对危险化学品管道定期检查、检测的	1.【行政法规】《危险化学品安全管理条例》第十三条第一款：生产、储存危险化学品的单位，应当对其铺设的危险化学品管道设置明显标志，并对危险化学品管道定期检查、检测。	1.【行政法规】《危险化学品安全管理条例》第七十八条第一款第一项：有下列情形之一的，由安全生产监督管理部门责令改正，可以处5万元以下的罚款；拒不改正的，处5万元以上10万元以下的罚

续表

裁量阶次	适用条件	具体标准	备注
C	危险化学品专用仓库有7处以上未设置明显标志的	责令改正，可以处4万元以上5万元以下的罚款；拒不改正的，处9万元以上10万元以下的罚款；情节严重的，责令停产停业整顿	
A	未在作业场所设置通信、报警装置，有1台（套、种）的	责令改正，可以处2万元以下的罚款；拒不改正的，处5万元以上7万元以下的罚款；情节严重的，责令停产停业整顿	
B	未在作业场所设置通信、报警装置，有2台（套、种）的	责令改正，可以处2万元以上4万元以下的罚款；拒不改正的，处7万元以上9万元以下的罚款；情节严重的，责令停产停业整顿	90
C	未在作业场所设置通信、报警装置，有3台（套、种）以上的	责令改正，可以处4万元以上5万元以下的罚款；拒不改正的，处9万元以上10万元以下的罚款；情节严重的，责令停产停业整顿	
A	未对3处以下危险化学品管道定期检查、检测的	责令改正，可以处2万元以下的罚款；拒不改正的，处5万元以上7万元以下的罚款；情节严重的，责令停产停业整顿	91

序号	违法行为	法律规定	处罚依据
130		2.【部门规章】《危险化学品输送管道安全管理规定》第十八条：管道单位应当按照有关国家标准、行业标准和技术规范对危险化学品管道进行定期检测、维护，确保其处于完好状态；对安全风险较大的区段和场所，应当进行重点监测、监控；对不符合安全标准的危险化学品管道，应当及时更新、改造或者停止使用，并向当地安全生产监督管理部门报告。对涉及更新、改造的危险化学品管道，还应当按照本办法第九条的规定办理安全条件审查手续。	款；情节严重的，责令停产停业整顿：（一）生产、储存危险化学品的单位未对其铺设的危险化学品管道设置明显的标志，或者未对危险化学品管道定期检查、检测的； 2.【部门规章】《危险化学品输送管道安全管理规定》第三十五条第一项：有下列情形之一的，由安全生产监督管理部门责令改正，可以处5万元以下的罚款；拒不改正的，处5万元以上10万元以下的罚款；情节严重的，责令停产停业整顿：（一）管道单位未按照本规定对管道进行检测、维护的；
131	进行可能危及危险化学品管道安全的施工作业，施工单位存在未按照规定书面通知管道单位等行为的	1.【行政法规】《危险化学品安全管理条例》第七十三条第二款：进行可能危及危险化学品管道安全的施工作业，施工单位应当在开工的7日前书面通知管道所属单位，并与管道所属单位共同制定应急预案，采取相应的安全防护措施。管道所属单位应当指派专门人员到现场进行管道安全保护指导。	1.【行政法规】《危险化学品安全管理条例》第七十八条第一款第二项：有下列情形之一的，由安全生产监督管理部门责令改正，可以处5万元以下的罚款；拒不改正的，处5万元以上10万元以下的罚款；情节严重的，责令停产停业整顿：（二）进行可能危及危险化学品管道安全的施工作业，施工单

续表

裁量阶次	适用条件	具体标准	备注
B	未对3处以上7处以下危险化学品管道定期检查、检测的	责令改正，可以处2万元以上4万元以下的罚款；拒不改正的，处7万元以上9万元以下的罚款；情节严重的，责令停产停业整顿	
C	未对7处以上危险化学品管道定期检查、检测的	责令改正，可以处4万元以上5万元以下的罚款；拒不改正的，处9万元以上10万元以下的罚款；情节严重的，责令停产停业整顿	
A	进行可能危及危险化学品管道安全的施工作业，施工单位未按照规定书面通知管道所属单位，或者未与管道所属单位共同制定应急预案、采取相应的安全防护措施，或者管道所属单位未指派专门人员到现场进行管道安全保护指导，有上述1种情形的	责令改正，可以处2万元以下的罚款；拒不改正的，处5万元以上7万元以下的罚款；情节严重的，责令停产停业整顿	92

序号	违法行为	法律规定	处罚依据
131		2.【部门规章】《危险化学品输送管道安全管理规定》第二十五条：实施下列可能危及危险化学品管道安全运行的施工作业的，施工单位应当在开工的7日前书面通知管道单位，将施工作业方案报管道单位，并与管道单位共同制定应急预案，采取相应的安全防护措施，管道单位应当指派专人到现场进行管道安全保护指导：（一）穿（跨）越管道的施工作业；（二）在管道线路中心线两侧5米至50米和管道附属设施周边100米地域范围内，新建、改建、扩建铁路、公路、河渠，架设电力线路，埋设地下电缆、光缆，设置安全接地体、避雷接地体；（三）在管道线路中心线两侧200米和管道附属设施周边500米地域范围内，实施爆破、地震法勘探或者工程挖掘、工程钻探、采矿等作业。	位未按照规定书面通知管道所属单位，或者未与管道所属单位共同制定应急预案、采取相应的安全防护措施，或者管道所属单位未指派专门人员到现场进行管道安全保护指导的； 2.【部门规章】《危险化学品输送管道安全管理规定》第三十五条第二项：有下列情形之一的，由安全生产监督管理部门责令改正，可以处5万元以下的罚款；拒不改正的，处5万元以上10万元以下的罚款；情节严重的，责令停产停业整顿：（二）进行可能危及危险化学品管道安全的施工作业，施工单位未按照规定书面通知管道单位，或者未与管道单位共同制定应急预案并采取相应的防护措施，或者管道单位未指派专人到现场进行管道安全保护指导的。
132	转产、停产、停止使用的危险化学品	【部门规章】《危险化学品输送管道安全管理规定》第二十九条：对转	【部门规章】《危险化学品输送管道安全管理规定》第三十六条第一款：对转

续表

裁量阶次	适用条件	具体标准	备注
B	进行可能危及危险化学品管道安全的施工作业，施工单位未按照规定书面通知管道所属单位，或者未与管道所属单位共同制定应急预案、采取相应的安全防护措施，或者管道所属单位未指派专门人员到现场进行管道安全保护指导，有上述2种情形的	责令改正，可以处2万元以上4万元以下的罚款；拒不改正的，处7万元以上9万元以下的罚款；情节严重的，责令停产停业整顿	
C	进行可能危及危险化学品管道安全的施工作业，施工单位未按照规定书面通知管道所属单位，或者未与管道所属单位共同制定应急预案、采取相应的安全防护措施，或者管道所属单位未指派专门人员到现场进行管道安全保护指导，有上述3种情形的	责令改正，可以处4万元以上5万元以下的罚款；拒不改正的，处9万元以上10万元以下的罚款；情节严重的，责令停产停业整顿	
A	未采取有效措施及时、妥善处置，尚未造成影响的	责令改正，处5万元以上7万元以下的罚款	93

序号	违法行为	法律规定	处罚依据
132	管道，管道单位未采取有效措施及时、妥善处置的	产、停产、停止使用的危险化学品管道，管道单位应当采取有效措施及时妥善处置，并将处置方案报县级以上安全生产监督管理部门。	产、停产、停止使用的危险化学品管道，管道单位未采取有效措施及时、妥善处置的，由安全生产监督管理部门责令改正，处5万元以上10万元以下的罚款；构成犯罪的，依法追究刑事责任。
133	转产、停产、停止使用的危险化学品管道，管道单位未按规定将处置方案报备的	1.【行政法规】《危险化学品安全管理条例》第二十七条：生产、储存危险化学品的单位转产、停产、停业或者解散的，应当采取有效措施，及时、妥善处置其危险化学品生产装置、储存设施以及库存的危险化学品，不得丢弃危险化学品；处置方案应当报所在地县级人民政府安全生产监督管理部门、工业和信息化主管部门、环境保护主管部门和公安机关备案。安全生产监督管理部门应当会同环境保护主管部门和公安机关对处置情况进行监督检查，发现未依照规定处置的，应当责令其立即处置。 2.【部门规章】《危险化学品输送管道安全管理规	1.【行政法规】《危险化学品安全管理条例》第八十二条第二款：生产、储存、使用危险化学品的单位转产、停产、停业或者解散，未依照本条例规定将其危险化学品生产装置、储存设施以及库存危险化学品的处置方案报有关部门备案的，分别由有关部门责令改正，可以处1万元以下的罚款；拒不改正的，处1万元以上5万元以下的罚款。 2.【部门规章】《危险化学品输送管道安全管理规定》第三十六条第二款：对转产、停产、停止使用的危险化学品管道，管道单位未按照本规定将处置方案报县级以上安全生产监督管理部门的，由安全

272

续表

裁量阶次	适用条件	具体标准	备注
B	未采取有效措施及时、妥善处置,造成轻微影响的	责令改正,处 7 万元以上 9 万元以下的罚款	
C	未采取有效措施及时、妥善处置,造成严重影响的	责令改正,处 9 万元以上 10 万元以下的罚款	
A	超出规定时限 10 日以内未备案的	责令改正,可以处 1 万元以下的罚款;拒不改正的,处 1 万元以上 2 万元以下的罚款	
B	超出规定时限 10 日以上 20 日以内未备案的	责令改正,可以处 1 万元以下的罚款;拒不改正的,处 2 万元以上 4 万元以下的罚款	93
C	超出规定时限 20 日以上未备案的	责令改正,可以处 1 万元以下的罚款;拒不改正的,处 4 万元以上 5 万元以下的罚款	

序号	违法行为	法律规定	处罚依据
133		定》第二十九条：对转产、停产、停止使用的危险化学品管道，管道单位应当采取有效措施及时妥善处置，并将处置方案报县级以上安全生产监督管理部门。	生产监督管理部门责令改正，可以处1万元以下的罚款；拒不改正的，处1万元以上5万元以下的罚款。
134	危险化学品建设项目安全设施竣工后未进行检验、检测的	【部门规章】《危险化学品建设项目安全监督管理办法》第二十一条：建设项目安全设施施工完成后，建设单位应当按照有关安全生产法律、法规、规章和国家标准、行业标准的规定，对建设项目安全设施进行检验、检测，保证建设项目安全设施满足危险化学品生产、储存的安全要求，并处于正常适用状态。	【部门规章】《危险化学品建设项目安全监督管理办法》第三十七条第一项：建设单位有下列行为之一的，责令改正，可以处1万元以下的罚款；逾期未改正的，处1万元以上3万元以下的罚款：（一）建设项目安全设施竣工后未进行检验、检测的；
135	危险化学品建设单位在申请建设项目安全审查时提供虚假文件、资料的	【部门规章】《危险化学品建设项目安全监督管理办法》第十三条第一款第七项：建设项目有下列情形之一的，安全条件审查不予通过：（七）隐瞒有关情况或者提供虚假文件、资料的。	【部门规章】《危险化学品建设项目安全监督管理办法》第三十七条第二项：建设单位有下列行为之一的，责令改正，可以处1万元以下的罚款；逾期未改正的，处1万元以上3万元以下的罚款：（二）在申请建设项目安全审查时提供虚假文件、资料的；

续表

裁量阶次	适用条件	具体标准	备注
A	有1台（处）未进行检验、检测的	责令改正，可以处1万元以下的罚款；逾期未改正的，处1万元以上1.5万元以下的罚款	
B	有2台（处）未进行检验、检测的	责令改正，可以处1万元以下的罚款；逾期未改正的，处1.5万元以上2万元以下的罚款	94
C	有3台（处）以上未进行检验、检测的	责令改正，可以处1万元以下的罚款；逾期未改正的，处2万元以上3万元以下的罚款	
A	建设项目总投资额1000万元以下的	责令改正，可以处1万元以下的罚款；逾期未改正的，处1万元以上1.5万元以下的罚款	
B	建设项目总投资额1000万元以上3000万元以下的	责令改正，可以处1万元以下的罚款；逾期未改正的，处1.5万元以上2万元以下的罚款	94
C	建设项目总投资额3000万元以上的	责令改正，可以处1万元以下的罚款；逾期未改正的，处2万元以上3万元以下的罚款	

序号	违法行为	法律规定	处罚依据
136	危险化学品建设单位未组织有关单位和专家研究提出试生产（使用）可能出现的安全问题及对策，或者未制定周密的试生产（使用）方案，进行试生产（使用）的	【部门规章】《危险化学品建设项目安全监督管理办法》第二十二条：建设单位应当组织建设项目的设计、施工、监理等有关单位和专家，研究提出建设项目试生产（使用）（以下简称试生产〈使用〉）可能出现的安全问题及对策，并按照有关安全生产法律、法规、规章和国家标准、行业标准的规定，制定周密的试生产（使用）方案。试生产（使用）方案应当包括下列有关安全生产的内容：（一）建设项目设备及管道试压、吹扫、气密、单机试车、仪表调校、联动试车等生产准备的完成情况；（二）投料试车方案；（三）试生产（使用）过程中可能出现的安全问题、对策及应急预案；（四）建设项目周边环境与建设项目安全试生产（使用）相互影响的确认情况；（五）危险化学品重大危险源监控措施的落实情况；（六）人力资源配置情况；（七）试生产（使用）起止日期。	【部门规章】《危险化学品建设项目安全监督管理办法》第三十七条第三项：建设单位有下列行为之一的，责令改正，可以处1万元以下的罚款；逾期未改正的，处1万元以上3万元以下的罚款；（三）未组织有关单位和专家研究提出试生产（使用）可能出现的安全问题及对策，或者未制定周密的试生产（使用）方案，进行试生产（使用）的；

续表

裁量阶次	适用条件	具体标准	备注
A	未制定周密的试生产（使用）方案，进行试生产（使用）的	责令改正，可以处1万元以下的罚款；逾期未改正的，处1万元以上1.5万元以下的罚款	
B	未组织有关单位和专家研究提出试生产（使用）可能出现的安全问题及对策，进行试生产（使用）的	责令改正，可以处1万元以下的罚款；逾期未改正的，处1.5万元以上2万元以下的罚款	94
C	未组织有关单位和专家研究提出试生产（使用）可能出现的安全问题及对策，且未制定周密的试生产（使用）方案，进行试生产（使用）的	责令改正，可以处1万元以下的罚款；逾期未改正的，处2万元以上3万元以下的罚款	

序号	违法行为	法律规定	处罚依据
136		建设项目试生产期限应当不少于30日,不超过1年。	
137	危险化学品建设单位未组织有关专家对试生产（使用）方案进行审查、对试生产（使用）条件进行检查确认的	【部门规章】《危险化学品建设项目安全监督管理办法》第二十三条：建设单位在采取有效安全生产措施后，方可将建设项目安全设施与生产、储存、使用的主体装置、设施同时进行试生产（使用）。 试生产（使用）前，建设单位应当组织专家对试生产（使用）方案进行审查。 试生产（使用）时，建设单位应当组织专家对试生产（使用）条件进行确认，对试生产（使用）过程进行技术指导。	【部门规章】《危险化学品建设项目安全监督管理办法》第三十七条第四项：建设单位有下列行为之一的，责令改正，可以处1万元以下的罚款；逾期未改正的，处1万元以上3万元以下的罚款：（四）未组织有关专家对试生产（使用）方案进行审查、对试生产（使用）条件进行检查确认的。
138	化学品单位未按规定对化学品进行物理危险性鉴定或者分类的	【部门规章】《化学品物理危险性鉴定与分类管理办法》第八条第一款：化学品生产、进口单位（以下统称化学品单位）应当对本单位生产或者进口的化学品进行普查和物理危险性辨识，对其中符合本办法第四条规定的化学品向鉴定机构申请鉴定。	【部门规章】《化学品物理危险性鉴定与分类管理办法》第十九条第一项：化学品单位有下列情形之一的，由安全生产监督管理部门责令限期改正，可以处1万元以下的罚款；拒不改正的，处1万元以上3万元以下的罚款：（一）未按照本办法规定对化学品进行物理危险性鉴定或者分类的；

续表

裁量阶次	适用条件	具体标准	备注
A	未组织有关专家对试生产（使用）方案进行审查的	责令改正，可以处1万元以下的罚款；逾期未改正的，处1万元以上1.5万元以下的罚款	
B	未对试生产（使用）条件进行检查确认的	责令改正，可以处1万元以下的罚款；逾期未改正的，处1.5万元以上2万元以下的罚款	94
C	未组织有关专家对试生产（使用）方案进行审查，且未对试生产（使用）条件进行检查确认的	责令改正，可以处1万元以下的罚款；逾期未改正的，处2万元以上3万元以下的罚款	
A	有1种化学品未进行物理危险性鉴定或者分类的	责令限期改正，可以处1万元以下的罚款；拒不改正的，处1万元以上1.5万元以下的罚款	
B	有2种化学品未进行物理危险性鉴定或者分类的	责令限期改正，可以处1万元以下的罚款；拒不改正的，处1.5万元以上2万元以下的罚款	96
C	有3种以上化学品未进行物理危险性鉴定或者分类的	责令限期改正，可以处1万元以下的罚款；拒不改正的，处2万元以上3万元以下的罚款	

序号	违法行为	法律规定	处罚依据
139	化学品单位未按规定建立化学品物理危险性鉴定与分类管理档案的	【部门规章】《化学品物理危险性鉴定与分类管理办法》第十六条：化学品单位应当建立化学品物理危险性鉴定与分类管理档案，内容应当包括：（一）已知物理危险性的化学品的危险特性等信息；（二）已经鉴定与分类化学品的物理危险性鉴定报告、分类报告和审核意见等信息；（三）未进行鉴定与分类化学品的名称、数量等信息。	【部门规章】《化学品物理危险性鉴定与分类管理办法》第十九条第二项：化学品单位有下列情形之一的，由安全生产监督管理部门责令限期改正，可以处1万元以下的罚款；拒不改正的，处1万元以上3万元以下的罚款：（二）未按照本办法规定建立化学品物理危险性鉴定与分类管理档案的；
140	化学品单位在办理化学品物理危险性的鉴定过程中，隐瞒化学品的危险性成分、含量等相关信息或者提供虚假材料的	【部门规章】《化学品物理危险性鉴定与分类管理办法》第八条第二款：化学品单位在办理化学品物理危险性鉴定过程中，不得隐瞒化学品的危险性成分、含量等相关信息或者提供虚假材料。	【部门规章】《化学品物理危险性鉴定与分类管理办法》第十九条第三项：化学品单位有下列情形之一的，由安全生产监督管理部门责令限期改正，可以处1万元以下的罚款；拒不改正的，处1万元以上3万元以下的罚款：（三）在办理化学品物理危险性的鉴定过程中，隐瞒化学品的危险性成分、含量等相关信息或者提供虚假材料的。

续表

裁量阶次	适用条件	具体标准	备注
A	化学品物理危险性鉴定与分类管理档案,有1项内容缺失或不符合规定的	责令限期改正,可以处1万元以下的罚款;拒不改正的,处1万元以上1.5万元以下的罚款	
B	化学品物理危险性鉴定与分类管理档案,有2项内容缺失或不符合规定的	责令限期改正,可以处1万元以下的罚款;拒不改正的,处1.5万元以上2万元以下的罚款	96
C	化学品物理危险性鉴定与分类管理档案,有3项以上内容缺失或不符合规定的,或未建立化学品物理危险性鉴定与分类管理档案的	责令限期改正,可以处1万元以下的罚款;拒不改正的,处2万元以上3万元以下的罚款	
A	隐瞒化学品的危险性成分、含量等相关信息或者提供虚假材料,有1种情形的	责令限期改正,可以处1万元以下的罚款;拒不改正的,处1万元以上1.5万元以下的罚款	
B	隐瞒化学品的危险性成分、含量等相关信息或者提供虚假材料,有2种情形的	责令限期改正,可以处1万元以下的罚款;拒不改正的,处1.5万元以上2万元以下的罚款	96
C	隐瞒化学品的危险性成分、含量等相关信息或者提供虚假材料,有3种以上情形的	责令限期改正,可以处1万元以下的罚款;拒不改正的,处2万元以上3万元以下的罚款	

序号	违法行为	法律规定	处罚依据
141	鉴定机构在物理危险性鉴定过程中伪造、篡改数据或者有其他弄虚作假行为的	【部门规章】《化学品物理危险性鉴定与分类管理办法》第七条：鉴定机构应当依照有关法律法规和国家标准或者行业标准的规定，科学、公正、诚信地开展鉴定工作，保证鉴定结果真实、准确、客观，并对鉴定结果负责。	【部门规章】《化学品物理危险性鉴定与分类管理办法》第二十条第一项：鉴定机构在物理危险性鉴定过程中有下列行为之一的，处1万元以上3万元以下的罚款；情节严重的，由国家安全生产监督管理总局从鉴定机构名单中除名并公告：（一）伪造、篡改数据或者有其他弄虚作假行为的；
142	鉴定机构在物理危险性鉴定过程中未通过监督检查，仍从事鉴定工作的	【部门规章】《化学品物理危险性鉴定与分类管理办法》第五条第二款：县级以上地方各级人民政府安全生产监督管理部门负责监督和检查本行政区域内化学品物理危险性鉴定与分类工作。	【部门规章】《化学品物理危险性鉴定与分类管理办法》第二十条第二项：鉴定机构在物理危险性鉴定过程中有下列行为之一的，处1万元以上3万元以下的罚款；情节严重的，由国家安全生产监督管理总局从鉴定机构名单中除名并公告：（二）未通过安全生产监督管理部门的监督检查，仍从事鉴定工作的；
143	鉴定机构在物理危险性鉴定过程中泄露化学品单位商业秘密的	【部门规章】《化学品物理危险性鉴定与分类管理办法》第七条：鉴定机构应当依照有关法律法规和国家标准或者行业标准的	【部门规章】《化学品物理危险性鉴定与分类管理办法》第二十条第三项：鉴定机构在物理危险性鉴定过程中有下列行为之一

续表

裁量阶次	适用条件	具体标准	备注
A	有1处伪造、篡改数据或者其他弄虚作假行为的	处1万元以上1.5万元以下的罚款	97
B	有2处伪造、篡改数据或者其他弄虚作假行为的	处1.5万元以上2万元以下的罚款	
C	有3处以上伪造、篡改数据或者其他弄虚作假行为的	处2万元以上3万元以下的罚款	
A	未通过安全生产监督管理部门的监督检查，仍从事鉴定工作10日以内的	处1万元以上1.5万元以下的罚款	97
B	未通过安全生产监督管理部门的监督检查，仍从事鉴定工作10日以上20日以内的	处1.5万元以上2万元以下的罚款	
C	未通过安全生产监督管理部门的监督检查，仍从事鉴定工作20日以上的	处2万元以上3万元以下的罚款	
A	泄露化学品单位商业秘密1次的	处1万元以上1.5万元以下的罚款	97
B	泄露化学品单位商业秘密2次的	处1.5万元以上2万元以下的罚款	

序号	违法行为	法律规定	处罚依据
143		规定,科学、公正、诚信地开展鉴定工作,保证鉴定结果真实、准确、客观,并对鉴定结果负责。	的,处1万元以上3万元以下的罚款;情节严重的,由国家安全生产监督管理总局从鉴定机构名单中除名并公告:(三)泄露化学品单位商业秘密的。
144	生产、经营、使用国家禁止生产、经营、使用的危险化学品的	【行政法规】《危险化学品安全管理条例》第五条第一款:任何单位和个人不得生产、经营、使用国家禁止生产、经营、使用的危险化学品。	【行政法规】《危险化学品安全管理条例》第七十五条第一款:生产、经营、使用国家禁止生产、经营、使用的危险化学品的,由安全生产监督管理部门责令停止生产、经营、使用活动,处20万元以上50万元以下的罚款,有违法所得的,没收违法所得;构成犯罪的,依法追究刑事责任。
145	生产、储存危险化学品的企业或者使用危险化学品从事生产的企业未按照规定将安全评价报告以及整改方案的落实情况备案的	【行政法规】《危险化学品安全管理条例》第二十二条第二款:生产、储存危险化学品的企业,应当将安全评价报告以及整改方案的落实情况报所在地县级人民政府安全生产监督管理部门备案。在港区内储存危险化学品的企业,应当将安全评价报告以及整改方案的落实情况报港口行政管理部门备案。 第三十二条:本条例第	【行政法规】《危险化学品安全管理条例》第八十一条第一款、第二款:有下列情形之一的,由公安机关责令改正,可以处1万元以下的罚款;拒不改正的,处1万元以上5万元以下的罚款…… 生产、储存危险化学品的企业或者使用危险化学品从事生产的企业未按照本条例规定将安全评价报告以及整改方案的落实情

续表

裁量阶次	适用条件	具体标准	备注
C	泄露化学品单位商业秘密3次以上的	处2万元以上3万元以下的罚款	
A	没有违法所得或违法所得10万元以下的	责令停止生产、经营、使用活动,处20万元以上30万元以下的罚款,没收违法所得	98
B	违法所得10万元以上30万元以下的	责令停止生产、经营、使用活动,处30万元以上40万元以下的罚款,没收违法所得	
C	违法所得30万元以上的	责令停止生产、经营、使用活动,处40万元以上50万元以下的罚款,没收违法所得	
A	超出规定时限10日以内未备案的	可以处1万元以下的罚款;拒不改正的,处1万元以上2万元以下的罚款	99
B	超出规定时限10日以上20日以内未备案的	可以处1万元以下的罚款;拒不改正的,处2万元以上4万元以下的罚款	
C	超出规定时限20日以上未备案的	可以处1万元以下的罚款;拒不改正的,处4万元以上5万元以下的罚款	

序号	违法行为	法律规定	处罚依据
145		十六条关于生产实施重点环境管理的危险化学品的企业的规定，适用于使用实施重点环境管理的危险化学品从事生产的企业；第二十条、第二十一条、第二十三条第一款、第二十七条关于生产、储存危险化学品的单位的规定，适用于使用危险化学品的单位；第二十二条关于生产、储存危险化学品的企业的规定，适用于使用危险化学品从事生产的企业。	况报安全生产监督管理部门或者港口行政管理部门备案，或者储存危险化学品的单位未将其剧毒化学品以及储存数量构成重大危险源的其他危险化学品的储存数量、储存地点以及管理人员的情况报安全生产监督管理部门或者港口行政管理部门备案的，分别由安全生产监督管理部门或者港口行政管理部门依照前款规定予以处罚。
146	储存危险化学品的单位未将其剧毒化学品以及储存数量构成重大危险源的其他危险化学品的储存数量、储存地点以及管理人员的情况备案的	【行政法规】《危险化学品安全管理条例》第二十五条第二款：对剧毒化学品以及储存数量构成重大危险源的其他危险化学品，储存单位应当将其储存数量、储存地点以及管理人员的情况，报所在地县级人民政府安全生产监督管理部门（在港区内储存的，报港口行政管理部门）和公安机关备案。	【行政法规】《危险化学品安全管理条例》第八十一条第一款、第二款：有下列情形之一的，由公安机关责令改正，可以处1万元以下的罚款；拒不改正的，处1万元以上5万元以下的罚款……生产、储存危险化学品的企业或者使用危险化学品从事生产的企业未按照本条例规定将安全评价报告以及整改方案的落实情况报安全生产监督管理部门或者港口行政管理部门备案，或者储存危险化学

续表

裁量阶次	适用条件	具体标准	备注
A	超出规定时限10日以内未备案的	可以处1万元以下的罚款；拒不改正的，处1万元以上2万元以下的罚款	
B	超出规定时限10日以上20日以内未备案的	可以处1万元以下的罚款；拒不改正的，处2万元以上4万元以下的罚款	99
C	超出规定时限20日以上未备案的	可以处1万元以下的罚款；拒不改正的，处4万元以上5万元以下的罚款	

序号	违法行为	法律规定	处罚依据
146			品的单位未将其剧毒化学品以及储存数量构成重大危险源的其他危险化学品的储存数量、储存地点以及管理人员的情况报安全生产监督管理部门或者港口行政管理部门备案的,分别由安全生产监督管理部门或者港口行政管理部门依照前款规定予以处罚。
147	生产、储存、使用危险化学品的单位转产、停产、停业或者解散,未采取有效措施处置危险化学品生产装置、储存设施以及库存的危险化学品,或者丢弃危险化学品的	【行政法规】《危险化学品安全管理条例》第二十七条:生产、储存危险化学品的单位转产、停产、停业或者解散的,应当采取有效措施,及时、妥善处置其危险化学品生产装置、储存设施以及库存的危险化学品,不得丢弃危险化学品;处置方案应当报所在地县级人民政府安全生产监督管理部门、工业和信息化主管部门、环境保护主管部门和公安机关备案。安全生产监督管理部门应当会同环境保护主管部门和公安机关对处置情况进行监督检查,发现未依照规定处置的,应当责令其立即处置。	【行政法规】《危险化学品安全管理条例》第八十二条第一款:生产、储存、使用危险化学品的单位转产、停产、停业或者解散,未采取有效措施及时、妥善处置其危险化学品生产装置、储存设施以及库存的危险化学品,或者丢弃危险化学品的,由安全生产监督管理部门责令改正,处5万元以上10万元以下的罚款;构成犯罪的,依法追究刑事责任。
148	生产、储存、使用危险化学	【行政法规】《危险化学品安全管理条例》第十八	1.【行政法规】《危险化学品安全管理条例》第八

续表

裁量阶次	适用条件	具体标准	备注
A	未采取有效措施及时、妥善处置其危险化学品生产装置、储存设施以及库存的危险化学品，存在1种情形的	责令改正，处5万元以上7万元以下的罚款	
B	未采取有效措施及时、妥善处置其危险化学品生产装置、储存设施以及库存的危险化学品，存在2种情形的	责令改正，处7万元以上9万元以下的罚款	100
C	未采取有效措施及时、妥善处置其危险化学品生产装置、储存设施以及库存的危险化学品，存在3种情形，或者丢弃危险化学品的	责令改正，处9万元以上10万元以下的罚款	
A	有3次以下重复使用的危险化学品包装物、	责令改正，处5万元以上7万元以下的罚款；拒不改正的，责	101

序号	违法行为	法律规定	处罚依据
148	品的单位对重复使用的危险化学品包装物、容器，在重复使用前不进行检查的	条第三款：对重复使用的危险化学品包装物、容器，使用单位在重复使用前应当进行检查；发现存在安全隐患的，应当维修或者更换。使用单位应当对检查情况作出记录，记录的保存期限不得少于 2 年。	十条第一款第一项：生产、储存、使用危险化学品的单位有下列情形之一的，由安全生产监督管理部门责令改正，处 5 万元以上 10 万元以下的罚款；拒不改正的，责令停产停业整顿直至由原发证机关吊销其相关许可证件，并由工商行政管理部门责令其办理经营范围变更登记或者吊销其营业执照；有关责任人员构成犯罪的，依法追究刑事责任：（一）对重复使用的危险化学品包装物、容器，在重复使用前不进行检查的； 2.【部门规章】《危险化学品经营许可证管理办法》第三十条第一项：带有储存设施的企业违反《危险化学品安全管理条例》规定，有下列情形之一的，责令改正，处 5 万元以上 10 万元以下的罚款；拒不改正的，责令停产停业整顿；经停产停业整顿仍不具备法律、法规、规章、国家标准和行业标准规定的安全生产条件的，吊销其经营许可证：（一）对

续表

裁量阶次	适用条件	具体标准	备注
	容器在重复使用前不进行检查的	令停产停业整顿直至由原发证机关吊销其相关许可证件	
B	有3次以上7次以下重复使用的危险化学品包装物、容器在重复使用前不进行检查的	责令改正，处7万元以上9万元以下的罚款；拒不改正的，责令停产停业整顿直至由原发证机关吊销其相关许可证件	
C	有7次以上重复使用的危险化学品包装物、容器在重复使用前不进行检查的	责令改正，处9万元以上10万元以下的罚款；拒不改正的，责令停产停业整顿直至由原发证机关吊销其相关许可证件	

序号	违法行为	法律规定	处罚依据
148			重复使用的危险化学品包装物、容器，在重复使用前不进行检查的；
149	生产、储存、使用危险化学品的单位未根据其生产、储存的危险化学品的种类和危险特性，在作业场所设置相关安全设施、设备的	【行政法规】《危险化学品安全管理条例》第二十条第一款：生产、储存危险化学品的单位，应当根据其生产、储存的危险化学品的种类和危险特性，在作业场所设置相应的监测、监控、通风、防晒、调温、防火、灭火、防爆、泄压、防毒、中和、防潮、防雷、防静电、防腐、防泄漏以及防护围堤或者隔离操作等安全设施、设备，并按照国家标准、行业标准或者国家有关规定对安全设施、设备进行经常性维护、保养，保证安全设施、设备的正常使用。	1.【行政法规】《危险化学品安全管理条例》第八十条第一款第二项：生产、储存、使用危险化学品的单位有下列情形之一的，由安全生产监督管理部门责令改正，处5万元以上10万元以下的罚款；拒不改正的，责令停产停业整顿直至由原发证机关吊销其相关许可证件，并由工商行政管理部门责令其办理经营范围变更登记或者吊销其营业执照；有关责任人员构成犯罪的，依法追究刑事责任：（二）未根据其生产、储存的危险化学品的种类和危险特性，在作业场所设置相关安全设施、设备，或者未按照国家标准、行业标准或者国家有关规定对安全设施、设备进行经常性维护、保养的； 2.【部门规章】《危险化学品经营许可证管理办法》第三十条第二项：带有储

续表

裁量阶次	适用条件	具体标准	备注
A	未根据其生产、储存的危险化学品的种类和危险特性，在作业场所设置相关安全设施、设备，有3台（处）以下的	责令改正，处5万元以上7万元以下的罚款；拒不改正的，责令停产停业整顿直至由原发证机关吊销其相关许可证件	
B	未根据其生产、储存的危险化学品的种类和危险特性，在作业场所设置相关安全设施、设备，有3台（处）以上7台（处）以下的	责令改正，处7万元以上9万元以下的罚款；拒不改正的，责令停产停业整顿直至由原发证机关吊销其相关许可证件	101
C	未根据其生产、储存的危险化学品的种类和危险特性，在作业场所设置相关安全设施、设备，有7台（处）以上的	责令改正，处9万元以上10万元以下的罚款；拒不改正的，责令停产停业整顿直至由原发证机关吊销其相关许可证件	

序号	违法行为	法律规定	处罚依据
149			存设施的企业违反《危险化学品安全管理条例》规定，有下列情形之一的，责令改正，处5万元以上10万元以下的罚款；拒不改正的，责令停产停业整顿；经停产停业整顿仍不具备法律、法规、规章、国家标准和行业标准规定的安全生产条件的，吊销其经营许可证：（二）未根据其储存的危险化学品的种类和危险特性，在作业场所设置相关安全设施、设备，或者未按照国家标准、行业标准或者国家有关规定对安全设施、设备进行经常性维护、保养的；
150	生产、储存、使用危险化学品的单位未按规定对其安全生产条件定期进行安全评价的	1.【行政法规】《危险化学品安全管理条例》第二十二条第一款：生产、储存危险化学品的企业，应当委托具备国家规定的资质条件的机构，对本企业的安全生产条件每3年进行一次安全评价，提出安全评价报告。安全评价报告的内容应当包括对安全生产条件存在的问题进行整改的方案。	1.【行政法规】《危险化学品安全管理条例》第八十条第一款第三项：生产、储存、使用危险化学品的单位有下列情形之一的，由安全生产监督管理部门责令改正，处5万元以上10万元以下的罚款；拒不改正的，责令停产停业整顿直至由原发证机关吊销其相关许可证件，并由工商行政管理部门责令其办

续表

裁量阶次	适用条件	具体标准	备注
A	未进行安全评价超期30日以内的	责令改正,处5万元以上7万元以下的罚款;拒不改正的,责令停产停业整顿直至由原发证机关吊销其相关许可证件	101
B	未进行安全评价超期30日以上60日以内的	责令改正,处7万元以上9万元以下的罚款;拒不改正的,责令停产停业整顿直至由原发证机关吊销其相关许可证件	

序号	违法行为	法律规定	处罚依据
150		第三十二条：本条例第十六条关于生产实施重点环境管理的危险化学品的企业的规定，适用于使用实施重点环境管理的危险化学品从事生产的企业；第二十条、第二十一条、第二十三条第一款、第二十七条关于生产、储存危险化学品的单位的规定，适用于使用危险化学品的单位；第二十二条关于生产、储存危险化学品的企业的规定，适用于使用危险化学品从事生产的企业。 2.【部门规章】《危险化学品经营许可证管理办法》第八条第一款第三项：申请人带有储存设施经营危险化学品的，除符合本办法第六条规定的条件外，还应当具备下列条件：（三）依照有关规定进行安全评价，安全评价报告符合《危险化学品经营企业安全评价细则》的要求；	理经营范围变更登记或者吊销其营业执照；有关责任人员构成犯罪的，依法追究刑事责任：（三）未依照本条例规定对其安全生产条件定期进行安全评价的； 2.【部门规章】《危险化学品经营许可证管理办法》第三十条第四项：带有储存设施的企业违反《危险化学品安全管理条例》规定，有下列情形之一的，责令改正，处5万元以上10万元以下的罚款；拒不改正的，责令停产停业整顿；经停产停业整顿仍不具备法律、法规、规章、国家标准和行业标准规定的安全生产条件的，吊销其经营许可证：（四）未对其安全生产条件定期进行安全评价的；
151	生产、储存、使用危险化学品的单位未将	【行政法规】《危险化学品安全管理条例》第二十四条第一款：危险化学品	1.【行政法规】《危险化学品安全管理条例》第八十条第一款第四项：生产、

296

续表

裁量阶次	适用条件	具体标准	备注
C	未进行安全评价超期60日以上的	责令改正,处9万元以上10万元以下的罚款;拒不改正的,责令停产停业整顿直至由原发证机关吊销其相关许可证件	
A	未将危险化学品储存在专用仓库内的	责令改正,处5万元以上7万元以下的罚款;拒不改正的,责令停产停业整顿直至由原发证机关吊销其相关许可证件	101

序号	违法行为	法律规定	处罚依据
151	危险化学品储存在专用仓库内，或者未将剧毒化学品以及储存数量构成重大危险源的其他危险化学品在专用仓库内单独存放的	应当储存在专用仓库、专用场地或者专用储存室（以下统称专用仓库）内，并由专人负责管理；剧毒化学品以及储存数量构成重大危险源的其他危险化学品，应当在专用仓库内单独存放，并实行双人收发、双人保管制度。	储存、使用危险化学品的单位有下列情形之一的，由安全生产监督管理部门责令改正，处5万元以上10万元以下的罚款；拒不改正的，责令停产停业整顿直至由原发证机关吊销其相关许可证件，并由工商行政管理部门责令其办理经营范围变更登记或者吊销其营业执照；有关责任人员构成犯罪的，依法追究刑事责任：（四）未将危险化学品储存在专用仓库内，或者未将剧毒化学品以及储存数量构成重大危险源的其他危险化学品在专用仓库内单独存放的； 2.【部门规章】《危险化学品经营许可证管理办法》第三十条第三项：带有储存设施的企业违反《危险化学品安全管理条例》规定，有下列情形之一的，责令改正，处5万元以上10万元以下的罚款；拒不改正的，责令停产停业整顿；经停产停业整顿仍不具备法律、法规、规章、国家标准和行业标准规定

续表

裁量阶次	适用条件	具体标准	备注
B	未将剧毒化学品以及储存数量构成重大危险源的其他危险化学品在专用仓库内单独存放的	责令改正，处7万元以上9万元以下的罚款；拒不改正的，责令停产停业整顿直至由原发证机关吊销其相关许可证件	
C	未将危险化学品储存在专用仓库内，且未将剧毒化学品以及储存数量构成重大危险源的其他危险化学品在专用仓库内单独存放的	责令改正，处9万元以上10万元以下的罚款；拒不改正的，责令停产停业整顿直至由原发证机关吊销其相关许可证件	

序号	违法行为	法律规定	处罚依据
151			的安全生产条件的，吊销其经营许可证；（三）未将危险化学品储存在专用仓库内，或者未将剧毒化学品以及储存数量构成重大危险源的其他危险化学品在专用仓库内单独存放的；
152	生产、储存、使用危险化学品的单位危险化学品专用仓库不符合国家标准、行业标准的要求的	【行政法规】《危险化学品安全管理条例》第二十六条第一款：危险化学品专用仓库应当符合国家标准、行业标准的要求，并设置明显的标志。储存剧毒化学品、易制爆危险化学品的专用仓库，应当按照国家有关规定设置相应的技术防范设施。	1.【行政法规】《危险化学品安全管理条例》第八十条第一款第六项：生产、储存、使用危险化学品的单位有下列情形之一的，由安全生产监督管理部门责令改正，处5万元以上10万元以下的罚款；拒不改正的，责令停产停业整顿直至由原发证机关吊销其相关许可证件，并由工商行政管理部门责令其办理经营范围变更登记或者吊销其营业执照；有关责任人员构成犯罪的，依法追究刑事责任：（六）危险化学品专用仓库不符合国家标准、行业标准的要求的； 2.【部门规章】《危险化学品经营许可证管理办法》

续表

裁量阶次	适用条件	具体标准	备注
A	危险化学品专用仓库有3项以下不符合国家标准、行业标准的要求的	责令改正，处5万元以上7万元以下的罚款；拒不改正的，责令停产停业整顿直至由原发证机关吊销其相关许可证件	
B	危险化学品专用仓库有3项以上7项以下不符合国家标准、行业标准的要求的	责令改正，处7万元以上9万元以下的罚款；拒不改正的，责令停产停业整顿直至由原发证机关吊销其相关许可证件	101
C	危险化学品专用仓库有7项以上不符合国家标准、行业标准的要求的	责令改正，处9万元以上10万元以下的罚款；拒不改正的，责令停产停业整顿直至由原发证机关吊销其相关许可证件	

序号	违法行为	法律规定	处罚依据
152			第三十条第六项：带有储存设施的企业违反《危险化学品安全管理条例》规定，有下列情形之一的，责令改正，处5万元以上10万元以下的罚款；拒不改正的，责令停产停业整顿；经停产停业整顿仍不具备法律、法规、规章、国家标准和行业标准规定的安全生产条件的，吊销其经营许可证：（六）危险化学品专用仓库不符合国家标准、行业标准的要求的；
153	生产、储存、使用危险化学品的单位未对危险化学品专用仓库的安全设施定期进行检测、检验的	【行政法规】《危险化学品安全管理条例》第二十六条第二款：储存危险化学品的单位应当对其危险化学品专用仓库的安全设施、设备定期进行检测、检验。	1.【行政法规】《危险化学品安全管理条例》第八十条第一款第七项：生产、储存、使用危险化学品的单位有下列情形之一的，由安全生产监督管理部门责令改正，处5万元以上10万元以下的罚款；拒不改正的，责令停产停业整顿直至由原发证机关吊销其相关许可证件，并由工商行政管理部门责令其办理经营范围变更登记或者吊销其营业执照；有关责任人员构成犯罪的，依法

续表

裁量阶次	适用条件	具体标准	备注
A	未对1台（处）危险化学品专用仓库安全设施定期进行检测、检验的	责令改正，处5万元以上7万元以下的罚款；拒不改正的，责令停产停业整顿直至由原发证机关吊销其相关许可证件	
B	未对2台（处）危险化学品专用仓库安全设施定期进行检测、检验的	责令改正，处7万元以上9万元以下的罚款；拒不改正的，责令停产停业整顿直至由原发证机关吊销其相关许可证件	101
C	未对3台（处）以上危险化学品专用仓库的安全设施定期进行检测、检验的	责令改正，处9万元以上10万元以下的罚款；拒不改正的，责令停产停业整顿直至由原发证机关吊销其相关许可证件	

序号	违法行为	法律规定	处罚依据
153			追究刑事责任：（七）未对危险化学品专用仓库的安全设施、设备定期进行检测、检验的。 2.【部门规章】《危险化学品经营许可证管理办法》第三十条第七项：带有储存设施的企业违反《危险化学品安全管理条例》规定，有下列情形之一的，责令改正，处5万元以上10万元以下的罚款；拒不改正的，责令停产停业整顿；经停产停业整顿仍不具备法律、法规、规章、国家标准和行业标准规定的安全生产条件的，吊销其经营许可证：（七）未对危险化学品专用仓库的安全设施、设备定期进行检测、检验的。
154	危险化学品生产企业、经营企业向不具有相关许可证件或者证明文件的单位销售剧毒化学品、易制爆危险化学品的	【行政法规】《危险化学品安全管理条例》第四十条第一款：危险化学品生产企业、经营企业销售剧毒化学品、易制爆危险化学品，应当查验本条例第三十八条第一款、第二款规定的相关许可证件或者证明文件，不得向不具有	【行政法规】《危险化学品安全管理条例》第八十四条第一款第一项：危险化学品生产企业、经营企业有下列情形之一的，由安全生产监督管理部门责令改正，没收违法所得，并处10万元以上20万元以下的罚款；拒不改正的，

续表

裁量阶次	适用条件	具体标准	备注
A	没有违法所得或违法所得5万元以下的	责令改正,没收违法所得,并处10万元以上13万元以下的罚款;拒不改正的,责令停产停业整顿直至吊销其危险化学品安全生产许可证、危险化学品经营许可证	102
B	违法所得5万元以上10万元以下的	责令改正,没收违法所得,并处13万元以上17万元以下的罚款;拒不改正的,责令停产停	

序号	违法行为	法律规定	处罚依据
154		相关许可证件或者证明文件的单位销售剧毒化学品、易制爆危险化学品。对持剧毒化学品购买许可证购买剧毒化学品的，应当按照许可证载明的品种、数量销售。	责令停产停业整顿直至吊销其危险化学品安全生产许可证、危险化学品经营许可证，并由工商行政管理部门责令其办理经营范围变更登记或者吊销其营业执照：（一）向不具有本条例第三十八条第一款、第二款规定的相关许可证件或者证明文件的单位销售剧毒化学品、易制爆危险化学品的；
155	危险化学品生产企业、经营企业不按照剧毒化学品购买许可证载明的品种、数量销售剧毒化学品的	【行政法规】《危险化学品安全管理条例》第四十条第一款：危险化学品生产企业、经营企业销售剧毒化学品、易制爆危险化学品，应当查验本条例第三十八条第一款、第二款规定的相关许可证件或者证明文件，不得向不具有相关许可证件或者证明文件的单位销售剧毒化学品、易制爆危险化学品。对持剧毒化学品购买许可证购买剧毒化学品的，应当按照许可证载明的品种、数量销售。	【行政法规】《危险化学品安全管理条例》第八十四条第一款第二项：危险化学品生产企业、经营企业有下列情形之一的，由安全生产监督管理部门责令改正，没收违法所得，并处10万元以上20万元以下的罚款；拒不改正的，责令停产停业整顿直至吊销其危险化学品安全生产许可证、危险化学品经营许可证，并由工商行政管理部门责令其办理经营范围变更登记或者吊销其营业执照：（二）不按照剧毒化学品购买许可证载明的品种、数量销售剧毒化学品的；

续表

裁量阶次	适用条件	具体标准	备注
		业整顿直至吊销其危险化学品安全生产许可证、危险化学品经营许可证	
C	违法所得10万元以上的	责令改正，没收违法所得，并处17万元以上20万元以下的罚款；拒不改正的，责令停产停业整顿直至吊销其危险化学品安全生产许可证、危险化学品经营许可证	
A	没有违法所得或违法所得5万元以下的	责令改正，没收违法所得，并处10万元以上13万元以下的罚款；拒不改正的，责令停产停业整顿直至吊销其危险化学品安全生产许可证、危险化学品经营许可证	
B	违法所得5万元以上10万元以下的	责令改正，没收违法所得，并处13万元以上17万元以下的罚款；拒不改正的，责令停产停业整顿直至吊销其危险化学品安全生产许可证、危险化学品经营许可证	102
C	违法所得10万元以上的	责令改正，没收违法所得，并处17万元以上20万元以下的罚款；拒不改正的，责令停产停业整顿直至吊销其危险化学品安全生产许可证、危险化学品经营许可证	

序号	违法行为	法律规定	处罚依据
156	危险化学品生产企业、经营企业向个人销售剧毒化学品（属于剧毒化学品的农药除外）、易制爆危险化学品的	【行政法规】《危险化学品安全管理条例》第四十条第二款：禁止向个人销售剧毒化学品（属于剧毒化学品的农药除外）和易制爆危险化学品。	【行政法规】《危险化学品安全管理条例》第八十四条第一款第三项：危险化学品生产企业、经营企业有下列情形之一的，由安全生产监督管理部门责令改正，没收违法所得，并处10万元以上20万元以下的罚款；拒不改正的，责令停产停业整顿直至吊销其危险化学品安全生产许可证、危险化学品经营许可证，并由工商行政管理部门责令其办理经营范围变更登记或者吊销其营业执照：（三）向个人销售剧毒化学品（属于剧毒化学品的农药除外）、易制爆危险化学品的。
157	危险化学品生产企业、进口企业不办理危险化学品登记，或者发现其生产、进口的危险化学品	1.【行政法规】《危险化学品安全管理条例》第六十七条第一款至第三款：危险化学品生产企业、进口企业，应当向国务院安全生产监督管理部门负责危险化学品登记的机构	1.【行政法规】《危险化学品安全管理条例》第七十八条第一款第十二项：有下列情形之一的，由安全生产监督管理部门责令改正，可以处5万元以下的罚款；拒不改正的，处

续表

裁量阶次	适用条件	具体标准	备注
A	没有违法所得或违法所得 5 万元以下的	责令改正，没收违法所得，并处 10 万元以上 13 万元以下的罚款；拒不改正的，责令停产停业整顿直至吊销其危险化学品安全生产许可证、危险化学品经营许可证	
B	违法所得 5 万元以上 10 万元以下的	责令改正，没收违法所得，并处 13 万元以上 17 万元以下的罚款；拒不改正的，责令停产停业整顿直至吊销其危险化学品安全生产许可证、危险化学品经营许可证	102
C	违法所得 10 万元以上的	责令改正，没收违法所得，并处 17 万元以上 20 万元以下的罚款；拒不改正的，责令停产停业整顿直至吊销其危险化学品安全生产许可证、危险化学品经营许可证	
A	超过规定申请办理时限 10 日以内的	责令改正，可以处 2 万元以下的罚款；拒不改正的，处 5 万元以上 7 万元以下的罚款；情节严重的，责令停产停业整顿	104

序号	违法行为	法律规定	处罚依据
157	有新的危险特性不办理危险化学品登记内容变更手续的	（以下简称危险化学品登记机构）办理危险化学品登记。 危险化学品登记包括下列内容：（一）分类和标签信息；（二）物理、化学性质；（三）主要用途；（四）危险特性；（五）储存、使用、运输的安全要求；（六）出现危险情况的应急处置措施。 对同一企业生产、进口的同一品种的危险化学品，不进行重复登记。危险化学品生产企业、进口企业发现其生产、进口的危险化学品有新的危险特性的，应当及时向危险化学品登记机构办理登记内容变更手续。 2.【部门规章】《危险化学品登记管理办法》第十五条：登记企业在危险化学品登记证有效期内，企业名称、注册地址、登记品种、应急咨询服务电话发生变化，或者发现其生产、进口的危险化学品有新的危险特性的，应当在15个工作日内向登记办公室提出变更申请，并按照下列程序办理登记内容变	5万元以上10万元以下的罚款；情节严重的，责令停产停业整顿：（十二）危险化学品生产企业、进口企业不办理危险化学品登记，或者发现其生产、进口的危险化学品有新的危险特性不办理危险化学品登记内容变更手续的。 2.【部门规章】《危险化学品登记管理办法》第二十九条：登记企业不办理危险化学品登记，登记品种发生变化或者发现其生产、进口的危险化学品有新的危险特性不办理危险化学品登记内容变更手续的，责令改正，可以处5万元以下的罚款；拒不改正的，处5万元以上10万元以下的罚款；情节严重的，责令停产停业整顿。

续表

裁量阶次	适用条件	具体标准	备注
B	超过规定申请办理时限10日以上20日以内的	责令改正,可以处2万元以上4万元以下的罚款;拒不改正的,处7万元以上9万元以下的罚款;情节严重的,责令停产停业整顿	
C	超过规定申请办理时限20日以上的	责令改正,可以处4万元以上5万元以下的罚款;拒不改正的,处9万元以上10万元以下的罚款;情节严重的,责令停产停业整顿	

序号	违法行为	法律规定	处罚依据
157		更手续：（一）通过登记系统填写危险化学品登记变更申请表，并向登记办公室提交涉及变更事项的证明材料1份；（二）登记办公室初步审查登记企业的登记变更申请，符合条件的，通知登记企业提交变更后的登记材料，并对登记材料进行审查，符合要求的，提交给登记中心；不符合要求的，通过登记系统告知登记企业并说明理由；（三）登记中心对登记办公室提交的登记材料进行审核，符合要求且属于危险化学品登记证载明事项的，通过登记办公室向登记企业发放登记变更后的危险化学品登记证并收回原证；符合要求但不属于危险化学品登记证载明事项的，通过登记办公室向登记企业提供书面证明文件。	
158	危险化学品生产企业、进口企业在危险化学品登记证有效期内企业名称、注册地	【部门规章】《危险化学品登记管理办法》第十五条：登记企业在危险化学品登记证有效期内，企业名称、注册地址、登记品种、应急咨询服务电话发	【部门规章】《危险化学品登记管理办法》第三十条第二项：登记企业有下列行为之一的，责令改正，可以处3万元以下的罚款：（二）在危险化学品登记

续表

裁量阶次	适用条件	具体标准	备注
A	逾期10日以内的	责令改正,可以处1万元以下的罚款	105
B	逾期10日以上20日以内的	责令改正,可以处1万元以上2万元以下的罚款	
C	逾期20日以上的	责令改正,可以处2万元以上3万元以下的罚款	

序号	违法行为	法律规定	处罚依据
158	址、应急咨询服务电话发生变化，未按规定按时办理危险化学品登记变更手续的	生变化，或者发现其生产、进口的危险化学品有新的危险特性的，应当在15个工作日内向登记办公室提出变更申请，并按照下列程序办理登记内容变更手续：（一）通过登记系统填写危险化学品登记变更申请表，并向登记办公室提交涉及变更事项的证明材料1份；（二）登记办公室初步审查登记企业的登记变更申请，符合条件的，通知登记企业提交变更后的登记材料，并对登记材料进行审查，符合要求的，提交给登记中心；不符合要求的，通过登记系统告知登记企业并说明理由；（三）登记中心对登记办公室提交的登记材料进行审核，符合要求且属于危险化学品登记证载明事项的，通过登记办公室向登记企业发放登记变更后的危险化学品登记证并收回原证；符合要求但不属于危险化学品登记证载明事项的，通过登记办公室向登记企业提供书面证明文件。	证有效期内企业名称、注册地址、应急咨询服务电话发生变化，未按规定按时办理危险化学品登记变更手续的；
159	危险化学品生产企业、进	【部门规章】《危险化学品登记管理办法》第十六	【部门规章】《危险化学品登记管理办法》第三十

314

续表

裁量阶次	适用条件	具体标准	备注
A	逾期10日以内的	责令改正，可以处1万元以下的罚款	105

序号	违法行为	法律规定	处罚依据
159	口企业在危险化学品登记证有效期满后，未按规定申请复核换证，继续进行生产或者进口的	条：危险化学品登记证有效期为3年。登记证有效期满后，登记企业继续从事危险化学品生产或者进口的，应当在登记证有效期届满前3个月提出复核换证申请，并按下列程序办理复核换证：（一）通过登记系统填写危险化学品复核换证申请表；（二）登记办公室审查登记企业的复核换证申请，符合条件的，通过登记系统告知登记企业提交本规定第十四条规定的登记材料；不符合条件的，通过登记系统告知登记企业并说明理由；（三）按照本办法第十三条第一款第三项、第四项、第五项规定的程序办理复核换证手续。	条第三项：登记企业有下列行为之一的，责令改正，可以处3万元以下的罚款：（三）危险化学品登记证有效期满后，未按规定申请复核换证，继续进行生产或者进口的；
160	危险化学品生产企业、进口企业转让、冒用或者使用伪造的危险化学品登记证，或者不如实填报登记内容、提交有关材料的	【部门规章】《危险化学品登记管理办法》第十九条：登记企业应当按照规定向登记机构办理危险化学品登记，如实填报登记内容和提交有关材料，并接受安全生产监督管理部门依法进行的监督检查。第二十三条：登记企业不得转让、冒用或者使用伪造的危险化学品登记证。	【部门规章】《危险化学品登记管理办法》第三十条第四项：登记企业有下列行为之一的，责令改正，可以处3万元以下的罚款：（四）转让、冒用或者使用伪造的危险化学品登记证，或者不如实填报登记内容、提交有关材料的；

续表

裁量阶次	适用条件	具体标准	备注
B	逾期10日以上20日以内的	责令改正，可以处1万元以上2万元以下的罚款	
C	逾期20日以上的	责令改正，可以处2万元以上3万元以下的罚款	
A	不如实填报登记内容、提交有关材料的	责令改正，可以处1万元以下的罚款	
B	转让危险化学品登记证的	责令改正，可以处1万元以上2万元以下的罚款	105
C	冒用或者使用伪造的危险化学品登记证的	责令改正，可以处2万元以上3万元以下的罚款	

317

序号	违法行为	法律规定	处罚依据
161	危险化学品生产企业、进口企业拒绝、阻挠登记机构对本企业危险化学品登记情况进行现场核查的	【部门规章】《危险化学品登记管理办法》第十三条第一款第四项：危险化学品登记按照下列程序办理：（四）登记办公室在收到登记企业的登记材料之日起20个工作日内，对登记材料和登记内容逐项进行审查，必要时可进行现场核查，符合要求的，将登记材料提交给登记中心；不符合要求的，通过登记系统告知登记企业并说明理由； 第二十条第一款：登记企业应当指定人员负责危险化学品登记的相关工作，配合登记人员在必要时对本企业危险化学品登记内容进行核查。	【部门规章】《危险化学品登记管理办法》第三十条第五项：登记企业有下列行为之一的，责令改正，可以处3万元以下的罚款：（五）拒绝、阻挠登记机构对本企业危险化学品登记情况进行现场核查的。
162	危险化学品生产企业、进口企业未按规定向用户提供应急咨询服务或者应急咨询服务不符合规定的	【部门规章】《危险化学品登记管理办法》第二十二条：危险化学品生产企业应当设立由专职人员24小时值守的国内固定服务电话，针对本办法第十二条规定的内容向用户提供危险化学品事故应急咨询服务，为危险化学品事故应急救援提供技术指导和必要的协助。专职值守人员应当熟悉本企业危险化	【部门规章】《危险化学品登记管理办法》第三十条第一项：登记企业有下列行为之一的，责令改正，可以处3万元以下的罚款：（一）未向用户提供应急咨询服务或者应急咨询服务不符合本办法第二十二条规定的；

续表

裁量阶次	适用条件	具体标准	备注
A	以不知道、不配合等消极方式拒绝、阻挠登记机构对本企业危险化学品登记情况进行现场核查的	责令改正，可以处1万元以下的罚款	
B	以吵闹、谩骂等主动方式拒绝、阻挠登记机构对本企业危险化学品登记情况进行现场核查的	责令改正，可以处1万元以上2万元以下的罚款	105
C	以暴力、威胁等方式拒绝、阻挠登记机构对本企业危险化学品登记情况进行现场核查的	责令改正，可以处2万元以上3万元以下的罚款	
A	提供了应急咨询电话，但专职人员没有24小时值守的	责令改正，可以处1万元以下的罚款	
B	有专职人员24小时值守的国内固定服务电话，但专职值守人员不熟悉本企业危险化学品的危险特性和应急处置技术，不能准确回答有关咨询问题的	责令改正，可以处1万元以上2万元以下的罚款	106

序号	违法行为	法律规定	处罚依据
162		学品的危险特性和应急处置技术，准确回答有关咨询问题。 　　危险化学品生产企业不能提供前款规定应急咨询服务的，应当委托登记机构代理应急咨询服务。 　　危险化学品进口企业应当自行或者委托进口代理商、登记机构提供符合本条第一款要求的应急咨询服务，并在其进口的危险化学品安全标签上标明应急咨询服务电话号码。 　　从事代理应急咨询服务的登记机构，应当设立由专职人员24小时值守的国内固定服务电话，建有完善的化学品应急救援数据库，配备在线数字录音设备和8名以上专业人员，能够同时受理3起以上应急咨询,准确提供化学品泄漏、火灾、爆炸、中毒等事故应急处置有关信息和建议。	
163	非药品类易制毒化学品生产、经营单位未按规定建立管理制度和安全管理制度的	1.【行政法规】《易制毒化学品管理条例》第五条第四款：生产、经营、购买、运输和进口、出口易制毒化学品的单位，应当建立单位内部易制毒化学品管理制度。	1.【行政法规】《易制毒化学品管理条例》第四十条第一款第一项：违反本条例规定，有下列行为之一的，由负有监督管理职责的行政主管部门给予警告，责令限期改正，处

续表

裁量阶次	适用条件	具体标准	备注
C	未向用户提供应急咨询服务且未委托登记机构代理应急咨询服务的	责令改正，可以处2万元以上3万元以下的罚款	
A	第三类非药品类易制毒化学品生产、经营单位未按规定建立管理制度和安全管理制度的	给予警告，责令限期改正，处1万元以上2万元以下的罚款；对违反规定生产、经营、购买的易制毒化学品可以予以没收；逾期不改正的，责令限期停产停业整顿；逾期整顿不合格的，吊销相应的许可证	126

序号	违法行为	法律规定	处罚依据
163		2.【部门规章】《非药品类易制毒化学品生产、经营许可办法》第七条第一款第三项、第四项：生产单位申请非药品类易制毒化学品生产许可证，应当向所在地的省级人民政府安全生产监督管理部门提交下列文件、资料，并对其真实性负责：（三）易制毒化学品管理制度和环境突发事件应急预案；（四）安全生产管理制度； 第八条第一款第三项：经营单位申请非药品类易制毒化学品经营许可证，应当向所在地的省级人民政府安全生产监督管理部门提交下列文件、资料，并对其真实性负责：（三）易制毒化学品经营管理制度和包括销售机构、销售代理商、用户等内容的销售网络文件； 第十九条第一款第二项：第二类、第三类非药品类易制毒化学品生产单位进行备案时，应当提交下列资料：（二）易制毒化学品管理制度；	1万元以上5万元以下的罚款；对违反规定生产、经营、购买的易制毒化学品可以予以没收；逾期不改正的，责令限期停产停业整顿；逾期整顿不合格的，吊销相应的许可证：（一）易制毒化学品生产、经营、购买、运输或者进口、出口单位未按规定建立安全管理制度的； 2.【部门规章】《非药品类易制毒化学品生产、经营许可办法》第三十条第一项：对于有下列行为之一的，由县级以上人民政府安全生产监督管理部门给予警告，责令限期改正，处1万元以上5万元以下的罚款；对违反规定生产、经营的非药品类易制毒化学品，可以予以没收；逾期不改正的，责令限期停产停业整顿；逾期整顿不合格的，吊销相应的许可证：（一）易制毒化学品生产、经营单位未按规定建立易制毒化学品的管理制度和安全管理制度的；

续表

裁量阶次	适用条件	具体标准	备注
B	第二类非药品类易制毒化学品生产、经营单位未按规定建立管理制度和安全管理制度的	给予警告，责令限期改正，处2万元以上4万元以下的罚款；对违反规定生产、经营、购买的易制毒化学品可以予以没收；逾期不改正的，责令限期停产停业整顿；逾期整顿不合格的，吊销相应的许可证	
C	第一类非药品类易制毒化学品生产、经营单位未按规定建立管理制度和安全管理制度的	给予警告，责令限期改正，处4万元以上5万元以下的罚款；对违反规定生产、经营、购买的易制毒化学品可以予以没收；逾期不改正的，责令限期停产停业整顿；逾期整顿不合格的，吊销相应的许可证	

序号	违法行为	法律规定	处罚依据
164	将非药品类易制毒化学品生产、经营许可证或者备案证明转借他人使用的	1.【行政法规】《易制毒化学品管理条例》第十一条第一款：取得第一类易制毒化学品生产许可或者依照本条例第十三条第一款规定已经履行第二类、第三类易制毒化学品备案手续的生产企业，可以经销自产的易制毒化学品。但是，在厂外设立销售网点经销第一类易制毒化学品的，应当依照本条例的规定取得经营许可。 2.【部门规章】《非药品类易制毒化学品生产、经营许可办法》第五条：生产、经营第一类非药品类易制毒化学品的，必须取得非药品类易制毒化学品生产、经营许可证方可从事生产、经营活动。	1.【行政法规】《易制毒化学品管理条例》第四十条第一款第二项：违反本条例规定，有下列行为之一的，由负有监督管理职责的行政主管部门给予警告，责令限期改正，处1万元以上5万元以下的罚款；对违反规定生产、经营、购买的易制毒化学品可以予以没收；逾期不改正的，责令限期停产停业整顿；逾期整顿不合格的，吊销相应的许可证：（二）将许可证或者备案证明转借他人使用的； 2.【部门规章】《非药品类易制毒化学品生产、经营许可办法》第三十条第二项：对于有下列行为之一的，由县级以上人民政府安全生产监督管理部门给予警告，责令限期改正，处1万元以上5万元以下的罚款；对违反规定生产、经营的非药品类易制毒化学品，可以予以没收；逾期不改正的，责令限期停产停业整顿；逾期整顿不合格的，吊销相应的许可证：（二）将许可证或者备案证明转借他人使用的；

续表

裁量阶次	适用条件	具体标准	备注
A	将第三类非药品类易制毒化学品备案证明转借他人使用的	给予警告，责令限期改正，处1万元以上2万元以下的罚款；对违反规定生产、经营、购买的易制毒化学品可以予以没收；逾期不改正的，责令限期停产停业整顿；逾期整顿不合格的，吊销相应的许可证	
B	将第二类非药品类易制毒化学品备案证明转借他人使用的	给予警告，责令限期改正，处2万元以上4万元以下的罚款；对违反规定生产、经营、购买的易制毒化学品可以予以没收；逾期不改正的，责令限期停产停业整顿；逾期整顿不合格的，吊销相应的许可证	127
C	将第一类非药品类易制毒化学品许可证转借他人使用的	给予警告，责令限期改正，处4万元以上5万元以下的罚款；对违反规定生产、经营、购买的易制毒化学品可以予以没收；逾期不改正的，责令限期停产停业整顿；逾期整顿不合格的，吊销相应的许可证	

序号	违法行为	法律规定	处罚依据
165	超出许可的品种、数量，生产、经营易制毒化学品的	1.【行政法规】《易制毒化学品管理条例》第十三条：生产第二类、第三类易制毒化学品的，应当自生产之日起30日内，将生产的品种、数量等情况，向所在地的设区的市级人民政府安全生产监督管理部门备案。 经营第二类易制毒化学品的，应当自经营之日起30日内，将经营的品种、数量、主要流向等情况，向所在地的设区的市级人民政府安全生产监督管理部门备案；经营第三类易制毒化学品的，应当自经营之日起30日内，将经营的品种、数量、主要流向等情况，向所在地的县级人民政府安全生产监督管理部门备案。 前两款规定的行政主管部门应当于收到备案材料的当日发给备案证明。 2.【部门规章】《非药品类易制毒化学品生产、经营许可办法》第五条：生产、经营第一类非药品类易制毒化学品的，必须取得非药品类易制毒化学品	1.【行政法规】《易制毒化学品管理条例》第四十条第一款第三项：违反本条例规定，有下列行为之一的，由负有监督管理职责的行政主管部门给予警告，责令限期改正，处1万元以上5万元以下的罚款；对违反规定生产、经营、购买的易制毒化学品可以予以没收；逾期不改正的，责令限期停产停业整顿；逾期整顿不合格的，吊销相应的许可证：（三）超出许可的品种、数量生产、经营、购买易制毒化学品的； 2.【部门规章】《非药品类易制毒化学品生产、经营许可办法》第三十条第三项：对于有下列行为之一的，由县级以上人民政府安全生产监督管理部门给予警告，责令限期改正，处1万元以上5万元以下的罚款；对违反规定生产、经营的非药品类易制毒化学品，可以予以没收；逾期不改正的，责令限期停产停业整顿；逾期整顿不合格的，吊销相应的许可

续表

裁量阶次	适用条件	具体标准	备注
A	超出许可的品种1种，或者超出许可数量10%以下的	给予警告，责令限期改正，处1万元以上2万元以下的罚款；对违反规定生产、经营、购买的易制毒化学品可以予以没收；逾期不改正的，责令限期停产停业整顿；逾期整顿不合格的，吊销相应的许可证	
B	超出许可的品种2种，或者超出许可数量10%以上30%以下的	给予警告，责令限期改正，处2万元以上4万元以下的罚款；对违反规定生产、经营、购买的易制毒化学品可以予以没收；逾期不改正的，责令限期停产停业整顿；逾期整顿不合格的，吊销相应的许可证	128
C	超出许可的品种3种以上，或者超出许可数量30%以上的	给予警告，责令限期改正，处4万元以上5万元以下的罚款；对违反规定生产、经营、购买的易制毒化学品可以予以没收；逾期不改正的，责令限期停产停业整顿；逾期整顿不合格的，吊销相应的许可证	

序号	违法行为	法律规定	处罚依据
165		生产、经营许可证方可从事生产、经营活动。	证：（三）超出许可的品种、数量，生产、经营非药品类易制毒化学品的；
166	非药品易制毒化学品的产品包装和使用说明书不符合规定的	【行政法规】《易制毒化学品管理条例》第四条：易制毒化学品的产品包装和使用说明书，应当标明产品的名称（含学名和通用名）、化学分子式和成分。	1.【行政法规】《易制毒化学品管理条例》第四十条第一款第七项：违反本条例规定，有下列行为之一的，由负有监督管理职责的行政主管部门给予警告，责令限期改正，处 1 万元以上 5 万元以下的罚款；对违反规定生产、经营、购买的易制毒化学品可以予以没收；逾期不改正的，责令限期停产停业整顿；逾期整顿不合格的，吊销相应的许可证：（七）易制毒化学品的产品包装和使用说明书不符合本条例规定要求的； 2.【部门规章】《非药品类易制毒化学品生产、经营许可办法》第三十条第四项：对于有下列行为之一的，由县级以上人民政府安全生产监督管理部门给予警告，责令限期改正，处 1 万元以上 5 万元以下的罚款；对违反规定生产、

续表

裁量阶次	适用条件	具体标准	备注
A	有 1 项缺少或者不符合要求的	给予警告，责令限期改正，处 1 万元以上 2 万元以下的罚款；对违反规定生产、经营、购买的易制毒化学品可以予以没收；逾期不改正的，责令限期停产停业整顿；逾期整顿不合格的，吊销相应的许可证	
B	有 2 项缺少或者不符合要求的	给予警告，责令限期改正，处 2 万元以上 4 万元以下的罚款；对违反规定生产、经营、购买的易制毒化学品可以予以没收；逾期不改正的，责令限期停产停业整顿；逾期整顿不合格的，吊销相应的许可证	129
C	有 3 项缺少或者不符合要求的	给予警告，责令限期改正，处 4 万元以上 5 万元以下的罚款；对违反规定生产、经营、购买的易制毒化学品可以予以没收；逾期不改正的，责令限期停产停业整顿；逾期整顿不合格的，吊销相应的许可证	

序号	违法行为	法律规定	处罚依据
166			经营的非药品类易制毒化学品，可以予以没收；逾期不改正的，责令限期停产停业整顿；逾期整顿不合格的，吊销相应的许可证：（四）易制毒化学品的产品包装和使用说明书不符合《易制毒化学品管理条例》规定要求的；
167	生产、经营非药品类易制毒化学品的单位未按规定报告年度生产、经营等情况的	1.【行政法规】《易制毒化学品管理条例》第三十六条：生产、经营、购买、运输或者进口、出口易制毒化学品的单位，应当于每年3月31日前向许可或者备案的行政主管部门和公安机关报告本单位上年度易制毒化学品的生产、经营、购买、运输或者进口、出口情况；有条件的生产、经营、购买、运输或者进口、出口单位，可以与有关行政主管部门建立计算机联网，及时通报有关经营情况。 2.【部门规章】《非药品类易制毒化学品生产、经营许可办法》第二十六条第一款：生产、经营单位	1.【行政法规】《易制毒化学品管理条例》第四十条第一款第八项：违反本条例规定，有下列行为之一的，由负有监督管理职责的行政主管部门给予警告，责令限期改正，处1万元以上5万元以下的罚款；对违反规定生产、经营、购买的易制毒化学品可以予以没收；逾期不改正的，责令限期停产停业整顿；逾期整顿不合格的，吊销相应的许可证：（八）生产、经营易制毒化学品的单位不如实或者不按时向有关行政主管部门和公安机关报告年度生产、经销和库存等情况的。 2.【部门规章】《非药品

续表

裁量阶次	适用条件	具体标准	备注
A	不如实或者不按时报告年度生产、经营等情况1次的	给予警告，责令限期改正，处1万元以上2万元以下的罚款；对违反规定生产、经营、购买的易制毒化学品可以予以没收；逾期不改正的，责令限期停产停业整顿；逾期整顿不合格的，吊销相应的许可证	
B	不如实或者不按时报告年度生产、经营等情况2次的	给予警告，责令限期改正，处2万元以上4万元以下的罚款；对违反规定生产、经营、购买的易制毒化学品可以予以没收；逾期不改正的，责令限期停产停业整顿；逾期整顿不合格的，吊销相应的许可证	130

序号	违法行为	法律规定	处罚依据
167		应当于每年3月31日前，向许可或者备案的安全生产监督管理部门报告本单位上年度非药品类易制毒化学品生产经营的品种、数量和主要流向等情况。	类易制毒化学品生产、经营许可办法》第三十条第五项：对于有下列行为之一的，由县级以上人民政府安全生产监督管理部门给予警告，责令限期改正，处1万元以上5万元以下的罚款；对违反规定生产、经营的非药品类易制毒化学品，可以予以没收；逾期不改正的，责令限期停产停业整顿；逾期整顿不合格的，吊销相应的许可证：（五）生产、经营非药品类易制毒化学品的单位不如实或者不按时向安全生产监督管理部门报告年度生产、经营等情况的。
168	生产、经营非药品类易制毒化学品单位或者个人拒不接受监督检查的	1.【行政法规】《易制毒化学品管理条例》第三十二条：县级以上人民政府公安机关、负责药品监督管理的部门、安全生产监督管理部门、商务主管部门、卫生主管部门、价格主管部门、铁路主管部门、交通主管部门、市场监督管理部门、生态环境主管部门和海关，应当依照本条例和有关法律、行政法	1.【行政法规】《易制毒化学品管理条例》第四十二条：生产、经营、购买、运输或者进口、出口易制毒化学品的单位或者个人拒不接受有关行政主管部门监督检查的，由负有监督管理职责的行政主管部门责令改正，对直接负责的主管人员以及其他直接责任人员给予警告；情节严重的，对单位处1万元

续表

裁量阶次	适用条件	具体标准	备注
C	不如实或者不按时报告年度生产、经营等情况3次以上的	给予警告，责令限期改正，处4万元以上5万元以下的罚款；对违反规定生产、经营、购买的易制毒化学品可以予以没收；逾期不改正的，责令限期停产停业整顿；逾期整顿不合格的，吊销相应的许可证	
A	以不知道、不配合等消极方式拒不接受应急管理部门监督检查的	责令改正，对直接负责的主管人员以及其他直接责任人员给予警告；情节严重的，对单位处1万元以上2万元以下的罚款，对直接负责的主管人员以及其他直接责任人员处1000元以上5000元以下的罚款	132

序号	违法行为	法律规定	处罚依据
168		规的规定，在各自的职责范围内，加强对易制毒化学品生产、经营、购买、运输、价格以及进口、出口的监督检查；对非法生产、经营、购买、运输易制毒化学品，或者走私易制毒化学品的行为，依法予以查处。 前款规定的行政主管部门在进行易制毒化学品监督检查时，可以依法查看现场、查阅和复制有关资料、记录有关情况、扣押相关的证据材料和违法物品；必要时，可以临时查封有关场所。 被检查的单位或者个人应当如实提供有关情况和材料、物品，不得拒绝或者隐匿。 2.【部门规章】《非药品类易制毒化学品生产、经营许可办法》第二十五条：县级以上人民政府安全生产监督管理部门应当加强非药品类易制毒化学品生产、经营的监督检查工作。 县级以上人民政府安全生产监督管理部门对非药品类易制毒化学品的生产、经营活动进行监督检查时，可以查看现场、查阅和复	以上 5 万元以下的罚款，对直接负责的主管人员以及其他直接责任人员处 1000 元以上 5000 元以下的罚款；有违反治安管理行为的，依法给予治安管理处罚；构成犯罪的，依法追究刑事责任。 2.【部门规章】《非药品类易制毒化学品生产、经营许可办法》第三十一条：生产、经营非药品类易制毒化学品的单位或者个人拒不接受安全生产监督管理部门监督检查的，由县级以上人民政府安全生产监督管理部门责令改正，对直接负责的主管人员以及其他直接责任人员给予警告；情节严重的，对单位处 1 万元以上 5 万元以下的罚款，对直接负责的主管人员以及其他直接责任人员处 1000 元以上 5000 元以下的罚款。

续表

裁量阶次	适用条件	具体标准	备注
B	以吵闹、谩骂等主动方式拒不接受应急管理部门监督检查的	责令改正，对直接负责的主管人员以及其他直接责任人员给予警告；情节严重的，对单位处2万元以上4万元以下的罚款，对直接负责的主管人员以及其他直接责任人员处1000元以上5000元以下的罚款	
C	以暴力、威胁等方式拒不接受应急管理部门监督检查的	责令改正，对直接负责的主管人员以及其他直接责任人员给予警告；情节严重的，对单位处4万元以上5万元以下的罚款，对直接负责的主管人员以及其他直接责任人员处1000元以上5000元以下的罚款	

序号	违法行为	法律规定	处罚依据
168		制有关资料、记录有关情况、扣押相关的证据材料和违法物品；必要时，可以临时查封有关场所。 被检查的单位或者个人应当如实提供有关情况和资料、物品，不得拒绝或者隐匿。	
169	烟花爆竹生产企业变更企业主要负责人或者名称，未办理安全生产许可证变更手续的	【部门规章】《烟花爆竹生产企业安全生产许可证实施办法》第二十七条第三项、第四项：企业在安全生产许可证有效期内有下列情形之一的，应当按照本办法第二十八条的规定申请变更安全生产许可证：(三)变更企业主要负责人的；(四)变更企业名称的。	【部门规章】《烟花爆竹生产企业安全生产许可证实施办法》第四十三条第一项：企业有下列行为之一的，责令停止违法活动或者限期改正，并处1万元以上3万元以下的罚款：（一）变更企业主要负责人或者名称，未办理安全生产许可证变更手续的；
170	烟花爆竹生产企业改建、扩建烟花爆竹生产（含储存）设施未办理安全生产许可证变更手续的	【部门规章】《烟花爆竹生产企业安全生产许可证实施办法》第二十七条第一项：企业在安全生产许可证有效期内有下列情形之一的，应当按照本办法第二十八条的规定申请变更安全生产许可证：（一）改建、扩建烟花爆竹生产（含储存）设施的；	【部门规章】《烟花爆竹生产企业安全生产许可证实施办法》第四十四条第一款第三项、第二款：企业有下列行为之一的，依法暂扣其安全生产许可证：(三)改建、扩建烟花爆竹生产（含储存)设施未办理安全生产许可证变更手续的； 企业有前款第一项、第二项、第三项行为之一的，并处1万元以上3万元以下的罚款。

续表

裁量阶次	适用条件	具体标准	备注
A	超过规定时限10日以内未办理变更手续的	责令停止违法活动或者限期改正，并处1万元以上1.5万元以下的罚款	
B	超过规定时限10日以上20日以内未办理变更手续的	责令停止违法活动或者限期改正，并处1.5万元以上2万元以下的罚款	135
C	超过规定时限20日以上未办理变更手续的	责令停止违法活动或者限期改正，并处2万元以上3万元以下的罚款	
A	超过规定时限10日以内未办理变更手续的	暂扣安全生产许可证，并处1万元以上1.5万元以下的罚款	
B	超过规定时限10日以上20日以内未办理变更手续的	暂扣安全生产许可证，并处1.5万元以上2万元以下的罚款	135
C	超过规定时限20日以上未办理变更手续的	暂扣安全生产许可证，并处2万元以上3万元以下的罚款	

序号	违法行为	法律规定	处罚依据
171	烟花爆竹生产企业变更产品类别或者级别范围未办理安全生产许可证变更手续的	【部门规章】《烟花爆竹生产企业安全生产许可证实施办法》第二十七条第二项：企业在安全生产许可证有效期内有下列情形之一的，应当按照本办法第二十八条的规定申请变更安全生产许可证：（二）变更产品类别、级别范围的；	【部门规章】《烟花爆竹生产企业安全生产许可证实施办法》第四十六条第二项：企业有下列行为之一的，责令停止生产，没收违法所得，并处10万元以上50万元以下的罚款：（二）变更产品类别或者级别范围未办理安全生产许可证变更手续的。
172	企业多股东各自独立进行烟花爆竹生产活动的	【部门规章】《烟花爆竹生产企业安全生产许可证实施办法》第四十条第一款：企业取得安全生产许可证后，不得出租、转让安全生产许可证，不得将企业、生产线或者工（库）房转包、分包给不具备安全生产条件或者相应资质的其他任何单位或者个人，不得多股东各自独立进行烟花爆竹生产活动。	【部门规章】《烟花爆竹生产企业安全生产许可证实施办法》第四十四条第一款第一项、第二款：企业有下列行为之一的，依法暂扣其安全生产许可证：（一）多股东各自独立进行烟花爆竹生产活动的；企业有前款第一项、第二项、第三项行为之一的，并处1万元以上3万元以下的罚款。
173	从事礼花弹生产的企业将礼花弹销售给未经公安机关批准的燃放活动的	【部门规章】《烟花爆竹生产企业安全生产许可证实施办法》第四十条第二款：企业不得从其他企业购买烟花爆竹半成品加工	【部门规章】《烟花爆竹生产企业安全生产许可证实施办法》第四十四条第一款第二项、第二款：企业有下列行为之一的，依

续表

裁量阶次	适用条件	具体标准	备注
A	超过规定时限10日以内未办理安全生产许可证变更手续的	责令停止生产，没收违法所得，并处10万元以上30万元以下的罚款	135
B	超过规定时限10日以上20日以内未办理安全生产许可证变更手续的	责令停止生产，没收违法所得，并处30万元以上40万元以下的罚款	
C	超过规定时限20日以上未办理安全生产许可证变更手续的	责令停止生产，没收违法所得，并处40万元以上50万元以下的罚款	
A	违规持续时间10日以内的	暂扣安全生产许可证，并处1万元以上1.5万元以下的罚款	
B	违规持续时间10日以上20日以内的	暂扣安全生产许可证，并处1.5万元以上2万元以下的罚款	
C	违规持续时间20日以上的	暂扣安全生产许可证，并处2万元以上3万元以下的罚款	
A	涉及1场的	暂扣安全生产许可证，并处1万元以上1.5万元以下的罚款	136
B	涉及2场的	暂扣安全生产许可证，并处1.5万元以上2万元以下的罚款	

序号	违法行为	法律规定	处罚依据
173		后销售或者购买其他企业烟花爆竹成品加贴本企业标签后销售，不得向其他企业销售烟花爆竹半成品。从事礼花弹生产的企业不得将礼花弹销售给未经公安机关批准的燃放活动。	法暂扣其安全生产许可证：（二）从事礼花弹生产的企业将礼花弹销售给未经公安机关批准的燃放活动的； 企业有前款第一项、第二项、第三项行为之一的，并处1万元以上3万元以下的罚款。
174	烟花爆竹生产企业未按照安全生产许可证核定的产品种类进行生产的	【行政法规】《烟花爆竹安全管理条例》第十一条：生产烟花爆竹的企业，应当按照安全生产许可证核定的产品种类进行生产，生产工序和生产作业应当执行有关国家标准和行业标准。	【行政法规】《烟花爆竹安全管理条例》第三十七条第一项：生产烟花爆竹的企业有下列行为之一的，由安全生产监督管理部门责令限期改正，处1万元以上5万元以下的罚款；逾期不改正，责令停产停业整顿，情节严重的，吊销安全生产许可证：（一）未按照安全生产许可证核定的产品种类进行生产的；
175	烟花爆竹生产企业生产工序或者生产作业不符合有关国家标准、行业标准的	【行政法规】《烟花爆竹安全管理条例》第十一条：生产烟花爆竹的企业，应当按照安全生产许可证核定的产品种类进行生产，生产工序和生产作业应当	【行政法规】《烟花爆竹安全管理条例》第三十七条第二项：生产烟花爆竹的企业有下列行为之一的，由安全生产监督管理部门责令限期改正，处1万元

续表

裁量阶次	适用条件	具体标准	备注
C	涉及3场以上的	暂扣安全生产许可证,并处2万元以上3万元以下的罚款	
A	未按照安全生产许可证核定的产品种类生产C级或者D级烟花爆竹的	责令限期改正,处1万元以上2万元以下的罚款;逾期不改正的,责令停产停业整顿,情节严重的,吊销安全生产许可证	
B	未按照安全生产许可证核定的产品种类生产B级烟花爆竹的	责令限期改正,处2万元以上4万元以下的罚款;逾期不改正的,责令停产停业整顿,情节严重的,吊销安全生产许可证	137
C	未按照安全生产许可证核定的产品种类生产A级烟花爆竹的	责令限期改正,处4万元以上5万元以下的罚款;逾期不改正的,责令停产停业整顿,情节严重的,吊销安全生产许可证	
A	烟花爆竹企业1.3级危险生产工序或者生产作业不符合有关国家标准、行业标准的	责令限期改正,处1万元以上3万元以下的罚款;逾期不改正的,责令停产停业整顿,情节严重的,吊销安全生产许可证	137

序号	违法行为	法律规定	处罚依据
175		执行有关国家标准和行业标准。	以上5万元以下的罚款；逾期不改正的，责令停产停业整顿，情节严重的，吊销安全生产许可证：（二）生产工序或者生产作业不符合有关国家标准、行业标准的；
176	烟花爆竹生产企业雇佣未经考核合格的人员从事危险工序作业的	【行政法规】《烟花爆竹安全管理条例》第十二条：生产烟花爆竹的企业，应当对生产作业人员进行安全生产知识教育，对从事药物混合、造粒、筛选、装药、筑药、压药、切引、搬运等危险工序的作业人员进行专业技术培训。从事危险工序的作业人员经设区的市人民政府安全生产监督管理部门考核合格，方可上岗作业。	【行政法规】《烟花爆竹安全管理条例》第三十七条第三项：生产烟花爆竹的企业有下列行为之一的，由安全生产监督管理部门责令限期改正，处1万元以上5万元以下的罚款；逾期不改正的，责令停产停业整顿，情节严重的，吊销安全生产许可证：（三）雇佣未经设区的市人民政府安全生产监督管理部门考核合格的人员从事危险工序作业的；
177	烟花爆竹生产企业使用的原料不符合国家标准规定的，或者使用	【行政法规】《烟花爆竹安全管理条例》第十三条：生产烟花爆竹使用的原料，应当符合国家标准的规定。生产烟花爆竹使	【行政法规】《烟花爆竹安全管理条例》第三十七条第四项：生产烟花爆竹的企业有下列行为之一的，由安全生产监督管理部门

续表

裁量阶次	适用条件	具体标准	备注
B	烟花爆竹企业 1.1^{-2} 级危险生产工序或者生产作业不符合有关国家标准、行业标准的	责令限期改正,处3万元以上4万元以下的罚款;逾期不改正的,责令停产停业整顿,情节严重的,吊销安全生产许可证	
C	烟花爆竹企业 1.1^{-1} 级危险生产工序或者生产作业不符合有关国家标准、行业标准的	责令限期改正,处4万元以上5万元以下的罚款;逾期不改正的,责令停产停业整顿,情节严重的,吊销安全生产许可证	
A	雇佣1名未经考核合格的人员从事危险工序作业的	责令限期改正,处1万元以上2万元以下的罚款;逾期不改正的,责令停产停业整顿,情节严重的,吊销安全生产许可证	
B	雇佣2名未经考核合格的人员从事危险工序作业的	责令限期改正,处2万元以上4万元以下的罚款;逾期不改正的,责令停产停业整顿,情节严重的,吊销安全生产许可证	137
C	雇佣3名以上未经考核合格的人员从事危险工序作业的	责令限期改正,处4万元以上5万元以下的罚款;逾期不改正的,责令停产停业整顿,情节严重的,吊销安全生产许可证	
A	生产烟花爆竹使用的原料有1种不符合国家标准,或者使用的原料超过国家标准规定的用量限制,超过10%以下的	责令限期改正,处1万元以上2万元以下的罚款;逾期不改正的,责令停产停业整顿,情节严重的,吊销安全生产许可证	137

序号	违法行为	法律规定	处罚依据
177	的原料超过国家标准规定的用量限制的	用的原料，国家标准有用量限制的，不得超过规定的用量。不得使用国家标准规定禁止使用或者禁忌配伍的物质生产烟花爆竹。	责令限期改正，处1万元以上5万元以下的罚款；逾期不改正的，责令停产停业整顿，情节严重的，吊销安全生产许可证：（四）生产烟花爆竹使用的原料不符合国家标准规定的，或者使用的原料超过国家标准规定的用量限制的；
178	烟花爆竹生产企业使用按照国家标准规定禁止使用或者禁忌配伍的物质生产烟花爆竹的	【行政法规】《烟花爆竹安全管理条例》第十三条：生产烟花爆竹使用的原料，应当符合国家标准的规定。生产烟花爆竹使用的原料，国家标准有用量限制的，不得超过规定的用量。不得使用国家标准规定禁止使用或者禁忌配伍的物质生产烟花爆竹。	【行政法规】《烟花爆竹安全管理条例》第三十七条第五项：生产烟花爆竹的企业有下列行为之一的，由安全生产监督管理部门责令限期改正，处1万元以上5万元以下的罚款；逾期不改正的，责令停产停业整顿，情节严重的，吊销安全生产许可证：（五）使用按照国家标准规定禁止使用或者禁忌配伍的物质生产烟花爆竹的；

续表

裁量阶次	适用条件	具体标准	备注
B	生产烟花爆竹使用的原料有2种不符合国家标准，或者使用的原料超过国家标准规定的用量限制，超过10%以上30%以下的	责令限期改正，处2万元以上4万元以下的罚款；逾期不改正的，责令停产停业整顿，情节严重的，吊销安全生产许可证	
C	生产烟花爆竹使用的原料有3种以上不符合国家标准，或者使用的原料超过国家标准规定的用量限制，超过30%以上的	责令限期改正，处4万元以上5万元以下的罚款；逾期不改正的，责令停产停业整顿，情节严重的，吊销安全生产许可证	
A	使用1种按照国家标准规定禁止使用或者禁忌配伍的物质的	责令限期改正，处1万元以上2万元以下的罚款；逾期不改正的，责令停产停业整顿，情节严重的，吊销安全生产许可证	
B	使用2种按照国家标准规定禁止使用或者禁忌配伍的物质的	责令限期改正，处2万元以上4万元以下的罚款；逾期不改正的，责令停产停业整顿，情节严重的，吊销安全生产许可证	137
C	使用3种以上按照国家标准规定禁止使用或者禁忌配伍的物质的	责令限期改正，处4万元以上5万元以下的罚款；逾期不改正的，责令停产停业整顿，情节严重的，吊销安全生产许可证	

序号	违法行为	法律规定	处罚依据
179	烟花爆竹生产企业未按照国家标准的规定在烟花爆竹产品上标注燃放说明，或者未在烟花爆竹的包装物上印制易燃易爆危险物品警示标志的	【行政法规】《烟花爆竹安全管理条例》第十四条：生产烟花爆竹的企业，应当按照国家标准的规定，在烟花爆竹产品上标注燃放说明，并在烟花爆竹包装物上印制易燃易爆危险物品警示标志。	【行政法规】《烟花爆竹安全管理条例》第三十七条第六项：生产烟花爆竹的企业有下列行为之一的，由安全生产监督管理部门责令限期改正，处1万元以上5万元以下的罚款；逾期不改正的，责令停产停业整顿，情节严重的，吊销安全生产许可证：（六）未按照国家标准的规定在烟花爆竹产品上标注燃放说明，或者未在烟花爆竹的包装物上印制易燃易爆危险物品警示标志的。
180	对烟花爆竹生产经营企业工（库）房等进行检维修等作业前，未	【部门规章】《烟花爆竹生产经营安全规定》第二十二条第二款：对工（库）房、安全设施、电气线路、机械设备等进行	【部门规章】《烟花爆竹生产经营安全规定》第三十七条第一项：生产经营单位有下列行为之一的，责令改正；拒不改正的，

续表

裁量阶次	适用条件	具体标准	备注
A	20箱（件）以下的烟花爆竹制品未按照国家标准的规定在烟花爆竹产品上标注燃放说明，或者未在烟花爆竹的包装物上印制易燃易爆危险物品警示标志的	责令限期改正，处1万元以上2万元以下的罚款；逾期不改正的，责令停产停业整顿，情节严重的，吊销安全生产许可证	137
B	20箱（件）以上50箱（件）以下的烟花爆竹制品未按照国家标准的规定在烟花爆竹产品上标注燃放说明，或者未在烟花爆竹的包装物上印制易燃易爆危险物品警示标志的	责令限期改正，处2万元以上4万元以下的罚款；逾期不改正的，责令停产停业整顿，情节严重的，吊销安全生产许可证	137
C	50箱（件）以上的烟花爆竹制品未按照国家标准的规定在烟花爆竹产品上标注燃放说明，或者未在烟花爆竹的包装物上印制易燃易爆危险物品警示标志的	责令限期改正，处4万元以上5万元以下的罚款；逾期不改正的，责令停产停业整顿，情节严重的，吊销安全生产许可证	
A	对工（库）房、安全设施、电气线路、机械设备等进行检测、检修、维修、改造作业前，未制定安全作业方案的	责令改正；拒不改正的，处1万元以上1.5万元以下的罚款，对其直接负责的主管人员和其他直接责任人员处5千元以上1万元以下的罚款	158

序号	违法行为	法律规定	处罚依据
180	制定安全作业方案，或者未切断被检修、维修的电气线路和机械设备电源的	检测、检修、维修、改造作业前，生产企业、批发企业应当制定安全作业方案，停止相关生产经营活动，转移烟花爆竹成品、半成品和原材料，清除残存药物和粉尘，切断被检测、检修、维修、改造的电气线路和机械设备电源，严格控制检修、维修作业人员数量，撤离无关的人员。	处一万元以上三万元以下的罚款，对其直接负责的主管人员和其他直接责任人员处五千元以上一万元以下的罚款：（一）对工（库）房、安全设施、电气线路、机械设备等进行检测、检修、维修、改造作业前，未制定安全作业方案，或者未切断被检修、维修的电气线路和机械设备电源的；
181	烟花爆竹生产企业、批发企业防范静电危害的措施不符合相关国家标准或者行业标准规定的	【部门规章】《烟花爆竹生产经营安全规定》第七条：生产企业、批发企业应当不断完善安全生产基础设施，持续保障和提升安全生产条件。生产企业、批发企业的防雷设施应当经具有相应资质的机构设计、施工，确保符合相关国家标准或者行业标准的规定；防范静电危害的措施应当符合相关国家标准或者行业标准的规定。	【部门规章】《烟花爆竹生产经营安全规定》第三十四条第一项：生产企业、批发企业有下列行为之一的，责令限期改正，可以处五万元以下的罚款；逾期未改正的，处五万元以上二十万元以下的罚款，对其直接负责的主管人员和其他直接责任人员处一万元以上二万元以下的罚款；情节严重的，责令停产停业整顿：（一）防范静电危害的措施不符合相

续表

裁量阶次	适用条件	具体标准	备注
B	对工（库）房、安全设施、电气线路、机械设备等进行检测、检修、维修、改造作业前，未切断被检修、维修的电气线路和机械设备电源的	责令改正；拒不改正的，处1.5万元以上2万元以下的罚款，对其直接负责的主管人员和其他直接责任人员处5千元以上1万元以下的罚款	
C	对工（库）房、安全设施、电气线路、机械设备等进行检测、检修、维修、改造作业前，未制定安全作业方案，且未切断被检修、维修的电气线路和机械设备电源的	责令改正；拒不改正的，处2万元以上3万元以下的罚款，对其直接负责的主管人员和其他直接责任人员处5千元以上1万元以下的罚款	
A	有1项防范静电危害的措施不符合相关国家标准或者行业标准规定的	责令限期改正，可以处2万元以下的罚款；逾期未改正的，处5万元以上10万元以下的罚款，对其直接负责的主管人员和其他直接责任人员处1万元以上2万元以下的罚款；情节严重的，责令停产停业整顿	159
B	有2项防范静电危害的措施不符合相关国家标准或者行业标准规定的	责令限期改正，可以处2万元以上4万元以下的罚款；逾期未改正的，处10万元以上15万元以下的罚款，对其直接负责的主管人员和其他直接责任人员处1万元以上2万元以下的罚款；情节严重的，责令停产停业整顿	

序号	违法行为	法律规定	处罚依据
181		生产企业、批发企业在工艺技术条件发生变化和扩大生产储存规模投入生产前，应当对企业的总体布局、工艺流程、危险性工（库）房、安全防护屏障、防火防雷防静电等基础设施进行安全评价。 新的国家标准、行业标准公布后，生产企业、批发企业应当对企业的总体布局、工艺流程、危险性工（库）房、安全防护屏障、防火防雷防静电等基础设施以及安全管理制度进行符合性检查，并依据新的国家标准、行业标准采取相应的改进、完善措施。 鼓励生产企业、批发企业制定并实施严于国家标准、行业标准的企业标准。	关国家标准或者行业标准规定的；
182	烟花爆竹生产企业、批发企业使用新安全设备，未进行安全性论证的	【部门规章】《烟花爆竹生产经营安全规定》第九条：生产企业的涉药生产环节采用新工艺、使用新设备前，应当组织具有相应能力的机构、专家进行安全性能、安全技术要求论证。	【部门规章】《烟花爆竹生产经营安全规定》第三十四条第二项：生产企业、批发企业有下列行为之一的，责令限期改正，可以处五万元以下的罚款；逾期未改正的，处五万元以上二十万元以下的罚款，

续表

裁量阶次	适用条件	具体标准	备注
C	有3项以上防范静电危害的措施不符合相关国家标准或者行业标准规定的	责令限期改正,可以处4万元以上5万元以下的罚款;逾期未改正的,处15万元以上20万元以下的罚款,对其直接负责的主管人员和其他直接责任人员处1万元以上2万元以下的罚款;情节严重的,责令停产停业整顿	
A	有1台(套)新安全设备未进行安全性论证的	责令限期改正,可以处2万元以下的罚款;逾期未改正的,处5万元以上10万元以下的罚款,对其直接负责的主管人员和其他直接责任人员处1万元以上2万元以下的罚款;情节严重的,责令停产停业整顿	159

序号	违法行为	法律规定	处罚依据
182			对其直接负责的主管人员和其他直接责任人员处一万元以上二万元以下的罚款；情节严重的，责令停产停业整顿：（二）使用新安全设备，未进行安全性论证的；
183	烟花爆竹生产企业、批发企业在生产区、工（库）房等有药区域对安全设备进行检测、改造作业时，未将工（库）房内的药物、有药半成品、成品搬走并清理作业现场的	【部门规章】《烟花爆竹生产经营安全规定》第二十二条第二款：对工（库）房、安全设施、电气线路、机械设备等进行检测、检修、维修、改造作业前，生产企业、批发企业应当制定安全作业方案，停止相关生产经营活动，转移烟花爆竹成品、半成品和原材料，清除残存药物和粉尘，切断被检	【部门规章】《烟花爆竹生产经营安全规定》第三十四条第三项：生产企业、批发企业有下列行为之一的，责令限期改正，可以处五万元以下的罚款；逾期未改正的，处五万元以上二十万元以下的罚款，对其直接负责的主管人员和其他直接责任人员处一万元以上二万元以下的罚款；情节严重的，责令停

352

续表

裁量阶次	适用条件	具体标准	备注
B	有2台（套）新安全设备未进行安全性论证的	责令限期改正，可以处2万元以上4万元以下的罚款；逾期未改正的，处10万元以上15万元以下的罚款，对其直接负责的主管人员和其他直接责任人员处1万元以上2万元以下的罚款；情节严重的，责令停产停业整顿	
C	有3台（套）以上新安全设备未进行安全性论证的	责令限期改正，可以处4万元以上5万元以下的罚款；逾期未改正的，处15万元以上20万元以下的罚款，对其直接负责的主管人员和其他直接责任人员处1万元以上2万元以下的罚款；情节严重的，责令停产停业整顿	
A	在生产区、工（库）房等有药区域对安全设备进行检测、改造作业时，有1处工（库）房内的药物、有药半成品、成品未搬走并清理作业现场的	责令限期改正，可以处2万元以下的罚款；逾期未改正的，处5万元以上10万元以下的罚款，对其直接负责的主管人员和其他直接责任人员处1万元以上2万元以下的罚款；情节严重的，责令停产停业整顿	159
B	在生产区、工（库）房等有药区域对安全设备进行检测、改造作业	责令限期改正，可以处2万元以上4万元以下的罚款；逾期未改正的，处10万元以上15万元	

353

序号	违法行为	法律规定	处罚依据
183		测、检修、维修、改造的电气线路和机械设备电源，严格控制检修、维修作业人员数量，撤离无关的人员。	产停业整顿：（三）在生产区、工（库）房等有药区域对安全设备进行检测、改造作业时，未将工（库）房内的药物、有药半成品、成品搬走并清理作业现场的。
184	烟花爆竹生产企业、批发企业未建立从业人员、外来人员、车辆出入厂（库）区登记制度的	【部门规章】《烟花爆竹生产经营安全规定》第十七条：生产企业、批发企业应当建立从业人员、外来人员、车辆进出厂（库）区登记制度，对进出厂（库）区的从业人员、外来人员、车辆如实登记记录，随时掌握厂（库）区人员和车辆的情况。禁止无关人员和车辆进入厂（库）区。禁止未安装阻火装置等不符合国家标准或者行业标准规定安全条件的机动车辆进入生产区和仓库区。	【部门规章】《烟花爆竹生产经营安全规定》第三十五条第一项：生产企业、批发企业有下列行为之一的，责令限期改正，可以处十万元以下的罚款；逾期未改正的，责令停产停业整顿，并处十万元以上二十万元以下的罚款，对其直接负责的主管人员和其他直接责任人员处二万元以上五万元以下的罚款：（一）未建立从业人员、外来人员、车辆出入厂（库）区登记制度的；

续表

裁量阶次	适用条件	具体标准	备注
	时，有2处工（库）房内的药物、有药半成品、成品未搬走并清理作业现场的	以下的罚款，对其直接负责的主管人员和其他直接责任人员处1万元以上2万元以下的罚款；情节严重的，责令停产停业整顿	
C	在生产区、工（库）房等有药区域对安全设备进行检测、改造作业时，有3处以上工（库）房内的药物、有药半成品、成品未搬走并清理作业现场的	责令限期改正，可以处4万元以上5万元以下的罚款；逾期未改正的，处15万元以上20万元以下的罚款，对其直接负责的主管人员和其他直接责任人员处1万元以上2万元以下的罚款；情节严重的，责令停产停业整顿	
A	未建立从业人员、外来人员、车辆出入厂（库）区其中1项登记制度的	责令限期改正，可以处3万元以下的罚款；逾期未改正的，责令停产停业整顿，并处10万元以上13万元以下的罚款，对其直接负责的主管人员和其他直接责任人员处2万元以上3万元以下的罚款	
B	未建立从业人员、外来人员、车辆出入厂（库）区其中2项登记制度的	责令限期改正，可以处3万元以上7万元以下的罚款；逾期未改正的，责令停产停业整顿，并处13万元以上17万元以下的罚款，对其直接负责的主管人员和其他直接责任人员处3万元以上4万元以下的罚款	

序号	违法行为	法律规定	处罚依据
184			
185	烟花爆竹生产企业、批发企业未建立烟花爆竹买卖合同管理制度的	【部门规章】《烟花爆竹生产经营安全规定》第二十三条第一款：生产企业、批发企业在烟花爆竹购销活动中，应当依法签订规范的烟花爆竹买卖合同，建立烟花爆竹买卖合同和流向管理制度，使用全国统一的烟花爆竹流向管理信息系统，如实登记烟花爆竹流向。	【部门规章】《烟花爆竹生产经营安全规定》第三十五条第三项：生产企业、批发企业有下列行为之一的，责令限期改正，可以处十万元以下的罚款；逾期未改正的，责令停产停业整顿，并处十万元以上二十万元以下的罚款，对其直接负责的主管人员和其他直接责任人员处二万元以上五万元以下的罚款：（三）未建立烟花爆竹买卖合同管理制度的；

续表

裁量阶次	适用条件	具体标准	备注
C	未建立从业人员、外来人员、车辆出入厂（库）区其中3项登记制度的	责令限期改正，可以处7万元以上10万元以下的罚款；逾期未改正的，责令停产停业整顿，并处17万元以上20万元以下的罚款，对其直接负责的主管人员和其他直接责任人员处4万元以上5万元以下的罚款	
A	没有违法所得或违法所得5万元以下的	责令限期改正，可以处3万元以下的罚款；逾期未改正的，责令停产停业整顿，并处10万元以上13万元以下的罚款，对其直接负责的主管人员和其他直接责任人员处2万元以上3万元以下的罚款	
B	违法所得5万元以上10万元以下的	责令限期改正，可以处3万元以上7万元以下的罚款；逾期未改正的，责令停产停业整顿，并处13万元以上17万元以下的罚款，对其直接负责的主管人员和其他直接责任人员处3万元以上4万元以下的罚款	

序号	违法行为	法律规定	处罚依据
185			
186	烟花爆竹生产企业、批发企业未按规定建立烟花爆竹流向管理制度的	【部门规章】《烟花爆竹生产经营安全规定》第二十三条第一款：生产企业、批发企业在烟花爆竹购销活动中，应当依法签订规范的烟花爆竹买卖合同，建立烟花爆竹买卖合同和流向管理制度，使用全国统一的烟花爆竹流向管理信息系统，如实登记烟花爆竹流向。	【部门规章】《烟花爆竹生产经营安全规定》第三十五条第四项：生产企业、批发企业有下列行为之一的，责令限期改正，可以处十万元以下的罚款；逾期未改正的，责令停产停业整顿，并处十万元以上二十万元以下的罚款，对其直接负责的主管人员和其他直接责任人员处二万元以上五万元以下的罚款：（四）未按规定建立烟花爆竹流向管理制度的。

续表

裁量阶次	适用条件	具体标准	备注
C	违法所得10万元以上的	责令限期改正，可以处7万元以上10万元以下的罚款；逾期未改正的，责令停产停业整顿，并处17万元以上20万元以下的罚款，对其直接负责的主管人员和其他直接责任人员处4万元以上5万元以下的罚款	
A	从业人员在50人以下的	责令限期改正，可以处3万元以下的罚款；逾期未改正的，责令停产停业整顿，并处10万元以上13万元以下的罚款，对其直接负责的主管人员和其他直接责任人员处2万元以上3万元以下的罚款	
B	从业人员在50人以上100人以下的	责令限期改正，可以处3万元以上7万元以下的罚款；逾期未改正的，责令停产停业整顿，并处13万元以上17万元以下的罚款，对其直接负责的主管人员和其他直接责任人员处3万元以上4万元以下的罚款	

359

序号	违法行为	法律规定	处罚依据
186			
187	烟花爆竹生产企业从其他企业购买烟花爆竹半成品加工后销售，或者购买其他企业烟花爆竹成品加贴本企业标签后销售，或者向其他企业销售烟花爆竹半成品的	【部门规章】《烟花爆竹生产企业安全生产许可证实施办法》第四十条第二款：企业不得从其他企业购买烟花爆竹半成品加工后销售或者购买其他企业烟花爆竹成品加贴本企业标签后销售，不得向其他企业销售烟花爆竹半成品。从事礼花弹生产的企业不得将礼花弹销售给未经公安机关批准的燃放活动。	【部门规章】《烟花爆竹生产企业安全生产许可证实施办法》第四十三条第二项：企业有下列行为之一的，责令停止违法活动或者限期改正，并处1万元以上3万元以下的罚款：（二）从其他企业购买烟花爆竹半成品加工后销售，或者购买其他企业烟花爆竹成品加贴本企业标签后销售，或者向其他企业销售烟花爆竹半成品的。

续表

裁量阶次	适用条件	具体标准	备注
C	从业人员在100人以上的	责令限期改正，可以处7万元以上10万元以下的罚款；逾期未改正的，责令停产停业整顿，并处17万元以上20万元以下的罚款，对其直接负责的主管人员和其他直接责任人员处4万元以上5万元以下的罚款	
A	从其他企业购买烟花爆竹半成品加工后销售，或者购买其他企业烟花爆竹成品加贴本企业标签后销售，或者向其他企业销售烟花爆竹半成品，涉及烟花爆竹产品数量10箱以下的	责令停止违法活动或者限期改正，并处1万元以上1.5万元以下的罚款	160
B	从其他企业购买烟花爆竹半成品加工后销售，或者购买其他企业烟花爆竹成品加贴本企业标签后销售，或者向其他企业销售烟花爆竹半成品，涉及烟花爆竹产品数量10箱以上30箱以下的	责令停止违法活动或者限期改正，并处1.5万元以上2万元以下的罚款	
C	从其他企业购买烟花爆竹半成品加工后销售，或者购买其他企业烟花爆竹成品加贴本企业标	责令停止违法活动或者限期改正，并处2万元以上3万元以下的罚款	

序号	违法行为	法律规定	处罚依据
187			
188	烟花爆竹生产企业、批发企业工（库）房没有设置准确、清晰、醒目的定员、定量、定级标识的	【部门规章】《烟花爆竹生产经营安全规定》第十一条第一款：生产企业、批发企业的生产区、总仓库区、工（库）房及其他有较大危险因素的生产经营场所和有关设施设备上，应当设置明显的安全警示标志；所有工（库）房应当按照国家标准或者行业标准的规定设置准确、清晰、醒目的定员、定量、定级标识。	【部门规章】《烟花爆竹生产经营安全规定》第三十三条第一项：生产企业、批发企业有下列行为之一的，责令限期改正；逾期未改正的，处一万元以上三万元以下的罚款：（一）工（库）房没有设置准确、清晰、醒目的定员、定量、定级标识的；
189	未经许可经营、超许可范围经营、许可证过期继续经营烟花爆竹的	1.【行政法规】《烟花爆竹安全管理条例》第三条：国家对烟花爆竹的生产、经营、运输和举办焰火晚会以及其他大型焰火燃放活动，实行许可证制度。 未经许可，任何单位或者个人不得生产、经营、运输烟花爆竹，不得举办焰火晚会以及其他大型焰火燃放活动。 2.【部门规章】《烟花爆竹经营许可实施办法》第三条：从事烟花爆竹批发	1.【行政法规】《烟花爆竹安全管理条例》第三十六条第一款：对未经许可生产、经营烟花爆竹制品，或者向未取得烟花爆竹安全生产许可的单位或者个人销售黑火药、烟火药、引火线的，由安全生产监督管理部门责令停止非法生产、经营活动，处2万元以上10万元以下的罚款，并没收非法生产、经营的物品及违法所得。 2.【部门规章】《烟花爆竹经营许可实施办法》第

续表

裁量阶次	适用条件	具体标准	备注
	签后销售，或者向其他企业销售烟花爆竹半成品，涉及烟花爆竹产品数量30箱以上的		
A	工（库）房没有设置准确、清晰、醒目的定员、定量、定级标识1处的	责令限期改正；逾期未改正的，处1万元以上1.5万元以下的罚款	
B	工（库）房没有设置准确、清晰、醒目的定员、定量、定级标识2处的	责令限期改正；逾期未改正的，处1.5万元以上2万元以下的罚款	161
C	工（库）房没有设置准确、清晰、醒目的定员、定量、定级标识3处以上的	责令限期改正；逾期未改正的，处2万元以上3万元以下的罚款	
A	没有违法所得或违法所得1万元以下的	责令停止非法生产、经营活动，处2万元以上5万元以下的罚款，并没收非法生产、经营的物品及违法所得	
B	违法所得1万元以上10万元以下的	责令停止非法生产、经营活动，处5万元以上8万元以下的罚款，并没收非法生产、经营的物品及违法所得	163
C	违法所得10万元以上的	责令停止非法生产、经营活动，处8万元以上10万元以下的罚款，并没收非法生产、经营的物品及违法所得	

序号	违法行为	法律规定	处罚依据
189		的企业（以下简称批发企业）和从事烟花爆竹零售的经营者（以下简称零售经营者）应当按照本办法的规定，分别取得《烟花爆竹经营（批发）许可证》（以下简称批发许可证）和《烟花爆竹经营（零售）许可证》（以下简称零售许可证）。 从事烟花爆竹进出口的企业，应当按照本办法的规定申请办理批发许可证。 未取得烟花爆竹经营许可证的，任何单位或者个人不得从事烟花爆竹经营活动。 第二十一条：零售许可证的有效期限由发证机关确定，最长不超过2年。零售许可证有效期满后拟继续从事烟花爆竹零售经营活动，或者在有效期内变更零售点名称、主要负责人、零售场所和许可范围的，应当重新申请取得零售许可证。	三十一条：对未经许可经营、超许可范围经营、许可证过期继续经营烟花爆竹的，责令其停止非法经营活动，处2万元以上10万元以下的罚款，并没收非法经营的物品及违法所得。
190	向未取得烟花爆竹安全生产许可的单位或个人销售黑火药、烟火药、引火线的	【行政法规】《烟花爆竹安全管理条例》第二十一条：生产、经营黑火药、烟火药、引火线的企业，不得向未取得烟花爆竹安全生产许可的任何单位或	【行政法规】《烟花爆竹安全管理条例》第三十六条第一款：对未经许可生产、经营烟花爆竹制品，或者向未取得烟花爆竹安全生产许可的单位或者个

续表

裁量阶次	适用条件	具体标准	备注
A	没有违法所得或违法所得1万元以下的	责令停止非法生产、经营活动，处2万元以上5万元以下的罚款，并没收非法生产、经营的物品及违法所得	164

序号	违法行为	法律规定	处罚依据
190		者个人销售黑火药、烟火药和引火线。	人销售黑火药、烟火药、引火线的，由安全生产监督管理部门责令停止非法生产、经营活动，处2万元以上10万元以下的罚款，并没收非法生产、经营的物品及违法所得。
191	烟花爆竹零售经营者变更零售点名称、主要负责人或者经营场所，未重新办理零售许可证的	【部门规章】《烟花爆竹经营许可实施办法》第二十一条：零售许可证的有效期限由发证机关确定，最长不超过2年。零售许可证有效期满后拟继续从事烟花爆竹零售经营活动，或者在有效期内变更零售点名称、主要负责人、零售场所和许可范围的，应当重新申请取得零售许可证。	【部门规章】《烟花爆竹经营许可实施办法》第三十五条第一项：零售经营者有下列行为之一的，责令其限期改正，处1000元以上5000元以下的罚款；情节严重的，处5000元以上30000元以下的罚款：（一）变更零售点名称、主要负责人或者经营场所，未重新办理零售许可证的；
192	烟花爆竹零售经营者存放的烟花爆竹数量超过零售许可证载明范围的	【部门规章】《烟花爆竹经营许可实施办法》第二十三条：禁止在烟花爆竹经营许可证载明的储存（零售）场所以外储存烟花爆竹。 烟花爆竹仓库储存的烟花爆竹品种、规格和数量，不得超过国家标准或者行	【部门规章】《烟花爆竹经营许可实施办法》第三十五条第二项：零售经营者有下列行为之一的，责令其限期改正，处1000元以上5000元以下的罚款；情节严重的，处5000元以上30000元以下的罚款：（二）存放的烟花爆竹数

续表

裁量阶次	适用条件	具体标准	备注
B	违法所得1万元以上10万元以下的	责令停止非法生产、经营活动，处5万元以上8万元以下的罚款，并没收非法生产、经营的物品及违法所得	
C	违法所得10万元以上的	责令停止非法生产、经营活动，处8万元以上10万元以下的罚款，并没收非法生产、经营的物品及违法所得	
A	变更零售点名称、主要负责人或者经营场所，有其中1项的	责令限期改正，处1000元以上5000元以下的罚款；情节严重的，处5000元以上1万元以下的罚款	
B	变更零售点名称、主要负责人或者经营场所，有其中2项的	责令限期改正，处1000元以上5000元以下的罚款；情节严重的，处1万元以上2万元以下的罚款	165
C	变更零售点名称、主要负责人或者经营场所，有其中3项的	责令限期改正，处1000元以上5000元以下的罚款；情节严重的，处2万元以上3万元以下的罚款	
A	超过规定数量20%以下的	责令限期改正，处1000元以上5000元以下的罚款；情节严重的，处5000元以上1万元以下的罚款	
B	超过规定数量20%以上50%以下的	责令限期改正，处1000元以上5000元以下的罚款；情节严重的，处1万元以上2万元以下的罚款	165

序号	违法行为	法律规定	处罚依据
192		业标准规定的危险等级和核定限量。 零售点存放的烟花爆竹品种和数量，不得超过烟花爆竹经营许可证载明的范围和限量。	量超过零售许可证载明范围的。
193	烟花爆竹经营单位出租、出借、转让、买卖烟花爆竹经营许可证的	【部门规章】《烟花爆竹经营许可实施办法》第二十六条：烟花爆竹经营单位不得出租、出借、转让、买卖、冒用或者使用伪造的烟花爆竹经营许可证。	【部门规章】《烟花爆竹经营许可实施办法》第三十六条第一款：烟花爆竹经营单位出租、出借、转让、买卖烟花爆竹经营许可证的，责令其停止违法行为，处1万元以上3万元以下的罚款，并依法撤销烟花爆竹经营许可证。
194	烟花爆竹经营单位冒用或者使用伪造的安全生产许可证的	【部门规章】《烟花爆竹经营许可实施办法》第二十六条：烟花爆竹经营单位不得出租、出借、转让、买卖、冒用或者使用伪造的烟花爆竹经营许可证。	【部门规章】《烟花爆竹经营许可实施办法》第三十六条第二款：冒用或者使用伪造的烟花爆竹经营许可证的，依照本办法第三十一条的规定处罚。 第三十一条：对未经许可经营、超许可范围经营、许可证过期继续经营烟花爆竹的，责令其停止非法经营活动，处2万元以上10万元以下的罚款，并没收非法经营的物品及违法所得。

续表

裁量阶次	适用条件	具体标准	备注
C	超过规定数量50%以上的	责令限期改正,处1000元以上5000元以下的罚款;情节严重的,处2万元以上3万元以下的罚款	
A	没有违法所得或违法所得1万元以下的	责令停止违法行为,处1万元以上1.5万元以下的罚款,并依法撤销烟花爆竹经营许可证	
B	违法所得1万元以上5万元以下的	责令停止违法行为,处1.5万元以上2万元以下的罚款,并依法撤销烟花爆竹经营许可证	166
C	违法所得5万元以上的	责令停止违法行为,处2万元以上3万元以下的罚款,并依法撤销烟花爆竹经营许可证	
A	没有违法所得或违法所得1万元以下的	责令停止非法经营活动,处2万元以上5万元以下的罚款,并没收非法经营的物品及违法所得	
B	违法所得1万元以上5万元以下的	责令停止非法经营活动,处5万元以上8万元以下的罚款,并没收非法经营的物品及违法所得	166
C	违法所得5万元以上的	责令停止非法经营活动,处8万元以上10万元以下的罚款,并没收非法经营的物品及违法所得	

序号	违法行为	法律规定	处罚依据
195	烟花爆竹批发企业向烟花爆竹零售经营者供应非法生产、经营的烟花爆竹，或者供应按照国家标准规定应由专业燃放人员燃放的烟花爆竹的	1.【行政法规】《烟花爆竹安全管理条例》第二十条：从事烟花爆竹批发的企业，应当向生产烟花爆竹的企业采购烟花爆竹，向从事烟花爆竹零售的经营者供应烟花爆竹。从事烟花爆竹零售的经营者，应当向从事烟花爆竹批发的企业采购烟花爆竹。从事烟花爆竹批发的企业、零售经营者不得采购和销售非法生产、经营的烟花爆竹。从事烟花爆竹批发的企业，不得向从事烟花爆竹零售的经营者供应按照国家标准规定应由专业燃放人员燃放的烟花爆竹。从事烟花爆竹零售的经营者，不得销售按照国家标准规定应由专业燃放人员燃放的烟花爆竹。 2.【部门规章】《烟花爆竹经营许可实施办法》第二十二条第一款、第二款：批发企业、零售经营者不得采购和销售非法生产、经营的烟花爆竹和产品质量不符合国家标准或者行业标准规定的烟花爆竹。	1.【行政法规】《烟花爆竹安全管理条例》第三十八条第一款：从事烟花爆竹批发的企业向从事烟花爆竹零售的经营者供应非法生产、经营的烟花爆竹，或者供应按照国家标准规定应由专业燃放人员燃放的烟花爆竹的，由安全生产监督管理部门责令停止违法行为，处2万元以上10万元以下的罚款，并没收非法经营的物品及违法所得；情节严重的，吊销烟花爆竹经营许可证。 2.【部门规章】《烟花爆竹经营许可实施办法》第三十三条第二项、第三项：批发企业有下列行为之一的，责令其停业整顿，依法暂扣批发许可证，处2万元以上10万元以下的罚款，并没收非法经营的物品及违法所得；情节严重的，依法吊销批发许可证：（二）向零售经营者供应非法生产、经营的烟花爆竹的；（三）向零售经营者供应礼花弹等按照国家标准规定应当由专业人员燃放的烟花爆竹的。

续表

裁量阶次	适用条件	具体标准	备注
A	没有违法所得或违法所得1万元以下的	责令停止违法行为，处2万元以上5万元以下的罚款，并没收非法经营的物品及违法所得；情节严重的，吊销烟花爆竹经营许可证	
B	违法所得1万元以上5万元以下的	责令停止违法行为，处5万元以上8万元以下的罚款，并没收非法经营的物品及违法所得；情节严重的，吊销烟花爆竹经营许可证	168
C	违法所得5万元以上的	责令停止违法行为，处8万元以上10万元以下的罚款，并没收非法经营的物品及违法所得；情节严重的，吊销烟花爆竹经营许可证	

序号	违法行为	法律规定	处罚依据
195		批发企业不得向未取得零售许可证的单位或者个人销售烟花爆竹，不得向零售经营者销售礼花弹等应当由专业燃放人员燃放的烟花爆竹；从事黑火药、引火线批发的企业不得向无《烟花爆竹安全生产许可证》的单位或者个人销售烟火药、黑火药、引火线。	
196	烟花爆竹批发企业在城市建成区内设立烟花爆竹储存仓库，或者在批发（展示）场所摆放有药样品的	【部门规章】《烟花爆竹经营许可实施办法》第四条第二款：批发企业不得在城市建成区内设立烟花爆竹储存仓库，不得在批发（展示）场所摆放有药样品；严格控制城市建成区内烟花爆竹零售点数量，且烟花爆竹零售点不得与居民居住场所设置在同一建筑物内。	【部门规章】《烟花爆竹经营许可实施办法》第三十二条第一项：批发企业有下列行为之一的，责令其限期改正，处5000元以上3万元以下的罚款：（一）在城市建成区内设立烟花爆竹储存仓库，或者在批发（展示）场所摆放有药样品的；
197	烟花爆竹批发企业采购和销售质量不符合国家标准或者行业标准规定的烟花爆竹的	【部门规章】《烟花爆竹经营许可实施办法》第二十二条第一款：批发企业、零售经营者不得采购和销售非法生产、经营的烟花爆竹和产品质量不符合国家标准或者行业标准规定的烟花爆竹。	【部门规章】《烟花爆竹经营许可实施办法》第三十二条第二项：批发企业有下列行为之一的，责令其限期改正，处5000元以上3万元以下的罚款：（二）采购和销售质量不符合国家标准或者行业标准规定的烟花爆竹的；

续表

裁量阶次	适用条件	具体标准	备注
A	在批发（展示）场所摆放有药样品的	责令限期改正，处5000元以上1万元以下的罚款	
B	在城市建成区内设立烟花爆竹储存仓库的	责令限期改正，处1万元以上2万元以下的罚款	170
C	在批发（展示）场所摆放有药样品，且在城市建成区内设立烟花爆竹储存仓库的	责令限期改正，处2万元以上3万元以下的罚款	
A	采购和销售质量不符合国家标准或者行业标准规定的烟花爆竹，流入市场的烟花爆竹产品数量20箱以下的	责令限期改正，处5000元以上1万元以下的罚款	170
B	采购和销售质量不符合国家标准或者行业标准规定的烟花爆竹，流	责令限期改正，处1万元以上2万元以下的罚款	

序号	违法行为	法律规定	处罚依据
197			
198	烟花爆竹批发企业在仓库内违反国家标准或者行业标准规定储存烟花爆竹的	【部门规章】《烟花爆竹经营许可实施办法》第二十三条第二款：烟花爆竹仓库储存的烟花爆竹品种、规格和数量，不得超过国家标准或者行业标准规定的危险等级和核定限量。	【部门规章】《烟花爆竹经营许可实施办法》第三十二条第三项：批发企业有下列行为之一的，责令其限期改正，处5000元以上3万元以下的罚款：（三）在仓库内违反国家标准或者行业标准规定储存烟花爆竹的；
199	烟花爆竹批发企业在烟花爆竹经营许可	【部门规章】《烟花爆竹经营许可实施办法》第二十三条第一款：禁止在烟	【部门规章】《烟花爆竹经营许可实施办法》第三十二条第四项：批发企业

续表

裁量阶次	适用条件	具体标准	备注
	入市场的烟花爆竹产品数量20箱以上50箱以下的		
C	采购和销售质量不符合国家标准或者行业标准规定的烟花爆竹，流入市场的烟花爆竹产品数量50箱以上的	责令限期改正，处2万元以上3万元以下的罚款	
A	在仓库内违反国家标准或者行业标准规定储存烟花爆竹，涉及烟花爆竹品种、规格和数量，有三种情形中1种的	责令限期改正，处5000元以上1万元以下的罚款	
B	在仓库内违反国家标准或者行业标准规定储存烟花爆竹，涉及烟花爆竹品种、规格和数量，有三种情形中2种的	责令限期改正，处1万元以上2万元以下的罚款	170
C	在仓库内违反国家标准或者行业标准规定储存烟花爆竹，涉及烟花爆竹品种、规格和数量，有三种情形中3种的	责令限期改正，处2万元以上3万元以下的罚款	
A	在烟花爆竹经营许可证载明的仓库以外储存烟花爆竹产品20箱以下的	责令限期改正，处5000元以上1万元以下的罚款	170

序号	违法行为	法律规定	处罚依据
199	证载明的仓库以外储存烟花爆竹的	花爆竹经营许可证载明的储存（零售）场所以外储存烟花爆竹。	有下列行为之一的，责令其限期改正，处5000元以上3万元以下的罚款：（四）在烟花爆竹经营许可证载明的仓库以外储存烟花爆竹的；
200	烟花爆竹批发企业对假冒伪劣、过期、含有超量、违禁药物以及其他存在严重质量问题的烟花爆竹未及时销毁的	【部门规章】《烟花爆竹经营许可实施办法》第二十四条第一款：批发企业对非法生产、假冒伪劣、过期、含有违禁药物以及其他存在严重质量问题的烟花爆竹，应当及时、妥善销毁。	【部门规章】《烟花爆竹经营许可实施办法》第三十二条第五项：批发企业有下列行为之一的，责令其限期改正，处5000元以上3万元以下的罚款：（五）对假冒伪劣、过期、含有超量、违禁药物以及其他存在严重质量问题的烟花爆竹未及时销毁的；
201	烟花爆竹批发企业未执行合同管理、流向登记制度或者未按照规定应用烟花爆竹流向管理信息系统的	【部门规章】《烟花爆竹经营许可实施办法》第二十五条第一款：批发企业应当建立并严格执行合同管理、流向登记制度，健全合同管理和流向登记档案，并留存3年备查。	【部门规章】《烟花爆竹经营许可实施办法》第三十二条第六项：批发企业有下列行为之一的，责令其限期改正，处5000元以上3万元以下的罚款：（六）未执行合同管理、流向登记制度或者未按照规定应用烟花爆竹流向管理信息系统的；

续表

裁量阶次	适用条件	具体标准	备注
B	在烟花爆竹经营许可证载明的仓库以外储存烟花爆竹产品20箱以上50箱以下的	责令限期改正，处1万元以上2万元以下的罚款	
C	在烟花爆竹经营许可证载明的仓库以外储存烟花爆竹产品50箱以上的	责令限期改正，处2万元以上3万元以下的罚款	
A	自发现或者应当发现之日起10日以内未予销毁的	责令限期改正，处5000元以上1万元以下的罚款	
B	自发现或者应当发现之日起10日以上20日以内未予销毁的	责令限期改正，处1万元以上2万元以下的罚款	170
C	自发现或者应当发现之日起20日以上未予销毁的	责令限期改正，处2万元以上3万元以下的罚款	
A	未执行合同管理、流向登记制度或者未按照规定应用烟花爆竹流向管理信息系统，有上述1种情形的	责令限期改正，处5000元以上1万元以下的罚款	170
B	未执行合同管理、流向登记制度或者未按照规定应用烟花爆竹流向管理信息系统，有上述2种情形的	责令限期改正，处1万元以上2万元以下的罚款	

序号	违法行为	法律规定	处罚依据
201			
202	烟花爆竹批发企业未将黑火药、引火线的采购、销售记录备案的	【部门规章】《烟花爆竹经营许可实施办法》第二十五条第二款：黑火药、引火线批发企业的采购、销售记录，应当自购买或者销售之日起3日内报所在地县级安全监管局备案。	【部门规章】《烟花爆竹经营许可实施办法》第三十二条第七项：批发企业有下列行为之一的，责令其限期改正，处5000元以上3万元以下的罚款：（七）未将黑火药、引火线的采购、销售记录报所在地县级安全监管局备案的；
203	烟花爆竹批发企业仓储设施新建、改建、扩建后，未重新申请办理许可手续的	【部门规章】《烟花爆竹经营许可实施办法》第十五条第二款：批发企业变更经营许可范围、储存仓库地址和仓储设施新建、改建、扩建的，应当重新申请办理许可手续。	【部门规章】《烟花爆竹经营许可实施办法》第三十二条第八项：批发企业有下列行为之一的，责令其限期改正，处5000元以上3万元以下的罚款：（八）仓储设施新建、改建、扩建后，未重新申请办理许可手续的；

续表

裁量阶次	适用条件	具体标准	备注
C	未执行合同管理、流向登记制度或者未按照规定应用烟花爆竹流向管理信息系统,有上述3种情形的	责令限期改正,处2万元以上3万元以下的罚款	
A	超过规定时限3日以内,未将黑火药、引火线的采购、销售记录报所在地县级安全监管部门备案的	责令限期改正,处5000元以上1万元以下的罚款	
B	超过规定时限3日以上5日以内,未将黑火药、引火线的采购、销售记录报所在地县级安全监管部门备案的	责令限期改正,处1万元以上2万元以下的罚款	170
C	超过规定时限5日以上,未将黑火药、引火线的采购、销售记录报所在地县级安全监管部门备案的	责令限期改正,处2万元以上3万元以下的罚款	
A	改建仓储设施后,未重新申请办理许可手续的	责令限期改正,处5000元以上1万元以下的罚款	170
B	扩建仓储设施后,未重新申请办理许可手续的	责令限期改正,处1万元以上2万元以下的罚款	

序号	违法行为	法律规定	处罚依据
203			
204	烟花爆竹批发企业变更企业名称、主要负责人、注册地址，未申请办理许可证变更手续的	【部门规章】《烟花爆竹经营许可实施办法》第十五条第一款：批发企业在批发许可证有效期内变更企业名称、主要负责人和注册地址的，应当自变更之日起10个工作日内向原发证机关提出变更，并提交下列文件、资料：(一)批发许可证变更申请书(一式三份)；(二)变更后的企业名称工商预核准文件或者工商营业执照副本复制件；(三)变更后的主要负责人安全资格证书复制件。	【部门规章】《烟花爆竹经营许可实施办法》第三十二条第九项：批发企业有下列行为之一的，责令其限期改正，处5000元以上3万元以下的罚款：(九)变更企业名称、主要负责人、注册地址，未申请办理许可证变更手续的；
205	烟花爆竹批发企业向未取得零售许可证的单位或者个人销售烟花爆竹的	【部门规章】《烟花爆竹经营许可实施办法》第二十二条第二款：批发企业不得向未取得零售许可证的单位或者个人销售烟花爆竹，不得向零售经营者销售礼花弹等应当由专业燃放人员燃放的烟花爆竹；从事黑火药、引火线批发的企业不得向无《烟花爆竹安全生产许可证》的单位或者个人销售烟火药、黑火药、引火线。	【部门规章】《烟花爆竹经营许可实施办法》第三十二条第十项：批发企业有下列行为之一的，责令其限期改正，处5000元以上3万元以下的罚款：(十)向未取得零售许可证的单位或者个人销售烟花爆竹的。

续表

裁量阶次	适用条件	具体标准	备注
C	新建仓储设施后，未重新申请办理许可手续的	责令限期改正，处2万元以上3万元以下的罚款	
A	超过规定时限10日以内，未提交变更申请的	责令限期改正，处5000元以上1万元以下的罚款	
B	超过规定时限10日以上20日以内，未提交变更申请的	责令限期改正，处1万元以上2万元以下的罚款	170
C	超过规定时限20日以上，未提交变更申请的	责令限期改正，处2万元以上3万元以下的罚款	
A	没有违法所得或违法所得5000元以下的	责令限期改正，处5000元以上1万元以下的罚款	
B	违法所得5000元以上1万元以下的	责令限期改正，处1万元以上2万元以下的罚款	170
C	违法所得1万元以上的	责令限期改正，处2万元以上3万元以下的罚款	

381

序号	违法行为	法律规定	处罚依据
206	批发企业向未取得烟花爆竹安全生产许可证的单位或者个人销售烟火药、黑火药、引火线的	【部门规章】《烟花爆竹经营许可实施办法》第二十二条第二款：批发企业不得向未取得零售许可证的单位或者个人销售烟花爆竹，不得向零售经营者销售礼花弹等应当由专业燃放人员燃放的烟花爆竹；从事黑火药、引火线批发的企业不得向无《烟花爆竹安全生产许可证》的单位或者个人销售烟火药、黑火药、引火线。	【部门规章】《烟花爆竹经营许可实施办法》第三十三条第一项：批发企业有下列行为之一的，责令其停业整顿，依法暂扣批发许可证，处2万元以上10万元以下的罚款，并没收非法经营的物品及违法所得；情节严重的，依法吊销批发许可证：（一）向未取得烟花爆竹安全生产许可证的单位或者个人销售烟火药、黑火药、引火线的；
207	生产企业、批发企业未向零售经营者或者零售经营场所提供烟花爆竹配送服务的	【部门规章】《烟花爆竹生产经营安全规定》第二十七条：批发企业应当向零售经营者及零售经营场所提供烟花爆竹配送服务。配送烟花爆竹抵达零售经营场所装卸作业时，应当轻拿轻放、妥善码放，禁止碰撞、拖拉、抛摔、翻滚、摩擦、挤压等不安全行为。	【部门规章】《烟花爆竹生产经营安全规定》第三十三条第二项：生产企业、批发企业有下列行为之一的，责令限期改正；逾期未改正的，处一万元以上三万元以下的罚款：（二）未向零售经营者或者零售经营场所提供烟花爆竹配送服务的。

续表

裁量阶次	适用条件	具体标准	备注
A	没有违法所得或违法所得5万元以下的	责令停业整顿,依法暂扣批发许可证,处2万元以上5万元以下的罚款,并没收非法经营的物品及违法所得;情节严重的,依法吊销批发许可证	
B	违法所得5万元以上10万元以下的	责令停业整顿,依法暂扣批发许可证,处5万元以上7万元以下的罚款,并没收非法经营的物品及违法所得;情节严重的,依法吊销批发许可证	
C	违法所得10万元以上的	责令停业整顿,依法暂扣批发许可证,处7万元以上10万元以下的罚款,并没收非法经营的物品及违法所得;情节严重的,依法吊销批发许可证	
A	未向零售经营者或者零售经营场所提供烟花爆竹配送服务1次的	责令限期改正;逾期未改正的,处1万元以上1.5万元以下的罚款	
B	未向零售经营者或者零售经营场所提供烟花爆竹配送服务2次的	责令限期改正;逾期未改正的,处1.5万元以上2万元以下的罚款	171
C	未向零售经营者或者零售经营场所提供烟花爆竹配送服务3次以上的	责令限期改正;逾期未改正的,处2万元以上3万元以下的罚款	

序号	违法行为	法律规定	处罚依据
208	存在粉尘涉爆危险的工贸企业新建、改建、扩建工程项目安全设施没有进行粉尘防爆安全设计，或者未按照设计进行施工的	【部门规章】《工贸企业粉尘防爆安全规定》第十三条：粉尘涉爆企业新建、改建、扩建涉及粉尘爆炸危险的工程项目安全设施的设计、施工应当按照《粉尘防爆安全规程》等有关国家标准或者行业标准，在安全设施设计文件、施工方案中明确粉尘防爆的相关内容。设计单位应当对安全设施粉尘防爆相关的设计负责，施工单位应当按照设计进行施工，并对施工质量负责。	【部门规章】《工贸企业粉尘防爆安全规定》第三十条第一项：粉尘涉爆企业有下列情形之一的，由负责粉尘涉爆企业安全监管的部门责令限期改正，处3万元以下的罚款，对其直接负责的主管人员和其他直接责任人员处1万元以下的罚款：（一）企业新建、改建、扩建工程项目安全设施没有进行粉尘防爆安全设计，或者未按照设计进行施工的；
209	存在粉尘涉爆危险的工贸企业未按照规定建立粉尘防爆安全管理制度或者内容不符合企业实际的	【部门规章】《工贸企业粉尘防爆安全规定》第七条：粉尘涉爆企业应当结合企业实际情况建立和落实粉尘防爆安全管理制度。粉尘防爆安全管理制度应当包括下列内容：（一）粉尘爆炸风险辨识评估和管控；（二）粉尘爆炸事故隐患排查治理；（三）粉尘作业岗位安全操作规程；（四）粉尘防爆专项安全生产教育和培训；（五）粉尘清理和处置；（六）除尘系统和相关安全设施设备运行、维护及检修、维修管理；（七）粉尘爆炸事故应急处置和救援。	【部门规章】《工贸企业粉尘防爆安全规定》第三十条第二项：粉尘涉爆企业有下列情形之一的，由负责粉尘涉爆企业安全监管的部门责令限期改正，处3万元以下的罚款，对其直接负责的主管人员和其他直接责任人员处1万元以下的罚款：（二）未按照规定建立粉尘防爆安全管理制度或者内容不符合企业实际的；

续表

裁量阶次	适用条件	具体标准	备注
A	建设项目总投资额1000万元以下的	责令限期改正，处1万元以下的罚款，对其直接负责的主管人员和其他直接责任人员处1万元以下的罚款	
B	建设项目总投资额1000万元以上3000万元以下的	责令限期改正，处1万元以上2万元以下的罚款，对其直接负责的主管人员和其他直接责任人员处1万元以下的罚款	236
C	建设项目总投资额3000万元以上的	责令限期改正，处2万元以上3万元以下的罚款，对其直接负责的主管人员和其他直接责任人员处1万元以下的罚款	
A	粉尘防爆安全管理制度内容不符合企业实际的	责令限期改正，处1万元以下的罚款，对其直接负责的主管人员和其他直接责任人员处1万元以下的罚款	
B	粉尘防爆安全管理制度未包含《工贸企业粉尘防爆安全规定》第七条规定的七项内容的	责令限期改正，处1万元以上2万元以下的罚款，对其直接负责的主管人员和其他直接责任人员处1万元以下的罚款	236
C	未建立粉尘防爆安全管理制度的	责令限期改正，处2万元以上3万元以下的罚款，对其直接负责的主管人员和其他直接责任人员处1万元以下的罚款	

序号	违法行为	法律规定	处罚依据
210	存在粉尘涉爆危险的工贸企业未按照规定辨识评估管控粉尘爆炸安全风险，未建立安全风险清单或者未及时维护相关信息档案的	【部门规章】《工贸企业粉尘防爆安全规定》第十一条第一款、第三款：粉尘涉爆企业应当定期辨识粉尘云、点燃源等粉尘爆炸危险因素，确定粉尘爆炸危险场所的位置、范围，并根据粉尘爆炸特性和涉粉作业人数等关键要素，评估确定有关危险场所安全风险等级，制定并落实管控措施，明确责任部门和责任人员，建立安全风险清单，及时维护安全风险辨识、评估、管控过程的信息档案。涉及粉尘爆炸危险的工艺、场所、设施设备等发生变更的，粉尘涉爆企业应当重新进行安全风险辨识评估。	【部门规章】《工贸企业粉尘防爆安全规定》第三十条第三项：粉尘涉爆企业有下列情形之一的，由负责粉尘涉爆企业安全监管的部门责令限期改正，处3万元以下的罚款，对其直接负责的主管人员和其他直接责任人员处1万元以下的罚款：（三）未按照规定辨识评估管控粉尘爆炸安全风险，未建立安全风险清单或者未及时维护相关信息档案的；
211	存在粉尘涉爆危险的工贸企业的粉尘防爆安全设备未正常运行的	【部门规章】《工贸企业粉尘防爆安全规定》第十七条第二款：粉尘涉爆企业应当对粉尘防爆安全设备进行经常性维护、保养，并按照《粉尘防爆安全规程》等有关国家标准或者行业标准定期检测或者检查，保证正常运行，做好	【部门规章】《工贸企业粉尘防爆安全规定》第三十条第四项：粉尘涉爆企业有下列情形之一的，由负责粉尘涉爆企业安全监管的部门责令限期改正，处3万元以下的罚款，对其直接负责的主管人员和其他直接责任人员处1万

续表

裁量阶次	适用条件	具体标准	备注
A	未按照规定辨识评估管控粉尘爆炸安全风险，未建立安全风险清单或者未及时维护相关信息档案的，有上述1种情形的	责令限期改正，处1万元以下的罚款，对其直接负责的主管人员和其他直接责任人员处1万元以下的罚款	236
B	未按照规定辨识评估管控粉尘爆炸安全风险，未建立安全风险清单或者未及时维护相关信息档案的，有上述2种情形的	责令限期改正，处1万元以上2万元以下的罚款，对其直接负责的主管人员和其他直接责任人员处1万元以下的罚款	236
C	未按照规定辨识评估管控粉尘爆炸安全风险，未建立安全风险清单或者未及时维护相关信息档案的，有上述3种情形的	责令限期改正，处2万元以上3万元以下的罚款，对其直接负责的主管人员和其他直接责任人员处1万元以下的罚款	
A	粉尘防爆安全设备有1台（套）未正常运行的	责令限期改正，处1万元以下的罚款，对其直接负责的主管人员和其他直接责任人员处1万元以下的罚款	236
B	粉尘防爆安全设备有2台（套）未正常运行的	责令限期改正，处1万元以上2万元以下的罚款，对其直接负责的主管人员和其他直接责任人员处1万元以下的罚款	

序号	违法行为	法律规定	处罚依据
211		相关记录，不得关闭、破坏直接关系粉尘防爆安全的监控、报警、防控等设备、设施，或者篡改、隐瞒、销毁其相关数据、信息。粉尘涉爆企业应当规范选用与爆炸危险区域相适应的防爆型电气设备。	元以下的罚款：（四）粉尘防爆安全设备未正常运行的。
212	工贸企业开展有限空间作业未配备监护人员，或者监护人员未按规定履行岗位职责的	【部门规章】《工贸企业有限空间作业安全规定》第五条：工贸企业应当实行有限空间作业监护制，明确专职或者兼职的监护人员，负责监督有限空间作业安全措施的落实。监护人员应当具备与监督有限空间作业相适应的安全知识和应急处置能力，能够正确使用气体检测、机械通风、呼吸防护、应急救援等用品、装备。	【部门规章】《工贸企业有限空间作业安全规定》第二十一条第一项：违反本规定，有下列情形之一的，责令限期改正，对工贸企业处5万元以下的罚款，对其直接负责的主管人员和其他直接责任人员处1万元以下的罚款：（一）未配备监护人员，或者监护人员未按规定履行岗位职责的；
213	工贸企业未对有限空间进行辨识，或者未建立有限空间管理台账的	【部门规章】《工贸企业有限空间作业安全规定》第六条第一款：工贸企业应当对有限空间进行辨识，建立有限空间管理台账，明确有限空间数量、位置以及危险因素等信息，并及时更新。	【部门规章】《工贸企业有限空间作业安全规定》第二十一条第二项：违反本规定，有下列情形之一的，责令限期改正，对工贸企业处5万元以下的罚

续表

裁量阶次	适用条件	具体标准	备注
C	粉尘防爆安全设备有3台（套）以上未正常运行的	责令限期改正，处2万元以上3万元以下的罚款，对其直接负责的主管人员和其他直接责任人员处1万元以下的罚款	
A	配备的监护人员未按规定履行岗位职责的	责令限期改正，处2万元以下的罚款，对其直接负责的主管人员和其他直接责任人员处1万元以下的罚款	
B	配备的监护人员不具备相应安全知识和应急处置能力的	责令限期改正，处2万元以上4万元以下的罚款，对其直接负责的主管人员和其他直接责任人员处1万元以下的罚款	
C	未配备监护人员的	责令限期改正，处4万元以上5万元以下的罚款，对其直接负责的主管人员和其他直接责任人员处1万元以下的罚款	
A	未建立有限空间管理台账的	责令限期改正，处2万元以下的罚款，对其直接负责的主管人员和其他直接责任人员处1万元以下的罚款	242

序号	违法行为	法律规定	处罚依据
213			款，对其直接负责的主管人员和其他直接责任人员处1万元以下的罚款： （二）未对有限空间进行辨识，或者未建立有限空间管理台账的；
214	工贸企业未落实有限空间作业审批，或者作业未执行"先通风、再检测、后作业"要求的	【部门规章】《工贸企业有限空间作业安全规定》第七条：工贸企业应当根据有限空间作业安全风险大小，明确审批要求。 对于存在硫化氢、一氧化碳、二氧化碳等中毒和窒息等风险的有限空间作业，应当由工贸企业主要负责人或者其书面委托的人员进行审批，委托进行审批的，相关责任仍由工贸企业主要负责人承担。 未经工贸企业确定的作业审批人批准，不得实施有限空间作业。 第十四条第一款：有限空间作业应当严格遵守"先通风、再检测、后作业"要求。存在爆炸风险的，应当采取消除或者控制措施，相关电气设施设	【部门规章】《工贸企业有限空间作业安全规定》第二十一条第三项：违反本规定，有下列情形之一的，责令限期改正，对工贸企业处5万元以下的罚款，对其直接负责的主管人员和其他直接责任人员处1万元以下的罚款： （三）未落实有限空间作业审批，或者作业未执行"先通风、再检测、后作业"要求的；

续表

裁量阶次	适用条件	具体标准	备注
B	未对有限空间进行辨识的	责令限期改正,处2万元以上4万元以下的罚款,对其直接负责的主管人员和其他直接责任人员处1万元以下的罚款	
C	未对有限空间进行辨识,且未建立有限空间管理台账的	责令限期改正,处4万元以上5万元以下的罚款,对其直接负责的主管人员和其他直接责任人员处1万元以下的罚款	
A	作业未执行"先通风、再检测、后作业"要求的	责令限期改正,处2万元以下的罚款,对其直接负责的主管人员和其他直接责任人员处1万元以下的罚款	
B	未落实有限空间作业审批的	责令限期改正,处2万元以上4万元以下的罚款,对其直接负责的主管人员和其他直接责任人员处1万元以下的罚款	
C	未落实有限空间作业审批,且作业未执行"先通风、再检测、后作业"要求的	责令限期改正,处4万元以上5万元以下的罚款,对其直接负责的主管人员和其他直接责任人员处1万元以下的罚款	

序号	违法行为	法律规定	处罚依据
214		备、照明灯具、应急救援装备等应当符合防爆安全要求。	
215	工贸企业有限空间作业时未按要求进行通风和气体检测的	【部门规章】《工贸企业有限空间作业安全规定》第十五条第三款：作业过程中，工贸企业应当安排专人对作业区域持续进行通风和气体浓度检测。作业中断的，作业人员再次进入有限空间作业前，应当重新通风、气体检测合格后方可进入。	【部门规章】《工贸企业有限空间作业安全规定》第二十一条第四项：违反本规定，有下列情形之一的，责令限期改正，对工贸企业处5万元以下的罚款，对其直接负责的主管人员和其他直接责任人员处1万元以下的罚款：（四）未按要求进行通风和气体检测的。
216	石油天然气企业在安全生产许可证有效期内出现采矿许可证有效期届满和采矿许可证被暂扣、撤销、吊销、注销的情况，未按规定向安全生产许可证	【部门规章】《非煤矿矿山企业安全生产许可证实施办法》第二十八条：非煤矿矿山企业发现在安全生产许可证有效期内采矿许可证到期失效的，应当在采矿许可证到期前15日内向原安全生产许可证颁发管理机关报告，并交回安全生产许可证正本和副本。	【部门规章】《非煤矿矿山企业安全生产许可证实施办法》第四十三条：非煤矿矿山企业在安全生产许可证有效期内出现采矿许可证有效期届满和采矿许可证被暂扣、撤销、吊销、注销的情况，未依照本实施办法第二十八条的规定向安全生产许可证颁发管理机关报告并交回安

续表

裁量阶次	适用条件	具体标准	备注
A	未按要求进行通风和气体检测1次的	责令限期改正,处2万元以下的罚款,对其直接负责的主管人员和其他直接责任人员处1万元以下的罚款	
B	未按要求进行通风和气体检测2次的	责令限期改正,处2万元以上4万元以下的罚款,对其直接负责的主管人员和其他直接责任人员处1万元以下的罚款	
C	未按要求进行通风和气体检测3次以上的	责令限期改正,处4万元以上5万元以下的罚款,对其直接负责的主管人员和其他直接责任人员处1万元以下的罚款	
A	超过规定期限10日以内未向安全生产许可证颁发管理机关报告并交回安全生产许可证的	处1万元以上1.5万元以下罚款	
B	超过规定期限10日以上20日以内未向安全生产许可证颁发管理机关报告并交回安全生产许可证的	处1.5万元以上2万元以下罚款	

393

序号	违法行为	法律规定	处罚依据
216	颁发管理机关报告并交回安全生产许可证的	采矿许可证被暂扣、撤销、吊销和注销的，非煤矿矿山企业应当在暂扣、撤销、吊销和注销后5日内向原安全生产许可证颁发管理机关报告，并交回安全生产许可证正本和副本。	全生产许可证的，处1万元以上3万元以下罚款。
217	石油天然气开采发包单位未按规定对承包单位实施安全生产监督检查或者考核的	【部门规章】《非煤矿山外包工程安全管理暂行办法》第十条：石油天然气总发包单位、分项发包单位以及金属非金属矿山总发包单位，应当每半年对其承包单位的施工资质、安全生产管理机构、规章制度和操作规程、施工现场安全管理和履行本办法第二十七条规定的信息报告义务等情况进行一次检查；发现承包单位存在安全生产问题的，应当督促其立即整改。 第十四条：发包单位应当建立健全外包工程安全生产考核机制，对承包单位每年至少进行一次安全生产考核。	【部门规章】《非煤矿山外包工程安全管理暂行办法》第三十四条第一项：有关发包单位有下列行为之一的，责令限期改正，给予警告，并处1万元以上3万元以下的罚款：（一）违反本办法第十条、第十四条的规定，未对承包单位实施安全生产监督检查或者考核的；
218	石油天然气开采发包单位	【部门规章】《非煤矿山外包工程安全管理暂行办	【部门规章】《非煤矿山外包工程安全管理暂行办

续表

裁量阶次	适用条件	具体标准	备注
C	超过规定期限20日以上未向安全生产许可证颁发管理机关报告并交回安全生产许可证的	处2万元以上3万元以下罚款	
A	按规定时限对承包单位实施安全生产监督检查，但检查内容不符合要求的，或建立外包工程安全生产考核机制，但未按规定对承包单位进行安全生产考核的	责令限期改正，给予警告，并处1万元以上1.5万元以下的罚款	
B	未按规定时限对承包单位实施安全生产监督检查的，或未建立外包工程安全生产考核机制，但按规定对承包单位进行安全生产考核的	责令限期改正，给予警告，并处1.5万元以上2万元以下的罚款	347
C	未对承包单位实施安全生产监督检查的，或未建立外包工程安全生产考核机制，未按规定对承包单位进行安全生产考核的	责令限期改正，给予警告，并处2万元以上3万元以下的罚款	
A	向承包单位进行外包工程的技术交底，提供	责令限期改正,给予警告,并处1万元以上1.5万元以下的罚款	350

395

序号	违法行为	法律规定	处罚依据
218	未向承包单位进行外包工程技术交底，或者未按照合同约定向承包单位提供有关资料的	法》第十三条：发包单位应当向承包单位进行外包工程的技术交底，按照合同约定向承包单位提供与外包工程安全生产相关的勘察、设计、风险评价、检测检验和应急救援等资料，并保证资料的真实性、完整性和有效性。	法》第三十四条第三项：有关发包单位有下列行为之一的，责令限期改正，给予警告，并处1万元以上3万元以下的罚款：（三）违反本办法第十三条的规定，未向承包单位进行外包工程技术交底，或者未按照合同约定向承包单位提供有关资料的。
219	石油天然气开采承包单位将发包单位投入的安全资金挪作他用的	【部门规章】《非煤矿山外包工程安全管理暂行办法》第二十二条：承包单位应当依照法律、法规、规章的规定以及承包合同和安全生产管理协议的约定，及时将发包单位投入的安全资金落实到位，不得挪作他用。	【部门规章】《非煤矿山外包工程安全管理暂行办法》第三十七条第一款：承包单位违反本办法第二十二条的规定，将发包单位投入的安全资金挪作他用的，责令限期改正，给予警告，并处1万元以上3万元以下罚款。

续表

裁量阶次	适用条件	具体标准	备注
	与外包工程安全生产相关的勘察、设计、风险评价、检测检验和应急救援等资料，但资料不具备真实性、完整性和有效性的		
B	向承包单位进行外包工程的技术交底，但未提供与外包工程安全生产相关的勘察、设计、风险评价、检测检验和应急救援等资料的	责令限期改正，给予警告，并处1.5万元以上2万元以下的罚款	
C	未向承包单位进行外包工程的技术交底，未提供与外包工程安全生产相关的勘察、设计、风险评价、检测检验和应急救援等资料的	责令限期改正，给予警告，并处2万元以上3万元以下的罚款	
A	挪用发包单位投入的安全资金占比10%以下的	责令限期改正，给予警告，并处1万元以上1.5万元以下的罚款	
B	挪用发包单位投入的安全资金占比10%以上20%以下的	责令限期改正，给予警告，并处1.5万元以上2万元以下的罚款	353
C	挪用发包单位投入的安全资金占比20%以上的	责令限期改正，给予警告，并处2万元以上3万元以下的罚款	

序号	违法行为	法律规定	处罚依据
220	石油天然气开采承包单位未按规定排查治理事故隐患的	【部门规章】《非煤矿山外包工程安全管理暂行办法》第二十三条第一款、第二款：承包单位应当依照有关规定制定施工方案，加强现场作业安全管理，及时发现并消除事故隐患，落实各项规章制度和安全操作规程。 承包单位发现事故隐患后应当立即治理；不能立即治理的应当采取必要的防范措施，并及时书面报告发包单位协商解决，消除事故隐患。	【部门规章】《非煤矿山外包工程安全管理暂行办法》第三十七条第二款：承包单位未按照本办法第二十三条的规定排查治理事故隐患的，责令立即消除或者限期消除；承包单位拒不执行的，责令停产停业整顿，并处10万元以上50万元以下的罚款，对其直接负责的主管人员和其他直接责任人员处2万元以上5万元以下的罚款。
221	承担安全评价、认证、检测、检验职责的机构出具失实报告的	1.【法律】《中华人民共和国安全生产法》第七十二条第一款：承担安全评价、认证、检测、检验职责的机构应当具备国家规定的资质条件，并对其作	1.【法律】《中华人民共和国安全生产法》第九十二条第一款：承担安全评价、认证、检测、检验职责的机构出具失实报告的，责令停业整顿，并处三万

续表

裁量阶次	适用条件	具体标准	备注
A	承包单位按规定制定施工方案，加强现场作业安全管理，及时发现并消除事故隐患，但未按规定治理一般事故隐患的	责令立即消除或者限期消除，承包单位拒不执行的，责令停产停业整顿，处10万元以上30万元以下的罚款，对其直接负责的主管人员和其他直接责任人员处2万元以上3万元以下的罚款	
B	承包单位按规定制定施工方案，加强现场作业安全管理，及时发现并消除事故隐患，但未按规定治理重大事故隐患的	责令立即消除或者限期消除，承包单位拒不执行的，责令停产停业整顿，处30万元以上40万元以下的罚款，对其直接负责的主管人员和其他直接责任人员处3万元以上4万元以下的罚款	
C	承包单位未按规定制定施工方案，未加强现场作业安全管理，未及时发现并消除事故隐患的	责令立即消除或者限期消除，承包单位拒不执行的，责令停产停业整顿，处40万元以上50万元以下的罚款，对其直接负责的主管人员和其他直接责任人员处4万元以上5万元以下的罚款	
A	报告失实1处的	责令停业整顿，并处3万元以上5万元以下的罚款	
B	报告失实2处的	责令停业整顿，并处5万元以上8万元以下的罚款	237
C	报告失实3处以上的	责令停业整顿，并处8万元以上10万元以下的罚款	

序号	违法行为	法律规定	处罚依据
221		出的安全评价、认证、检测、检验结果的合法性、真实性负责。资质条件由国务院应急管理部门会同国务院有关部门制定。 2.【部门规章】《工贸企业粉尘防爆安全规定》第二十一条：安全生产技术服务机构为粉尘涉爆企业提供粉尘防爆相关的安全评价、检测、检验、风险评估、隐患排查等安全生产技术服务，应当按照法律、法规、规章和《粉尘防爆安全规程》等有关国家标准或者行业标准开展工作，保证其出具的报告和作出的结果真实、准确、完整，不得弄虚作假。	元以上十万元以下的罚款；给他人造成损害的，依法承担赔偿责任。 2.【部门规章】《工贸企业粉尘防爆安全规定》第三十一条第一款：安全生产技术服务机构接受委托开展技术服务工作，出具失实报告的，依照《中华人民共和国安全生产法》有关规定，责令停业整顿，并处3万元以上10万元以下的罚款；给他人造成损害的，依法承担赔偿责任。
222	承担安全评价、认证、检测、检验职责的机构租借资质、挂靠、出具虚假报告的	【法律】《中华人民共和国安全生产法》第七十二条：承担安全评价、认证、检测、检验职责的机构应当具备国家规定的资质条件，并对其作出的安全评价、认证、检测、检验结果的合法性、真实性负责。资质条件由国务院应急管理部门会同国务院有关部门制定。 承担安全评价、认证、	1.【法律】《中华人民共和国安全生产法》第九十二条第二款：承担安全评价、认证、检测、检验职责的机构租借资质、挂靠、出具虚假报告的，没收违法所得；违法所得在十万元以上的，并处违法所得二倍以上五倍以下的罚款，没有违法所得或者违法所得不足十万元的，单处或者并处十万元以上二十万

续表

裁量阶次	适用条件	具体标准	备注
A	没有违法所得的	处10万元以上15万元以下的罚款；对其直接负责的主管人员和其他直接责任人员处5万元以上7万元以下的罚款	237
B	违法所得10万元以下的	没收违法所得，并处15万元以上20万元以下的罚款；对其直接负责的主管人员和其他直接责任人员处7万元以上9万元以下的罚款	

序号	违法行为	法律规定	处罚依据
222		检测、检验职责的机构应当建立并实施服务公开和报告公开制度,不得租借资质、挂靠、出具虚假报告。	元以下的罚款;对其直接负责的主管人员和其他直接责任人员处五万元以上十万元以下的罚款;给他人造成损害的,与生产经营单位承担连带赔偿责任;构成犯罪的,依照刑法有关规定追究刑事责任。 2.【部门规章】《工贸企业粉尘防爆安全规定》第三十一条第二款:安全生产技术服务机构接受委托开展技术服务工作,出具虚假报告的,依照《中华人民共和国安全生产法》有关规定,没收违法所得;违法所得在 10 万元以上的,并处违法所得 2 倍以上 5 倍以下的罚款;没有违法所得或者违法所得不足 10 万元的,单处或者并处 10 万元以上 20 万元以下的罚款;对其直接负责的主管人员和其他直接责任人员处 5 万元以上 10 万元以下的罚款;给他人造成损害的,与粉尘涉爆企业承担连带赔偿责任;构成犯罪的,依照刑法有关规定追究刑事责任。

续表

裁量阶次	适用条件	具体标准	备注
C	违法所得10万元以上的	没收违法所得,并处违法所得2倍以上5倍以下的罚款;对其直接负责的主管人员和其他直接责任人员处9万元以上10万元以下的罚款	

序号	违法行为	法律规定	处罚依据
223	安全评价检测检验机构名称等事项发生变化，未按规定向原资质认可机关提出变更申请的	【部门规章】《安全评价检测检验机构管理办法》第十二条第一款：安全评价检测检验机构的名称、注册地址、实验室条件、法定代表人、专职技术负责人、授权签字人发生变化的，应当自发生变化之日起三十日内向原资质认可机关提出书面变更申请。资质认可机关经审查后符合条件的，在本部门网站予以公告，并及时更新安全评价检测检验机构信息查询系统相关信息。	【部门规章】《安全评价检测检验机构管理办法》第三十条第五项：安全评价检测检验机构有下列情形之一的，责令改正或者责令限期改正，给予警告，可以并处一万元以下的罚款；逾期未改正的，处一万元以上三万元以下的罚款，对相关责任人处一千元以上五千元以下的罚款；情节严重的，处一万元以上三万元以下的罚款，对相关责任人处五千元以上一万元以下的罚款：（五）机构名称、注册地址、实验室条件、法定代表人、专职技术负责人、授权签字人发生变化之日起三十日内未向原资质认可机关提出变更申请的；

续表

裁量阶次	适用条件	具体标准	备注
A	逾期10日以内的	责令改正或者责令限期改正，给予警告，可以并处1万元以下的罚款；逾期未改正的，处1万元以上1.5万元以下的罚款，对相关责任人处1千元以上5千元以下的罚款；情节严重的，处1万元以上1.5万元以下的罚款，对相关责任人处5千元以上1万元以下的罚款	
B	逾期10日以上20日以内的	责令改正或者责令限期改正，给予警告，可以并处1万元以下的罚款；逾期未改正的，处1.5万元以上2万元以下的罚款，对相关责任人处1千元以上5千元以下的罚款；情节严重的，处1.5万元以上2万元以下的罚款，对相关责任人处5千元以上1万元以下的罚款	245
C	逾期20日以上的	责令改正或者责令限期改正，给予警告，可以并处1万元以下的罚款；逾期未改正的，处2万元以上3万元以下的罚款，对相关责任人处1千元以上5千元以下的罚款；情节严重的，处2万元以上3万元以下的罚款，对相关责任人处5千元以上1万元以下的罚款	

序号	违法行为	法律规定	处罚依据
224	安全评价检测检验机构未依法与委托方签订技术服务合同的	【部门规章】《安全评价检测检验机构管理办法》第十六条第一款：生产经营单位委托安全评价检测检验机构开展技术服务时，应当签订委托技术服务合同，明确服务对象、范围、权利、义务和责任。	【部门规章】《安全评价检测检验机构管理办法》第三十条第一项：安全评价检测检验机构有下列情形之一的，责令改正或者责令限期改正，给予警告，可以并处一万元以下的罚款；逾期未改正的，处一万元以上三万元以下的罚款，对相关责任人处一千元以上五千元以下的罚款；情节严重的，处一万元以上三万元以下的罚款，对相关责任人处五千元以上一万元以下的罚款：（一）未依法与委托方签订技术服务合同的；

续表

裁量阶次	适用条件	具体标准	备注
A	签订的技术服务合同内容有1项不符合规定的	责令改正或者责令限期改正，给予警告，可以并处1万元以下的罚款；逾期未改正的，处1万元以上1.5万元以下的罚款，对相关责任人处1千元以上5千元以下的罚款；情节严重的，处1万元以上1.5万元以下的罚款，对相关责任人处5千元以上1万元以下的罚款	
B	签订的技术服务合同内容有2项不符合规定的	责令改正或者责令限期改正，给予警告，可以并处1万元以下的罚款；逾期未改正的，处1.5万元以上2万元以下的罚款，对相关责任人处1千元以上5千元以下的罚款；情节严重的，处1.5万元以上2万元以下的罚款，对相关责任人处5千元以上1万元以下的罚款	248
C	签订的技术服务合同内容有3项以上不符合规定的，或者未签订技术服务合同的	责令改正或者责令限期改正，给予警告，可以并处1万元以下的罚款；逾期未改正的，处2万元以上3万元以下的罚款，对相关责任人处1千元以上5千元以下的罚款；情节严重的，处2万元以上3万元以下的罚款，对相关责任人处5千元以上1万元以下的罚款	

序号	违法行为	法律规定	处罚依据
225	安全评价检测检验机构违反法规标准规定更改或者简化安全评价、检测检验程序和相关内容的	【部门规章】《安全评价检测检验机构管理办法》第二十二条第一款第六项：安全评价检测检验机构及其从业人员不得有下列行为：（六）违反有关法规标准规定，更改或者简化安全评价、检测检验程序和相关内容的；	【部门规章】《安全评价检测检验机构管理办法》第三十条第二项：安全评价检测检验机构有下列情形之一的，责令改正或者责令限期改正，给予警告，可以并处一万元以下的罚款；逾期未改正的，处一万元以上三万元以下的罚款，对相关责任人处一千元以上五千元以下的罚款；情节严重的，处一万元以上三万元以下的罚款，对相关责任人处五千元以上一万元以下的罚款：（二）违反法规标准规定更改或者简化安全评价、检测检验程序和相关内容的；

续表

裁量阶次	适用条件	具体标准	备注
A	违反法规标准规定更改或者简化安全评价、检测检验程序和相关内容,有1处的	责令改正或者责令限期改正,给予警告,可以并处1万元以下的罚款;逾期未改正的,处1万元以上1.5万元以下的罚款,对相关责任人处1千元以上5千元以下的罚款;情节严重的,处1万元以上1.5万元以下的罚款,对相关责任人处5千元以上1万元以下的罚款	
B	违反法规标准规定更改或者简化安全评价、检测检验程序和相关内容,有2处的	责令改正或者责令限期改正,给予警告,可以并处1万元以下的罚款;逾期未改正的,处1.5万元以上2万元以下的罚款,对相关责任人处1千元以上5千元以下的罚款;情节严重的,处1.5万元以上2万元以下的罚款,对相关责任人处5千元以上1万元以下的罚款	248
C	违反法规标准规定更改或者简化安全评价、检测检验程序和相关内容,有3处以上的	责令改正或者责令限期改正,给予警告,可以并处1万元以下的罚款;逾期未改正的,处2万元以上3万元以下的罚款,对相关责任人处1千元以上5千元以下的罚款;情节严重的,处2万元以上3万元以下的罚款,对相关责任人处5千元以上1万元以下的罚款	

序号	违法行为	法律规定	处罚依据
226	安全评价检测检验机构未在开展现场技术服务前七个工作日内，书面告知项目实施地资质认可机关的	【部门规章】《安全评价检测检验机构管理办法》第十九条：安全评价检测检验机构应当在开展现场技术服务前七个工作日内，书面告知（附件4）项目实施地资质认可机关，接受资质认可机关及其下级部门的监督抽查。	【部门规章】《安全评价检测检验机构管理办法》第三十条第四项：安全评价检测检验机构有下列情形之一的，责令改正或者责令限期改正，给予警告，可以并处一万元以下的罚款；逾期未改正的，处一万元以上三万元以下的罚款，对相关责任人处一千元以上五千元以下的罚款；情节严重的，处一万元以上三万元以下的罚款，对相关责任人处五千元以上一万元以下的罚款：（四）未在开展现场技术服务前七个工作日内，书面告知项目实施地资质认可机关的；

续表

裁量阶次	适用条件	具体标准	备注
A	在开展现场技术服务前七个工作日内，未书面告知项目实施地资质认可机关1次的	责令改正或者责令限期改正，给予警告，可以并处1万元以下的罚款；逾期未改正的，处1万元以上1.5万元以下的罚款，对相关责任人处1千元以上5千元以下的罚款；情节严重的，处1万元以上1.5万元以下的罚款，对相关责任人处5千元以上1万元以下的罚款	
B	在开展现场技术服务前七个工作日内，未书面告知项目实施地资质认可机关2次的	责令改正或者责令限期改正，给予警告，可以并处1万元以下的罚款；逾期未改正的，处1.5万元以上2万元以下的罚款，对相关责任人处1千元以上5千元以下的罚款；情节严重的，处1.5万元以上2万元以下的罚款，对相关责任人处5千元以上1万元以下的罚款	248
C	在开展现场技术服务前七个工作日内，未书面告知项目实施地资质认可机关3次以上的	责令改正或者责令限期改正，给予警告，可以并处1万元以下的罚款；逾期未改正的，处2万元以上3万元以下的罚款，对相关责任人处1千元以上5千元以下的罚款；情节严重的，处2万元以上3万元以下的罚款，对相关责任人处5千元以上1万元以下的罚款	

序号	违法行为	法律规定	处罚依据
227	安全评价检测检验机构未按照有关法规标准的强制性规定从事安全评价、检测检验活动的	【部门规章】《安全评价检测检验机构管理办法》第二十二条第一款第一项：安全评价检测检验机构及其从业人员不得有下列行为：（一）违反法规标准的规定开展安全评价、检测检验的；	【部门规章】《安全评价检测检验机构管理办法》第三十条第六项：安全评价检测检验机构有下列情形之一的，责令改正或者责令限期改正，给予警告，可以并处一万元以下的罚款；逾期未改正的，处一万元以上三万元以下的罚款，对相关责任人处一千元以上五千元以下的罚款；情节严重的，处一万元以上三万元以下的罚款，对相关责任人处五千元以上一万元以下的罚款：（六）未按照有关法规标准的强制性规定从事安全评价、检测检验活动的；

续表

裁量阶次	适用条件	具体标准	备注
A	未按照有关法规标准的强制性规定从事安全评价、检测检验活动，涉及1项强制性规定的	责令改正或者责令限期改正，给予警告，可以并处1万元以下的罚款；逾期未改正的，处1万元以上1.5万元以下的罚款，对相关责任人处1千元以上5千元以下的罚款；情节严重的，处1万元以上1.5万元以下的罚款，对相关责任人处5千元以上1万元以下的罚款	
B	未按照有关法规标准的强制性规定从事安全评价、检测检验活动，涉及2项强制性规定的	责令改正或者责令限期改正，给予警告，可以并处1万元以下的罚款；逾期未改正的，处1.5万元以上2万元以下的罚款，对相关责任人处1千元以上5千元以下的罚款；情节严重的，处1.5万元以上2万元以下的罚款，对相关责任人处5千元以上1万元以下的罚款	248
C	未按照有关法规标准的强制性规定从事安全评价、检测检验活动，涉及3项以上强制性规定的	责令改正或者责令限期改正，给予警告，可以并处1万元以下的罚款；逾期未改正的，处2万元以上3万元以下的罚款，对相关责任人处1千元以上5千元以下的罚款；情节严重的，处2万元以上3万元以下的罚款，对相关责任人处5千元以上1万元以下的罚款	

序号	违法行为	法律规定	处罚依据
228	安全评价项目组组长及负责勘验人员不到现场实际地点开展勘验等有关工作的	【部门规章】《安全评价检测检验机构管理办法》第二十二条第一款第八项：安全评价检测检验机构及其从业人员不得有下列行为：（八）安全评价项目组组长及负责勘验人员不到现场实际地点开展勘验等有关工作的；	【部门规章】《安全评价检测检验机构管理办法》第三十条第八项：安全评价检测检验机构有下列情形之一的，责令改正或者责令限期改正，给予警告，可以并处一万元以下的罚款；逾期未改正的，处一万元以上三万元以下的罚款，对相关责任人处一千元以上五千元以下的罚款；情节严重的，处一万元以上三万元以下的罚款，对相关责任人处五千元以上一万元以下的罚款：（八）安全评价项目组组长及负责勘验人员不到现场实际地点开展勘验等有关工作的；

续表

裁量阶次	适用条件	具体标准	备注
A	负责勘验人员未到现场实际地点开展勘验等有关工作的	责令改正或者责令限期改正，给予警告，可以并处1万元以下的罚款；逾期未改正的，处1万元以上1.5万元以下的罚款，对相关责任人处1千元以上5千元以下的罚款；情节严重的，处1万元以上1.5万元以下的罚款，对相关责任人处5千元以上1万元以下的罚款	
B	安全评价项目组组长未到现场实际地点开展勘验等有关工作的	责令改正或者责令限期改正，给予警告，可以并处1万元以下的罚款；逾期未改正的，处1.5万元以上2万元以下的罚款，对相关责任人处1千元以上5千元以下的罚款；情节严重的，处1.5万元以上2万元以下的罚款，对相关责任人处5千元以上1万元以下的罚款	248
C	安全评价项目组组长及负责勘验人员均未到现场实际地点开展勘验等有关工作的	责令改正或者责令限期改正，给予警告，可以并处1万元以下的罚款；逾期未改正的，处2万元以上3万元以下的罚款，对相关责任人处1千元以上5千元以下的罚款；情节严重的，处2万元以上3万元以下的罚款，对相关责任人处5千元以上1万元以下的罚款	

序号	违法行为	法律规定	处罚依据
229	安全生产检测检验机构出具的安全生产检测检验报告存在法规标准引用错误、关键项目漏检、结论不明确等重大疏漏，但尚未造成重大损失的	【部门规章】《安全评价检测检验机构管理办法》第二十二条第一款第五项：安全评价检测检验机构及其从业人员不得有下列行为：（五）出具虚假或者重大疏漏的安全评价、检测检验报告的；	【部门规章】《安全评价检测检验机构管理办法》第三十条第十一项：安全评价检测检验机构有下列情形之一的，责令改正或者责令限期改正，给予警告，可以并处一万元以下的罚款；逾期未改正的，处一万元以上三万元以下的罚款，对相关责任人处一千元以上五千元以下的罚款；情节严重的，处一万元以上三万元以下的罚款，对相关责任人处五千元以上一万元以下的罚款：（十一）安全生产检测检验报告存在法规标准引用错误、关键项目漏检、结论不明确等重大疏漏，但尚未造成重大损失的。

续表

裁量阶次	适用条件	具体标准	备注
A	安全生产检测检验报告存在法规标准引用错误、关键项目漏检、结论不明确等重大疏漏，存在1处的	责令改正或者责令限期改正，给予警告，可以并处1万元以下的罚款；逾期未改正的，处1万元以上1.5万元以下的罚款，对相关责任人处1千元以上5千元以下的罚款；情节严重的，处1万元以上1.5万元以下的罚款，对相关责任人处5千元以上1万元以下的罚款	
B	安全生产检测检验报告存在法规标准引用错误、关键项目漏检、结论不明确等重大疏漏，存在2处的	责令改正或者责令限期改正，给予警告，可以并处1万元以下的罚款；逾期未改正的，处1.5万元以上2万元以下的罚款，对相关责任人处1千元以上5千元以下的罚款；情节严重的，处1.5万元以上2万元以下的罚款，对相关责任人处5千元以上1万元以下的罚款	250
C	安全生产检测检验报告存在法规标准引用错误、关键项目漏检、结论不明确等重大疏漏，存在3处以上的	责令改正或者责令限期改正，给予警告，可以并处1万元以下的罚款；逾期未改正的，处2万元以上3万元以下的罚款，对相关责任人处1千元以上5千元以下的罚款；情节严重的，处2万元以上3万元以下的罚款，对相关责任人处5千元以上1万元以下的罚款	

序号	违法行为	法律规定	处罚依据
230	未按照规定采取预防措施，导致发生较大以上突发事件的	【法律】《中华人民共和国突发事件应对法》第三十五条：所有单位应当建立健全安全管理制度，定期开展危险源辨识评估，制定安全防范措施；定期检查本单位各项安全防范措施的落实情况，及时消除事故隐患；掌握并及时处理本单位存在的可能引发社会安全事件的问题，防止矛盾激化和事态扩大；对本单位可能发生的突发事件和采取安全防范措施的情况，应当按照规定及时向所在地人民政府或者有关部门报告。	【法律】《中华人民共和国突发事件应对法》第九十六条第一款第一项：有关单位有下列情形之一，由所在地履行统一领导职责的人民政府有关部门责令停产停业，暂扣或者吊销许可证件，并处五万元以上二十万元以下的罚款；情节特别严重的，并处二十万元以上一百万元以下的罚款：（一）未按照规定采取预防措施，导致发生较大以上突发事件的；
231	未及时消除已发现的可能引发突发事件的隐患，导致发生较大以上突发事件的	【法律】《中华人民共和国突发事件应对法》第三十五条：所有单位应当建立健全安全管理制度，定期开展危险源辨识评估，制定安全防范措施；定期检查本单位各项安全防范措施的落实情况，及时消除事故隐患；掌握并及时处理本单位存在的可能引发社会安全事件的问题，	【法律】《中华人民共和国突发事件应对法》第九十六条第一款第二项：有关单位有下列情形之一，由所在地履行统一领导职责的人民政府有关部门责令停产停业，暂扣或者吊销许可证件，并处五万元以上二十万元以下的罚款；情节特别严重的，并处二十万元以上一百万元以下

续表

裁量阶次	适用条件	具体标准	备注
A	未按照规定采取预防措施，导致发生较大突发事件的	责令停产停业，暂扣或者吊销许可证件，并处5万元以上10万元以下的罚款；情节特别严重的，并处20万元以上50万元以下的罚款	
B	未按照规定采取预防措施，导致发生重大突发事件的	责令停产停业，暂扣或者吊销许可证件，并处10万元以上15万元以下的罚款；情节特别严重的，并处50万元以上80万元以下的罚款	
C	未按照规定采取预防措施，导致发生特别重大突发事件的	责令停产停业，暂扣或者吊销许可证件，并处15万元以上20万元以下的罚款；情节特别严重的，并处80万元以上100万元以下的罚款	
A	未及时消除已发现的可能引发突发事件的隐患，导致发生较大突发事件的	责令停产停业，暂扣或者吊销许可证件，并处5万元以上10万元以下的罚款；情节特别严重的，并处20万元以上50万元以下的罚款	
B	未及时消除已发现的可能引发突发事件的隐患，导致发生重大突发事件的	责令停产停业，暂扣或者吊销许可证件，并处10万元以上15万元以下的罚款；情节特别严重的，并处50万元以上80万元以下的罚款	

序号	违法行为	法律规定	处罚依据
231		防止矛盾激化和事态扩大；对本单位可能发生的突发事件和采取安全防范措施的情况，应当按照规定及时向所在地人民政府或者有关部门报告。 第三十六条：矿山、金属冶炼、建筑施工单位和易燃易爆物品、危险化学品、放射性物品等危险物品的生产、经营、运输、储存、使用单位，应当制定具体应急预案，配备必要的应急救援器材、设备和物资，并对生产经营场所、有危险物品的建筑物、构筑物及周边环境开展隐患排查，及时采取措施管控风险和消除隐患，防止发生突发事件。	的罚款：（二）未及时消除已发现的可能引发突发事件的隐患，导致发生较大以上突发事件的；
232	未做好应急物资储备和应急设备、设施日常维护、检测工作，导致发生较大以上突发事件或者突发事件危害扩大的	【法律】《中华人民共和国突发事件应对法》第三十六条：矿山、金属冶炼、建筑施工单位和易燃易爆物品、危险化学品、放射性物品等危险物品的生产、经营、运输、储存、使用单位，应当制定具体应急预案，配备必要的应急救援器材、设备和物资，并	【法律】《中华人民共和国突发事件应对法》第九十六条第一款第三项：有关单位有下列情形之一，由所在地履行统一领导职责的人民政府有关部门责令停产停业，暂扣或者吊销许可证件，并处五万元以上二十万元以下的罚款；情节特别严重的，并处二

续表

裁量阶次	适用条件	具体标准	备注
C	未及时消除已发现的可能引发突发事件的隐患，导致发生特别重大突发事件的	责令停产停业，暂扣或者吊销许可证件，并处15万元以上20万元以下的罚款；情节特别严重的，并处80万元以上100万元以下的罚款	
A	未做好应急物资储备和应急设备、设施日常维护、检测工作，导致发生较大突发事件或者突发事件危害扩大的	责令停产停业，暂扣或者吊销许可证件，并处5万元以上10万元以下的罚款；情节特别严重的，并处20万元以上50万元以下的罚款	
B	未做好应急物资储备和应急设备、设施日常维护、检测工作，导致发生重大突发事件或者突发事件危害扩大的	责令停产停业，暂扣或者吊销许可证件，并处10万元以上15万元以下的罚款；情节特别严重的，并处50万元以上80万元以下的罚款	

序号	违法行为	法律规定	处罚依据
232		对生产经营场所、有危险物品的建筑物、构筑物及周边环境开展隐患排查，及时采取措施管控风险和消除隐患，防止发生突发事件。 第三十七条：公共交通工具、公共场所和其他人员密集场所的经营单位或者管理单位应当制定具体应急预案，为交通工具和有关场所配备报警装置和必要的应急救援设备、设施，注明其使用方法，并显著标明安全撤离的通道、路线，保证安全通道、出口的畅通。 有关单位应当定期检测、维护其报警装置和应急救援设备、设施，使其处于良好状态，确保正常使用。	十万元以上一百万元以下的罚款：（三）未做好应急物资储备和应急设备、设施日常维护、检测工作，导致发生较大以上突发事件或者突发事件危害扩大的；
233	突发事件发生后，不及时组织开展应急救援工作，造成严重后果的	【法律】《中华人民共和国突发事件应对法》第七十八条：受到自然灾害危害或者发生事故灾难、公共卫生事件的单位，应当立即组织本单位应急救援队伍和工作人员营救受害人员，疏散、撤离、安置受到威胁的人员，控制危	【法律】《中华人民共和国突发事件应对法》第九十六条第一款第四项：有关单位有下列情形之一，由所在地履行统一领导职责的人民政府有关部门责令停产停业，暂扣或者吊销许可证件，并处五万元以上二十万元以下的罚款；

续表

裁量阶次	适用条件	具体标准	备注
C	未做好应急物资储备和应急设备、设施日常维护、检测工作,导致发生特别重大突发事件或者突发事件危害扩大的	责令停产停业,暂扣或者吊销许可证件,并处15万元以上20万元以下的罚款;情节特别严重的,并处80万元以上100万元以下的罚款	
A	突发事件发生后,不及时组织开展应急救援工作,造成3人以下死亡,或者10人以下重伤,或者1000万元以下直接经济损失的	责令停产停业,暂扣或者吊销许可证件,并处5万元以上7万元以下的罚款;情节特别严重的,并处20万元以上40万元以下的罚款	

序号	违法行为	法律规定	处罚依据
233		险源，标明危险区域，封锁危险场所，并采取其他防止危害扩大的必要措施，同时向所在地县级人民政府报告；对因本单位的问题引发的或者主体是本单位人员的社会安全事件，有关单位应当按照规定上报情况，并迅速派出负责人赶赴现场开展劝解、疏导工作。 突发事件发生地的其他单位应当服从人民政府发布的决定、命令，配合人民政府采取的应急处置措施，做好本单位的应急救援工作，并积极组织人员参加所在地的应急救援和处置工作。	情节特别严重的，并处二十万元以上一百万元以下的罚款：（四）突发事件发生后，不及时组织开展应急救援工作，造成严重后果的。

续表

裁量阶次	适用条件	具体标准	备注
B	突发事件发生后，不及时组织开展应急救援工作，造成3人以上10人以下死亡，或者10人以上50人以下重伤，或者1000万元以上5000万元以下直接经济损失的	责令停产停业，暂扣或者吊销许可证件，并处7万元以上10万元以下的罚款；情节特别严重的，并处40万元以上60万元以下的罚款	
C	突发事件发生后，不及时组织开展应急救援工作，造成10人以上30人以下死亡，或者50人以上100人以下重伤，或者5000万元以上1亿元以下直接经济损失的	责令停产停业，暂扣或者吊销许可证件，并处10万元以上15万元以下的罚款；情节特别严重的，并处60万元以上80万元以下的罚款	
D	突发事件发生后，不及时组织开展应急救援工作，造成30人以上死亡，或者100人以上重伤，或者1亿元以上直接经济损失的	责令停产停业，暂扣或者吊销许可证件，并处15万元以上20万元以下的罚款；情节特别严重的，并处80万元以上100万元以下的罚款	

第三部分 应急管理轻微违法行为可以不予行政处罚事项清单（试行）

序号	违法行为	法律规定	处罚依据
1	生产经营单位未将事故隐患排查治理情况如实记录或者未向从业人员通报的	1.【法律】《中华人民共和国安全生产法》第四十一条第二款：生产经营单位应当建立健全并落实生产安全事故隐患排查治理制度，采取技术、管理措施，及时发现并消除事故隐患。事故隐患排查治理情况应当如实记录，并通过职工大会或者职工代表大会、信息公示栏等方式向从业人员通报。其中，重大事故隐患排查治理情况应当及时向负有安全生产监督管理职责的部门和职工大会或者职工代表大会报告。 2.【部门规章】《工贸企业粉尘防爆安全规定》第十二条第一款：粉尘涉爆企业应当根据《粉尘防爆安全规程》等有关国家标准或者行业标准，结合粉尘爆炸风险管控措施，建立事故隐患排查清单，明确和细化排查事项、具体内容、排查周期及责任人员，及时组织开展事故隐	1.【法律】《中华人民共和国安全生产法》第九十七条第五项：生产经营单位有下列行为之一的，责令限期改正，处十万元以下的罚款；逾期未改正的，责令停产停业整顿，并处十万元以上二十万元以下的罚款，对其直接负责的主管人员和其他直接责任人员处二万元以上五万元以下的罚款：（五）未将事故隐患排查治理情况如实记录或者未向从业人员通报的； 2.【部门规章】《工贸企业粉尘防爆安全规定》第二十八条第二项：粉尘涉爆企业有下列行为之一的，由负责粉尘涉爆企业安全监管的部门依照《中华人民共和国安全生产法》有关规定，责令限期改正，处10万元以下的罚款；逾期未改正的，责令停产停业整顿，并处10万元以上20万元以下的罚款，对其直接负责的主管人员和其

续表

序号	违法行为	法律规定	处罚依据
1		患排查治理，如实记录隐患排查治理情况，并向从业人员通报。	他直接责任人员处2万元以上5万元以下的罚款；（二）未如实记录粉尘防爆隐患排查治理情况或者未向从业人员通报的；
2	生产经营单位未按规定上报事故隐患排查治理统计分析表的	【部门规章】《安全生产事故隐患排查治理暂行规定》第十四条第一款：生产经营单位应当每季、每年对本单位事故隐患排查治理情况进行统计分析，并分别于下一季度15日前和下一年1月31日前向安全监管监察部门和有关部门报送书面统计分析表。统计分析表应当由生产经营单位主要负责人签字。	【部门规章】《安全生产事故隐患排查治理暂行规定》第二十六条第二项：生产经营单位违反本规定，有下列行为之一的，由安全监管监察部门给予警告，并处三万元以下的罚款：（二）未按规定上报事故隐患排查治理统计分析表的；
3	生产经营单位在应急预案编制前未按照规定开展风险辨识、评估和应急资源调查的	【部门规章】《生产安全事故应急预案管理办法》第十条第一款：编制应急预案前，编制单位应当进行事故风险辨识、评估和应急资源调查。	【部门规章】《生产安全事故应急预案管理办法》第四十五条第一款第一项：生产经营单位有下列情形之一的，由县级以上人民政府应急管理部门责令限期改正，可以处1万元以上3万元以下的罚款：（一）在应急预案编制前未按照规定开展风险辨识、评估和应急资源调查的；

续表

序号	违法行为	法律规定	处罚依据
4	生产经营单位未按照规定开展应急预案评审的	【部门规章】《生产安全事故应急预案管理办法》第二十一条：矿山、金属冶炼企业和易燃易爆物品、危险化学品的生产、经营（带储存设施的，下同）、储存、运输企业，以及使用危险化学品达到国家规定数量的化工企业、烟花爆竹生产、批发经营企业和中型规模以上的其他生产经营单位，应当对本单位编制的应急预案进行评审，并形成书面评审纪要。前款规定以外的其他生产经营单位可以根据自身需要，对本单位编制的应急预案进行论证。	【部门规章】《生产安全事故应急预案管理办法》第四十五条第一款第二项：生产经营单位有下列情形之一的，由县级以上人民政府应急管理部门责令限期改正，可以处1万元以上3万元以下的罚款：（二）未按照规定开展应急预案评审的；
5	事故风险可能影响周边单位、人员的，生产经营单位未将事故风险的性质、影响范围和应急防范措施告知周边单位和人员的	【部门规章】《生产安全事故应急预案管理办法》第二十四条第二款：事故风险可能影响周边其他单位、人员的，生产经营单位应当将有关事故风险的性质、影响范围和应急防范措施告知周边的其他单位和人员。	【部门规章】《生产安全事故应急预案管理办法》第四十五条第一款第三项：生产经营单位有下列情形之一的，由县级以上人民政府应急管理部门责令限期改正，可以处1万元以上3万元以下的罚款：（三）事故风险可能影响周边单位、人员的，未将事故风险的性质、影响范围和应急防范措施告知周边单位和人员的；

续表

序号	违法行为	法律规定	处罚依据
6	生产经营单位未按照规定开展应急预案评估的	【部门规章】《生产安全事故应急预案管理办法》第三十五条：应急预案编制单位应当建立应急预案定期评估制度，对预案内容的针对性和实用性进行分析，并对应急预案是否需要修订作出结论。 矿山、金属冶炼、建筑施工企业和易燃易爆物品、危险化学品等危险物品的生产、经营、储存、运输企业、使用危险化学品达到国家规定数量的化工企业、烟花爆竹生产、批发经营企业和中型规模以上的其他生产经营单位，应当每三年进行一次应急预案评估。 应急预案评估可以邀请相关专业机构或者有关专家、有实际应急救援工作经验的人员参加，必要时可以委托安全生产技术服务机构实施。	【部门规章】《生产安全事故应急预案管理办法》第四十五条第一款第四项：生产经营单位有下列情形之一的，由县级以上人民政府应急管理部门责令限期改正，可以处1万元以上3万元以下的罚款：（四）未按照规定开展应急预案评估的；
7	生产经营单位未落实应急预案规定的应急物资及装备的	【部门规章】《生产安全事故应急预案管理办法》第三十八条：生产经营单位应当按照应急预案的规定，落实应急指挥体系、	【部门规章】《生产安全事故应急预案管理办法》第四十五条第一款第六项：生产经营单位有下列情形之一的，由县级以上人民

429

续表

序号	违法行为	法律规定	处罚依据
7		应急救援队伍、应急物资及装备，建立应急物资、装备配备及其使用档案，并对应急物资、装备进行定期检测和维护，使其处于适用状态。	政府应急管理部门责令限期改正，可以处1万元以上3万元以下的罚款：（六）未落实应急预案规定的应急物资及装备的。

附注：一、本清单适用于近三年未发生生产安全事故，且未被纳入严重失信主体名单的生产经营单位（高危行业领域生产经营单位除外）。

二、本清单可以不予行政处罚的适用情形需同时满足初次违法、危害后果轻微、及时改正等情形。

三、对于清单中首次被发现，可以不予行政处罚的具体违法行为，执法人员应当对当事人进行教育，并依法下达现场检查记录、责令限期整改指令书等文书，并按期复查。对逾期不予整改、整改不符合要求、拒不整改、弄虚作假、再次发现同项或者其他违法行为的，执法人员应当依法立案查处。